Technological Innovation and Engineering Practice for Long Tunnels of Highway in Mountain Areas

公路山岭长大隧道技术创新及工程实践

赵振平 主编

彭龙辉 李 东 黄登侠 卢江华 副主编

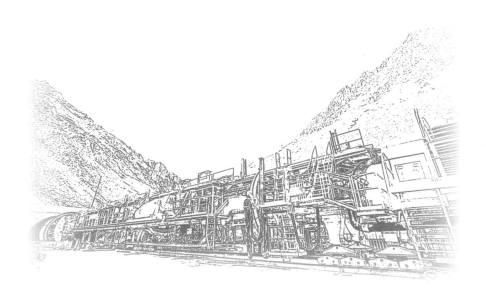

人民交通出版社

北京

内 容 提 要

本书重点介绍了中交中南工程局有限公司在公路山岭长大隧道施工方面的创新与实践，共7章，从隧道施工过程中遇到的痛点、难点问题出发，系统总结了生态脆弱区施工、不良地质段施工、特殊结构施工、机械化配套施工、TBM+主洞钻爆综合施工等方面的关键技术。

本书适合从事公路隧道工程研究、设计、施工、运营和养护的人员参考。

图书在版编目(CIP)数据

公路山岭长大隧道技术创新及工程实践／赵振平主编. — 北京：人民交通出版社股份有限公司，2024.7
ISBN 978-7-114-19399-6

Ⅰ.①公… Ⅱ.①赵… Ⅲ.①长大隧道—山岭隧道—隧道施工 Ⅳ.①U459.9

中国国家版本馆 CIP 数据核字(2023)第 257445 号

Gonglu Shanling Changda Suidao Jishu Chuangxin ji Gongcheng Shijian

书　名：	公路山岭长大隧道技术创新及工程实践
著作者：	赵振平
责任编辑：	李　沛　师静圆
责任校对：	赵媛媛　魏佳宁
责任印制：	刘高彤
出版发行：	人民交通出版社
地　　址：	(100011)北京市朝阳区安定门外外馆斜街3号
网　　址：	http://www.ccpcl.com.cn
销售电话：	(010)59757973
总 经 销：	人民交通出版社发行部
经　　销：	各地新华书店
印　　刷：	北京市密东印刷有限公司
开　　本：	787×1092　1/16
印　　张：	15.5
字　　数：	282千
版　　次：	2024年7月　第1版
印　　次：	2024年7月　第1次印刷
书　　号：	ISBN 978-7-114-19399-6
定　　价：	95.00元

(有印刷、装订质量问题的图书，由本社负责调换)

PREFACE | 前　言

当前,山岭隧道是人类向自然界要空间、进行资源开发的主要方向之一,"上天入地"是人类向立体空间发展的必然趋势。我国是一个多山国家,公路的高速发展是我国进入21世纪以来的主要特色之一,必然会出现大量的隧道工程,长大隧道的建设势在必行。同时,这也给我们带来了无限的机遇和挑战。为能更好地适应当前隧道施工技术的发展,提高长大隧道施工技术水平,总结提炼山岭隧道施工领域新技术、新工艺、新设备、新材料的应用和创新,已显得非常必要。

近年来,中交中南工程局有限公司依托延崇高速公路松山隧道、G575东天山特长隧道、乌尉高速公路天山胜利隧道、京秦高速公路遵秦段鹁塘沟隧道等项目,在公路山岭长大隧道施工技术领域取得了长足的进步,尤其是在隧道掘进机(TBM)、深大竖井施工技术应用上,通过有计划的科技研发和广大工程技术人员的实践,涌现出如TBM中导洞+主洞钻爆法组合工艺、隧道大断面开挖、智能超长距离取芯钻机等多项新工艺、新设备。在实际生产中,因地制宜,常规技术与新技术合理应用,为公路山岭长大隧道实现优质、安全、高效施工提供了强大的技术支撑。

本书以延崇高速公路松山隧道、G575东天山特长隧道、乌尉高速公路天山胜利隧道、京秦高速公路遵秦段鹁塘沟隧道等项目为背景,从施工过程中遇到的痛点、难点问题出发,系统总结了生态脆弱区施工、不良地质段施工、特殊结构施工、机械化配套施工、TBM+主洞钻爆综合施工等方面的关键技术。通过采取零开挖进洞施工技术、污水综合处理技术、景观危石综合处理技术等,顺利完成了穿越伊吾军马场、乌鲁木齐饮用水源保护地、秦皇岛市祖山国家地质公园等生态脆弱区的施工任务;针对软岩大变形段、断层破碎带、富水地层、岩爆段等不良地质段施工,从超前预报、防治技术、处治技术等方面进行了详细阐述;通过采取挑顶施工、正井法施工、超欠挖控制及喷射混凝土损耗控制技术,顺利完成了斜井转正洞、深大竖井、大断面隧道等特殊结构的施工;按照超前钻探、开挖、初期支护、仰拱、二次衬砌等施工工序,介绍了相关机械化配套施工技术,对各类机械设备的技术参数选择依据进行了说明;从 TBM + 钻爆组合快速施工技术、狭小空间服务隧道交通运输关键技术、高寒高海拔特长隧道施工通风技术等方面,对 TBM + 主洞钻爆综合施工技术进行了详细介绍,提出了 TBM + 主洞钻爆综合施工技术的施工组织、交通运输组织和通风施工等。

本书由中交中南工程局有限公司组织编写。全书编写大纲由赵振平、彭龙辉、李东编制,第 1 章由彭龙辉、李东编写;第 2 章由张帅、卢江华、周小龙编写;第 3 章由栾治军、黄登侠编写;第 4 章由卢江华、张帅、李坤编写;第 5 章由吴特力根、薛江龙、刘杨编写;第 6 章由赵振平、黄登侠、李坤编写;第 7 章由李东编写;全书由赵振平、彭龙辉、李东统稿,由彭国才、黄宇审定。

鉴于编者水平有限,书中难免有差错和不当之处,敬请读者批评指正。

作 者

2023 年 9 月

CONTENTS 目 录

1 绪论 ··· 001
1.1 我国公路山岭长大隧道技术的应用现状及发展趋势 ··· 002
1.2 我国公路山岭长大隧道施工中常见的技术难题 ··· 008
1.3 公路山岭长大隧道施工技术发展方向 ··· 010

2 生态脆弱区施工技术 ··· 013
2.1 零开挖进洞施工技术 ··· 014
2.2 景观危石综合处理技术 ··· 018
2.3 施工污水处理技术 ··· 031
2.4 本章小结 ··· 045

3 不良地质段施工技术 ··· 047
3.1 软岩大变形处置技术 ··· 048
3.2 断层破碎带施工技术 ··· 067
3.3 富水地层施工技术 ··· 077
3.4 TBM 岩爆段施工技术 ··· 084
3.5 本章小结 ··· 097

4 特殊结构施工技术 ··· 099
4.1 斜井转主洞施工技术 ··· 100
4.2 深大竖井施工技术 ··· 105
4.3 大断面钻爆法超欠挖及初期支护喷射混凝土低损耗控制技术 ··· 120
4.4 本章小结 ··· 152

5 机械化配套施工技术 ... 155

5.1 机械化配套行业技术现状及发展趋势 ... 156
5.2 智能超长距离取芯钻机 ... 157
5.3 三臂凿岩台车 ... 161
5.4 多功能拱架安装台车 ... 169
5.5 自行式液压仰拱栈桥 ... 178
5.6 湿喷机械手 ... 184
5.7 移动式除尘设备 ... 196
5.8 可拆卸式防水板挂布台车 ... 200
5.9 本章小结 ... 204

6 TBM+主洞钻爆综合施工技术 ... 205

6.1 TBM+钻爆组合快速施工技术 ... 206
6.2 狭小空间服务隧道交通运输关键技术 ... 214
6.3 高寒高海拔特长隧道施工通风技术 ... 220
6.4 本章小结 ... 232

7 总结与展望 ... 233

7.1 技术进步 ... 234
7.2 未来发展方向 ... 235
7.3 需要重点解决的问题 ... 237

参考文献 ... 239

CHAPTER ONE   1

绪论

1.1 我国公路山岭长大隧道技术的应用现状及发展趋势

1.1.1 我国公路山岭隧道建设状况

我国是一个多山国家,山区面积占国土总面积2/3以上,高原起伏,群山连绵,崇山峻岭密布,水系发育,江河纵横,地质复杂,成为交通建设的障碍。从行业发展来看,随着我国经济的高速发展,高速增长的资源流动需求,使得我国交通路网建设呈现迅猛的发展态势,在崇山峻岭地区修建长大深埋山岭隧道越来越不可避免。

隧道及地下工程以其基本不占用地面土地资源的突出优势,在当今面临资源短缺、环境恶化的重大挑战中,发挥着越来越重要的作用。在交通强国战略指引下,我国隧道及地下工程建设事业有了较快的发展。根据《2022年交通运输行业发展统计公报》,截至2022年底,全国公路隧道24850处、2678.43万延米,增加1582处、208.54万延米,其中特长隧道1752处、795.11万延米,长隧道6715处、1172.82万延米,不断刷新世界纪录。目前运营最长的双洞高速公路隧道为秦岭终南山隧道,全长18.02km,采用钻爆法施工,在建最长高速公路隧道为天山胜利隧道,全长22.13km,采用钻爆法+TBM施工。从行业体量上看,2020年我国隧道建设行业市场规模4008.3亿元,同比增长了25.6%,2021年、2022年我国隧道建设市场规模均约为3750亿元。多年超大规模、超大体量的工程实践使我国隧道工程在钻爆法、盾构法、TBM法、沉管法、围堰明挖法等领域百花齐放,且均有代表性工程,技术体系基本形成,隧道建设技术从20世纪90年代的起步追随阶段,到21世纪初期跟跑与提高阶段,逐步迈入了如今创新与超越阶段,成为名副其实的隧道大国。我国已建成和在建长度10km以上的公路隧道统计见表1-1。

我国已建成和在建长度10km以上的公路隧道(不完全统计) 表1-1

序号	隧道名称	隧道长度(m)	所在省(区、市)	最大埋深(m)	车道规模	建成时间
1	天山胜利隧道	22035	新疆	1112.6	双向四车道	在建
2	秦岭终南山隧道	18020	陕西	1640	双向四车道	2007年
3	锦屏山隧道	17504	四川	2375	双向二车道	2008年
4	秦岭天台山隧道	15560	陕西	973	双向六车道	在建
5	木寨岭隧道	15221	甘肃	638	双向四车道	2023年
6	米仓山隧道	13833	四川、陕西	1055	双向四车道	2018年

续上表

序号	隧道名称	隧道长度（m）	所在省（区、市）	最大埋深（m）	车道规模	建成时间
7	西山隧道	13654	山西	451.61	双向四车道	2012 年
8	大巴山隧道	13560	重庆、陕西	1114	双向四车道	在建
9	新二郎山隧道	13459	四川	1500	双向四车道	2017 年
10	狮子坪隧道	13156	四川	1500	双向四车道	2021 年
11	虹梯关隧道	13122	山西	610	双向四车道	2013 年
12	黄土梁隧道	13013	四川	1092	双向四车道	在建
13	圭嘎拉隧道	12798	西藏	1000	双向四车道	2023 年
14	麦积山隧道	12290	甘肃	500	双向四车道	2009 年
15	高楼山隧道	12272	甘肃	940	双向四车道	2021 年
16	大峡谷隧道	12146	四川	1944	双向四车道	2023 年
17	东天山特长隧道	11775	新疆	1200	双向四车道	2021 年
18	老营隧道	11520	云南	1268	双向四车道	2021 年
19	城开隧道	11489	重庆	1337	双向四车道	2022 年
20	云山隧道	11387	山西	742.67	双向四车道	2014 年
21	营盘山隧道	11306	云南	877	双向四车道	2022 年
22	莲峰隧道	11216	云南	868.9	双向四车道	在建
23	包家山隧道	11185	陕西	660	双向四车道	2009 年
24	太湖隧道	10790	江苏	—	双向六车道	2022 年
25	桐梓隧道	10497	贵州	639	双向六车道	2022 年
26	大万山隧道	10490	山西	684.1	双向四车道	2021 年
27	宝塔山隧道	10480	山西	600	双向四车道	2012 年
28	翠屏隧道	10133	云南	950	双向四车道	在建
29	泥巴山隧道	10007	四川	1650	双向四车道	2011 年

1.1.2 我国公路山岭隧道发展特点及趋势

在公路山岭隧道方面,随着高速公路向中西部山区快速发展,以及我国城市化水平的快速提高,在复杂条件下修建公路隧道的需求越来越大,同时合理、有序地进行地下空间开发成为保护生态环境、减少生态污染的有力途径,山岭长大隧道建造方式的进步或变革,已是亟须建设工作者解决的难题。公路山岭隧道长度不断突破,超长公路隧道正处于快速发展时期,长度超过20km的超长大断面隧道会越来越多;隧道断面不断增大;隧道断面日趋多样化,从以往的圆形断面,到现在的矩形、马蹄形、椭圆形、连拱等断面;隧道所处的地质条件更加复杂,面临超长、高海拔、相对高差大、穿越主干断裂带、埋深大、环境敏感等复杂地质,专业化要求更加苛刻;施工装备多模式化、自动化、智能化、工程技术交叉化势在必行,已经不仅仅是长大隧道技术进步的问题,更与施工装备、材料科学等的技术进步息息相关。

1. 特长山岭隧道比例持续增加

2013年底,我国公路隧道累计数量11359处、里程960.56万m,近10年来发展速度非常迅速,每年新增里程1100km以上;2013—2022年我国公路隧道数量年均增长率为8.1%,里程年均增长率为10.8%,在此期间的隧道里程增长率均大于数量增长率;年度新增隧道长度与数量的比值位于0.85~1.3,其中2019年最高为1.3。据不完全统计,截至2023年,我国已建成10km以上的超长公路隧道超过24座,均为山岭隧道。我国修建隧道的能力与技术水平得到了长足发展,在西部开发和山区发展过程中,公路隧道呈现出了规模大、隧道长、埋深大等显著特点。

2. 隧道断面越来越大

经济发展带动了交通流量的快速增长,许多两车道断面隧道所承载的实际交通量很容易超过其建设初期的设计通行能力,已不能满足交通运输和人们出行需求。随着大断面隧道建造技术的快速发展,公路隧道单洞已从最早的两车道发展到三车道、四车道。我国隧道建设者于21世纪初期便开始摸索修建单洞四车道超大跨度公路隧道,随着超大断面隧道建设经验的不断积累与改进,近年来,我国涌现出一批单洞四车道超大跨度公路隧道,见表1-2。

部分典型超大跨度公路隧道统计　　表1-2

序号	隧道名称	隧道类型	最大跨度(m)	建成年份
1	罗汉山隧道	双连拱双向八车道	18.15	2012年
2	张茅隧道	双洞双向八车道	19	2013年
3	牛寨山隧道	双洞双向八车道	21.13	2014年
4	龙鼎隧道	双洞双向八车道	20.8	2017年
5	港沟隧道	双洞双向八车道	20	2017年
6	老虎山隧道	双洞双向八车道	20.08	2017年
7	大岭隧道	双洞双向八车道	20.08	2017年

续上表

序号	隧道名称	隧道类型	最大跨度(m)	建成年份
8	小岭隧道	双洞双向八车道	20.08	2017年
9	浆水泉隧道	双洞双向八车道	20.08	2017年
10	樵岭前隧道	双洞双向八车道	21.48	2019年
11	佛羊岭隧道	双洞双向八车道	21.48	2019年
12	杏花村一号隧道	双洞双向八车道	22.5	2019年

3. 建设理念的新变化

随着我国创新、协调、绿色、开放、共享的发展理念进一步贯彻,特别是高质量发展的深入落实,我国公路隧道的建设理念也发生了明显的变化。

(1)首先建立了功能需求为第一导向的理念。我国公路隧道建设不断向崇山峻岭、江河湖海挺进的过程中,已由原来的通过降低道路标准来规避不良地质条件的影响,转变为现在的以需求为主导,不断征服如岩溶、宽大断层、强富水破碎带、高瓦斯、深水等不良地质与环境的挑战。公路隧道建设在隧道长度、跨度、结构形式等方面不断取得创新与突破,同时又进一步推动了技术创新力度,并促进了新技术的应用。

(2)不断推进环保、节能理念的落地。近年来隧道工程的建设更加注重其对环境的影响,地层变形控制、隧道弃渣处理、地下水环境保护、节能减排等都纳入隧道建设的综合评价因素。如在鹆塘沟隧道、东天山特长隧道、天山胜利隧道等工程建设中,创新应用零开挖进洞施工技术、景观危石综合处理技术、污水综合处理技术等。

4. 山岭长大隧道施工方法多元化发展

钻爆法、TBM法凭借各自优势,均在公路山岭长大隧道建设领域得到了广泛应用,且在技术创新方面取得了较大的突破。

1)钻爆法仍是主流工法

为满足山岭隧道工程建设的需要,对传统钻爆工艺与技术进行了创新,钻爆法仍是山岭公路隧道建设的主流工法。如在施工机械化方面有了大幅提升,凿岩台车、仰拱栈桥、喷射混凝土机械手等先进装备应用越来越多;从开挖方法上"减少分步开挖,力求大断面开挖"已形成共识。

2)TBM法快速发展

依据现有的隧道施工技术,开挖断面面积在$30m^2$以上的隧道或隧道若采用钻爆法施工,其独头掘进长度一般限制在 4km 以内,在采取极端措施的情况下,最长达到过 7km。这就意味着采用钻爆法的 7km 以上隧道施工组织方案,只有利用地形设置斜井、竖井、平导或横洞另辟通风口及工作面,这样既增大了工程成本,又加重了对生态环境的破坏,否则就只能使用隧道掘进机来完成施工任务。

20 世纪 60 年代,我国开始 TBM 研制工作,并于 1966 年制造了一台开挖直径 3.4m 的掘进机,但在技术性能、产品质量、实用性、使用寿命等方面缺陷较大,因而从此搁浅。20 世纪 90 年代初,国内隧道工程由国外或国内承包商购买国外 TBM 施工,如"引大入秦""引黄入晋"输水隧道分别由意大利 CMC 公司与英波基诺(Impregilo)公司用罗宾斯双护盾掘进机完成。1997 年铁道部从德国维尔特(WIRTH)公司采购 2 台 TB880E 型隧道掘进机用于西康铁路秦岭隧道,开始了 TBM 由我们自己使用管理的新篇章。

进入 21 世纪,TBM 法在我国逐步得以推广,如已经完工的西南铁路桃花铺一号隧道与磨沟岭隧道、辽宁大伙房输水工程隧道,正在施工的天山胜利隧道、锦屏电站隧道、吐库二线铁路中天山隧道、兰渝铁路西秦岭隧道、"引大济湟""引红济石"、引洮工程,以及各大城市盾构机施工的地铁隧道等。

目前,我国隧道施工已经从以前单纯的钻爆法发展到钻爆法和 TBM 法并存,且 TBM 法将会得到越来越多的应用。

5. 机械化水平不断提高

机械设备的设计制造能力在不断发展,隧道施工机械性能同样得到了大幅度的提升,为快速施工提供了可能。同时,人力资源的成本在不断增加,发达国家目前在隧道施工中特别重视设备的合理配置,尽量减少人力配备。国内人工费越来越高,人海战术的优势也在不断削弱。风枪钻孔在我国隧道施工中的作用可以说已经发挥到了极致,其工作效率是其他国家所不及的,在这种情况下,必须采用凿岩台车等设备方可继续提高隧道施工的技术水平与进度。不断提升我国隧道施工机械化水平,将是隧道施工,特别是长大隧道施工的发展趋势。我国隧道建设机械化配套现状如图 1-1 所示。

图 1-1 我国隧道建设机械化配套现状

6. 超前地质预报及监测技术发展

根据目前技术能力及实际情况,长大隧道施工前的地质勘测不可能很详细、很准确,施工过程中经常会遇到地质资料中没有标明的不良地质条件,从而影响顺利掘进。为确保正常施工(特别是在通过不明确的不良地质段时),必须进行地质监测与超前预报,以弥补前期地质资料的不足。准确发现并预报掌子面前方及附近的不良地质状况,及时优化施工方案,改进工艺,做好支护和衬砌,方能确保围岩稳定。地质监测和预报的内容包括隧道观察与地质素描、水文地质监测、施工地质测绘、围岩变形监测、围岩类别判别、仪器现场量测、不良地质体预报及相应的地质测试资料分析和成果整理等。

目前,常用的隧道短距离超前地质监测与预报方法主要有断面编录预测法、不良地质前兆预测法和地质雷达、红外线超前探水等;常用的隧道长距离超前地质预报方法主要有地质断面调查法、断层参数预测法和隧道地震波勘探法(TSP)、声波反射法(HSP)等。

监测工作已经纳入工序管理,掌握围岩动态和支护结构的工作状态,利用量测结果修改设计,指导施工;做好监控工作可以避免围岩变形过大导致衬砌严重开裂、隧道塌方、隧道渗水等;同时,也为隧道的安全提供可靠的信息,量测数据经过分析处理与必要的计算和判断之后,进行预测和反馈,以保证施工的安全和隧道的稳定;积累资料,为以后相似的工程提供可靠的依据。监测包括地质和支护现状观察、应力与应变监测、位移监测、围岩弹性波测试、围岩扰动测试、支护结构质量检查等。

7. 大数据与智能化技术应用

我国隧道工程正在向以凿岩台车、喷射混凝土机械手、钻注锚一体化锚杆台车、自行式移动栈桥、智能模板台车组合的隧道施工机械化和隧道掘进机的时代迈进。同时,国家正在大力发展数字化经济与智能化建造,隧道修建要借助这一大趋势,实现机械化与智能化并轨推进,建立网络化的隧道大数据聚类与融合,构建标准化的隧道大数据架构。基于5G、人工智能、云计算与服务等技术,借助工业互联网与工程机械自动化、智能化,推动隧道修建由"导航式"修建到"智能化"建造的转变,并建立智能互联装备协同工作标准与规范。

1.2 我国公路山岭长大隧道施工中常见的技术难题

1.2.1 地质问题与灾害

在高山重丘地表环境艰险地区,特长深埋隧道以其安全、便捷、环保及受自然环境、人类活动影响小的优点,在交通、水利、能源等领域得到广泛应用。但随着隧道长度由数公里向数十公里、隧道埋深由数百米向数千米跃升,隧道赋存的深部复杂地质环境与浅部岩体条件变得迥异,且隧道穿越多个潜在地质及构造单元,使得特长深埋隧道的建造与运维面临着高地应力、高地温、高水压、特殊不良地层等地质上的难题。位于高原、高寒、高海拔地区的隧道,其施工环境十分恶劣,工程建设可能会诱发岩爆、大变形、塌方、突泥涌水等地质灾害。

1. 高海拔

天山胜利隧道 2 号竖井口海拔 3200m,最高处要通过海拔 4200m 的胜利达坂;川藏铁路平均海拔 3000 多米,最高处要通过海拔 5100m 的东达山垭口;高海拔带来的空气稀薄、低温、强紫外线、昼夜温差大、空气干燥等问题,均给施工人员、机械装备、材料性能、工程结构带来严峻考验。

2. 高地(岩、水)温

公路山岭长大隧道普遍存在埋深大、地质构造活跃现象,部分活动断裂带热水出露温度超过 90℃。高地温带来的附加温度应力引起隧道初期支护、二次衬砌开裂,影响结构安全和耐久性,并威胁作业人员健康。

3. 高地应力

二郎山隧道、东天山特长隧道、天山胜利隧道等山岭隧道埋深从数百米至一千多米,构造运动强烈,大埋深超长隧道高地应力岩爆和软岩大变形问题突出。

4. 高地震烈度、深大活动断裂密集发育

山岭隧道主要集中在我国西南、西北地区,沿线分布着我国著名的高地震烈度区。地震作用下隧道易发生洞口边仰坡落石、洞门结构损坏、棚洞损坏、衬砌开裂漏水剥落,甚至洞壁大面积破碎、开裂,隧道路面挤压变形等病害。

同时西南、西北地区深大活动断裂密集发育,如东天山特长隧道、天山胜利隧道、二郎山隧道等均穿越多条深大活动断裂带,构造运动活跃,会引起隧道工程发生断裂地震错动及大位移蠕滑等问题。

1.2.2 如何快速施工

特长深埋山岭隧道施工方法主要有钻爆法和TBM法。钻爆法的核心思想为岩体力学理论,即充分利用围岩的自稳性能,使支撑系统和围岩形成一个整体。钻爆法成本相对较低,施工较灵活且适应性强,易展开多工作面作业,但掘进速度慢,尤其在硬岩地层中开挖难度大,工序复杂且各工序间相互影响,无法连续掘进,另外,钻爆法产生的冲击容易诱发岩爆涌突水等灾害。TBM法具有机械化、自动化的特点,施工速度快(一般是常规钻爆法的3~10倍)、施工质量好(洞壁更光滑不易超欠挖,安全环保,可以减少辅助洞室,避免地表破坏,自动化程度高,工人劳动强度低),当隧道长径比大于600时采用TBM施工是经济的,但其成本大,对工人技术水平要求高,且施工灵活性、适应性较差(无法改变洞径,对地层的适应性差),在深埋软岩中施工时易发生卡机事故。

隧道设计能力、开挖支护手段不断进步,通过复杂地质条件的能力不断增强。同时,锚喷支护、管棚支护、预注浆加固等技术不断成熟并得到有效运用,使通过软弱破碎岩层及岩溶、膨胀岩等不良地质条件的能力也不断提高。

TBM施工具有安全、快速、环保等诸多优点,但灵活性不及钻爆法,应对不良以及恶劣地质条件的能力较差,施工时必须采取适当的施工方法才能更好地发挥其优势,取得更好的综合进度与成洞质量。应从以下几个方面予以高度重视和深入研究:掘进中的地质监测和地质预报,断层破碎带、塑性围岩、煤系地层、富水岩层、高地应力、大塌方洞段的预测方法与对策,超前和掘进后的及时加固措施等。

1.2.3 环境敏感区施工

1. 水资源敏感区施工

公路隧道施工因其施工的特殊性,施工过程中必将产生一些污水,污水产生的原因主要包括:液压施工机械油管密封不严、油管爆裂造成的液压油外泄而产生的含石油类污水;打钻过程中产生的岩粉、裂隙中夹杂的泥沙而产生的含悬浮物类污水;施工过程中石油氧化、混凝土和速凝剂所造成的高COD(化学需氧量)污水。这些污水以含石油类污水和含悬浮物类污水为主。同时,隧道施工排水中,大量岩石粉尘等悬浮杂质进入水中,在排出过程中,部分水中溶解性杂质被氧化、析出,化学性质还会有所改变。这些污水如果不能及时、合理地排出并处理,就会通过径流和渗流污染当地土壤,污染地表水体,破坏地表水体生态系统,影响鱼类和水生生物的生存,影响工业、农业、畜牧业和生活用水。隧道渗水一旦对环境造成污染,其后期的治理难度较大,需采取综合处理措施。因此,隧道施工污水处理及污水处理效果评估都非常重要。

2. 隧道进洞开挖施工

公路隧道进洞方式遵循基于绿色施工的隧道洞口与自然景观融合的原则。基于绿色施工的隧道洞口与自然景观融合的目的减少或尽量不开挖山体、保护自然环境,在研究了隧址区地质、地貌条件的前提下,采用适宜的开挖方法和各种形式的地层超前加固或预支护技术来控制边坡及隧道的变形等,来保证安全进洞。但实际施工中并没有达到预想的施工效果,往往是为了自然景观融合而选择开挖土体,通常以增加大量辅助工程措施的方式解决,这样必然导致工程造价增加,同时又难以规避所有风险。

3. 爆破振动敏感区施工

危石坠落灾害具有很强的随机性,虽然其发生的规模并没有滑坡或泥石流大,但是危石坠落产生的危害并不比这些灾害小。即使只是一个小粒径的块石,也可能因为远距离的加速运动,通过重力势能转化为动能而获得很高的能量,其冲击力同样对人员、生活和生产构筑物产生严重的威胁。特别是对于行驶中的汽车来说,当两个高速运动的物体发生碰撞时,往往产生更大的破坏,对车上人员的生命安全产生巨大的威胁。大的危石坠落可能会引发一次灾难性事件。我国多山地区穿山隧道的建设越来越多,爆破引起的灾害也越来越多,因此,如何减少隧道开挖爆破振动的危害,越来越受到社会的关注。同时,隧道爆破振动危害的控制,关系到隧道施工的顺利进行和施工人员的生命安全,也成为工程安全建设需考虑的因素。

1.3 公路山岭长大隧道施工技术发展方向

1.3.1 提高隧道施工机械化

1. 应用 TBM 法与钻爆法相结合的施工方法

钻爆法 + TBM 法可实现快速施工,其组合形式有两种:一是先中心导洞超前,用钻爆法施工,这样可提早认清地质,提早进行处理,有利于 TBM 在不良地层中的掘进;二是用 $\phi 3 \sim 4.5 m$ 小 TBM 进行导洞的快速掘进,后部用钻爆法扩大。该组合造价低,减振 30% 左右,线性超欠挖少,成洞速度比全断面钻爆法提高 2 倍以上,能充分发挥 TBM 法和钻爆法各自的优势。

2. 加大隧道施工机械配套的力度

隧道快速施工的出路在于机械化,机械配套不是越先进越好,要从整体上考虑配套的合理性。除社会环境、生产安全需要外,还要考虑技术条件和经济条件等因素。技术条件包括工作量、工作效率、能源消耗、劳力资源,设备易操作性、通用性、耐久性、灵活性及维修的难易性等;经济条件包括购置费、使用年限、单位时间利息率、设备在场的工作效率、易损件的储备量等。在满足技术条件前提下,应重点考虑经济条件。具体配套原则可按以下意见进行:

(1)施工机械的配套应与施工方法相匹配,更应与施工进度相匹配。要确定合理的施工进度,以确保经济、优质、速成。建议取消盲目抢工期的不合理施工进度。

(2)增加隧道施工机械投入量的预算费用。实践证明,一般低于工程总预算 5% 的设备购置费,属不合理施工;长大隧道应有 10% 以上的设备投入费才是合理的。利用设备创造的产值一般应大于设备费的 5 倍,先进企业管理的设备所创造的产值可达 10 倍以上。当前,施工单位缺设备是主要矛盾,但得到设备之后又组织管理不好,养、用、管、修较差,又创造不出 10 倍左右的产值,施工人员的素质还需提高。

(3)设备配套时,单机生产能力应大于均衡生产能力的 1.2 ~ 1.5 倍。

(4)隧道施工机械配套应立足国产化,应克服重复引进设备而忽视技术引进的倾向。必须引进时,应考虑价格是否经济合理,引进的同时应考虑国产化的实现。组织设备国产化的攻关,开展国产化的制造,势在必行。笔者认为,首先要全面应用液压台车或液压钻,以此取代风钻。

3. 机械配套模式

机械配套应随隧道长度的不同而采用不同的模式。配套的模式在能实现快速施工的同时,还应具有适应不同地质的应变能力。对设计单位来说,只重视隧道纵、横断面和结构支护的设计,而不研究隧道施工所需机械的配套是不完善的设计。

1.3.2 减少不良地质对施工的影响

(1)超前地质预报必须作为工序列入施工程序中,这已在东天山特长隧道、天山胜利隧道中开始实现。盲目开挖爆破(尤其在断层破碎带)而引起塌方、涌砂、涌水并造成淹没、人身伤害等,其损失的费用远远大于增加超前预报工序的费用。重视施工水文、地质勘测的研究和应用,开展综合预报方法和设备的国产化研究,盲目引进国外设备的做法不可取。

(2)在不良地质的隧道施工中推广辅助工法的技术开发与应用,努力增强施工队伍的技术水平,使之具有较强的应变能力,如各种超前支护的施工技术,各种注浆方法和参数的选取,格栅拱架加工、施工技术,降、排水施工技术,快速量测反馈技术,一次锚喷支护从上向下施工的技术,二次衬砌从下向上施工的技术,合理开挖方法等,只有这样才能防止塌方。

(3)做到严格施工纪律、严格施工工艺、严格施工管理,确保施工组织的实现,确保光面爆破、锚喷支护、监控量测,及时反馈"四大"关键技术的落实。

1.3.3 减少辅助坑道设置

横洞、平行导坑、斜井、竖井等统称辅助坑道,长隧短打,设置辅助坑道费用很高,应合理布置,配置设备发挥进出口的功能是减少投资、快速掘进的发展方向。山岭隧道施工将辅助坑道费用的一部分投入设备上是合理的,尤其对于埋深超过 500m 的长隧道,采用多斜井、竖井的施工不尽合理,因为斜井、竖井发挥的作用不足进出口的 50%,且其本身的造价也很高。

1.3.4 隧道施工通风和运营通风

必须重视施工通风和运营通风。加强节能、低噪声、大风量风机的研制,加强对大直径低漏风率(百米漏风率 <1%)、表面摩阻力小($P<0.017$)的高强软风管的研制,彻底改变隧道施工的工作环境,是 21 世纪必须解决的问题。施工预算中通风电费、通风设备的费用不能少,施工不能简化设计要求。加强隧道通风管理是地下工程施工人员的责任。

1.3.5 重视环境保护与水土保持

环境保护与水土保持是经济社会可持续发展、关系民生的基础性工作。隧道施工容易对周边环境产生影响,必须予以高度重视。根据国家环境保护与水土保持的法律法规的规定,要做好施工区的环境保护,防止工程施工造成地区环境污染和破坏。如施工弃渣的利用和堆放,施工场地开挖的边坡保护和水土流失防治措施,防止饮用水污染措施,施工活动中的噪声、粉尘、废气、废水和废油等的治理措施,施工区和生活区的卫生设施以及粪便、垃圾的治理措施,完工后的场地清理等,都是未来公路山岭长大隧道的工作重点及难点。

CHAPTER TWO 2

生态脆弱区施工技术

2.1 零开挖进洞施工技术

2.1.1 技术现状

我国隧道工程分布广泛,由于地貌地形复杂多样,隧道进洞施工面临的技术难题越来越大,在环保、安全、技术等诸多方面的挑战也越来越大,这些问题已成为隧道工程施工关注的重点。尤其在环境保护区,受环境、地质条件限制,增加了施工难度,这就要求在隧道施工中树立施工与环境保护全面协调发展的全新思维方式,工程应尽可能绕避穿越不良地质,减少对工程带来的次生灾害影响,以最大力度保护自然生态环境,实现可持续发展。

在传统的公路隧道施工中,常采用洞口开挖刷坡,以获得进洞施工工作面,但这种施工方法对山体和地表植被破坏较大。随着国家建设工程领域对环境保护理念的逐步增强和标准化施工的推广,公路隧道施工中开始越来越多地采用"零开挖"进洞施工方法。

2.1.2 零开挖进洞技术

所谓零开挖进洞,就是在设计、施工、监理和管理过程中,通过采用相应的技术和管理措施,保证隧道在尽可能少开挖或不开挖洞口的前提下顺利进洞,实现洞身的正常施工,从而最大限度地保护环境,使建好的洞门融入原地貌中,达到淡化人工痕迹的最佳景观效果。

东天山特长隧道采用"零开挖"进洞技术,遵循尽量减少对岩体扰动的原则,以提高洞口段岩体和边仰坡的稳定性,适当延长洞口和隧道的长度,尽量避免对山体的大挖、大刷,使隧道洞口周围的植被得到妥善保护,维护原有的生态地貌,力求洞门与自然环境、人文景观相协调。东天山特长隧道进洞效果如图2-1所示。

图2-1 东天山特长隧道进洞效果图

1. 零开挖进洞原理

为了减少大刷、大挖、大范围回填对原山体及植被自然平衡体系造成的破坏,施工中将套拱外移,提前施作套拱,并利用管棚及注浆对洞口软弱围岩进行加固,必要时对地表进行注浆加固,套拱完成后再按照暗洞施工方法进行开挖支护施工。

2. 零开挖进洞的优缺点

隧道采用零开挖进洞施工技术,优点是减少了洞口土石方开挖量,减少了人力、物力资源的投入,最大限度地保持了洞口的原平衡体系,实现了利用自然自身平衡来减少工程量的目的,同时也保护了环境。

隧道零开挖进洞施工,由于洞口顶覆盖层比较薄,开挖过程中拱部易出现掉土块,非常容易出现冒顶,施工过程中存在较大的塌方风险,这是零开挖进洞施工技术的缺点。

2.1.3 施工工艺

零开挖进洞施工遵循"早进洞,晚出洞"的设计、施工原则。根据实际地面线,首先确定明暗洞交接点,在明暗洞交接点外不开挖山脚土体的情况下,采用两侧开槽施作四榀 I18 钢拱架作为套拱,逐渐靠向山体明暗洞交接点,拱架间以纵向钢筋连接为整体,并在钢拱架上预设超前管棚导向管,浇注混凝土封闭钢拱架形成套拱衬砌;然后施作超前大管棚作为超前支护,管棚施工完毕,检验支护效果后再进行进洞施工。

施工工序:洞顶截水沟施工→洞口开挖→危岩清理加固→路基边坡、洞口边仰坡开挖及防护→套拱施工→管棚施工→开挖进洞。

1. 洞顶截水沟施工

截水沟施工前先按测量放线位置对地表进行清理,沟槽采用挂线人工开挖成型,沟底整修纵坡与原地形相符。截水沟应根据实际地形砌筑并确保排水通畅,边仰坡开挖轮廓线至截水沟之间的植被需尽量保持原貌,施工时注意与路基协调。施工边沟应沿边沟侧填土夯实,高于沟顶,以免水渗入边沟基础内,如图 2-2 所示。

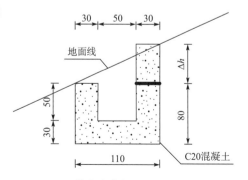

图 2-2 洞顶截水沟大样图(尺寸单位:cm)

2. 危岩清除

采用人工配合机械切割方法,个别采用"静态松动剂"松动岩体。分层开挖,将岩石解体成小块。为了避免出现施工事故,危岩清除前设专人负责坡脚及周围的安全防护工作,加强现场监测。

3. 边仰坡开挖

边仰坡开挖前先测量放样坡顶开挖边界线,清除洞口上方及侧方可能滑坍的表土、灌木及山坡危石等。地表清理的表土按表土剥离要求集中运至指定表土集中堆放区,然后在坡顶相应位置埋设、安装混凝土立柱和隔离设施。

洞口临时边仰坡采用 1∶0.5 坡率,自上而下分层开挖成型,并进行相应的边坡防护处理;进行边仰刷坡,分层开挖至设计临时成洞面后,继续向下逐渐挖出套拱基础位置,不得掏底开挖或上下重叠开挖。开挖过程中,采用分层小切口明挖,明洞采用逐级开挖、逐级防护,边坡防护必须与边坡开挖同步进行,开挖到成洞面附近时预留核心土体,待洞口长管棚施工完成后再开挖进洞,如图 2-3 所示。

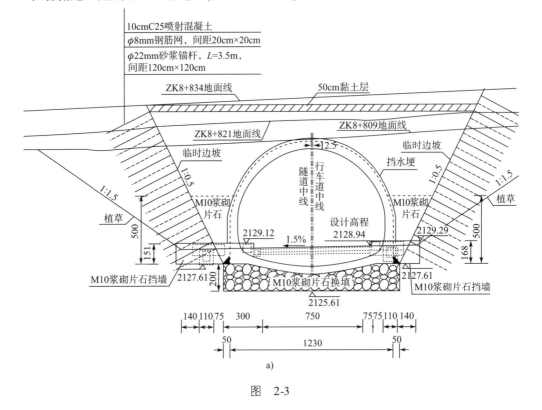

图 2-3

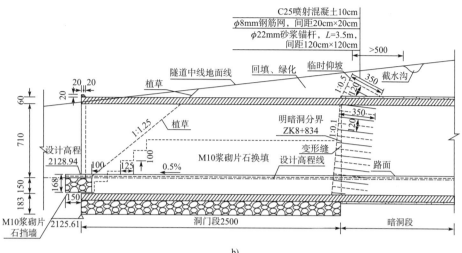

图 2-3 洞门纵断面（尺寸单位：cm）

4. 导向墙、管棚施工

导向墙设计为 C30 混凝土，纵向长 200cm、厚 90cm；大管棚采用外径 108mm、壁厚 6mm 的热轧无缝钢管，环向间距 40cm，钢管充填采用水泥砂浆。大管棚施工顺序为：测量放样→地基开挖→地基承载力检测→导向墙基础模板安装→基础混凝土浇筑→安装底层工字钢→安装导向墙模板、钢拱架（墙内）、预埋导向管→混凝土浇筑、振捣→拆模→养护→钻孔→管棚安装、注浆。管棚布置如图 2-4 所示。

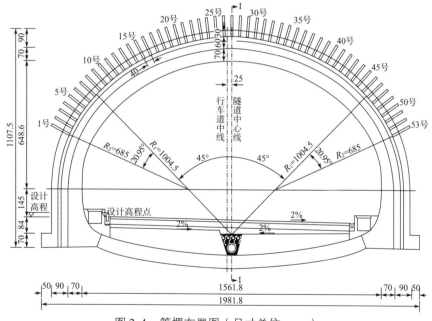

图 2-4 管棚布置图（尺寸单位：cm）

5. 洞门施工

东天山特长隧道进口端采用明洞式洞门，洞门完工后，及时修整洞口地形并进行绿化，使之与洞门、环境相协调。

2.1.4　应用效果总结

隧道零开挖进洞施工技术的主要技术优势如下：

（1）传统的隧道施工都是先开挖，然后再进行环境、植被的修复，零开挖进洞施工技术摒弃了传统施工作业缺陷，避免了对隧道洞口仰坡的开挖，极大降低了对坡面的破坏，减少了开挖量及回填量，保护了原生植被，保持了良好的景观效果，有效控制了隧道洞口开挖对周边生态的影响。

（2）与传统的隧道洞口施工方式相比，零开挖进洞施工中明洞缩短、暗洞增长，减少了大量开挖边仰坡的土方，节约用地，使大面积的山体开挖造成的边坡防护及地表修复工程得以避免，节省了环境治理和生态恢复费用。

（3）强化了隧道的运营安全。零开挖进洞施工技术使山坡原有的稳定状态得以保持，没有破坏围岩稳定结构，杜绝了传统隧道施工中山体开挖产生的诸多工程隐患。

（4）零开挖进洞洞口满足隧道入口视觉适应性及防雪功能，有效消除洞内外视觉差，减弱"黑洞效应"和"白洞效应"。优化挖方段防雪棚工程，实现了驾驶员洞内、洞外光线变化引起视线变化的安全过渡。

采用零开挖进洞施工技术在确保洞口进洞安全的前提下，能使隧道洞口周边的植被得到最好的保护，维护了原有的生态地貌。该施工方法充分尊重和利用了自然，隧道建成后能与周边自然环境相协调，减少了建筑痕迹。零开挖进洞施工技术也为类似的隧道工程进洞施工提供了参考。

2.2　景观危石综合处理技术

2.2.1　行业现状

我国地域辽阔，多山岭重丘，山区公路建设任务十分繁重。过去修筑低等级公路，大都采用盘山绕行或高填深挖的做法，很少考虑隧道。新中国成立后几十年内所修建的公路隧道等级均较低，线形要求不高。直到20世纪80年代，山岭区公路隧道的发展才逐渐加快。

随着隧道工程的不断增多,隧道洞口修建的数量也越来越多,所遇到的工程条件也更加复杂多样,地处风景区、原生态地质景观保护区、文化建筑遗址等生态脆弱区的隧道工程越来越常见。于是,保护自然或人文景观不受破坏且不干扰隧道进洞施工,便成了隧道工程发展的重要课题之一。

时至今日,环境保护已成了全国人民的普遍共识,为适应国家全面建设绿色、环保、低碳社会的需要,实现隧道工程与自然和谐发展的目标,隧道洞口施工与自然融合、保护环境的建造技术日渐受到工程界的关注。绿色施工的隧道洞口与自然景观融合的技术是隧道洞口设计与施工的新理念,其要求是采取一定的辅助工程措施或通过改变施工方法等手段,以最大限度少开挖山体,保持山体稳定、保护原生植被和自然生态。同时,绿色施工的隧道洞口与自然景观融合的技术不仅具有工程上的意义,更重要的是环保意义,即通过减少开挖,不仅要保证山体稳定及运营安全,还要保护原生植被与原始生态,实现工程对自然的最小破坏,达到工程与自然环境协调、和谐发展的目标。这样,绿色施工的隧道洞口与自然景观融合的技术又给隧道洞口施工提出了新的问题。

2.2.2 景观危石处理常规做法及不足

随着山岭隧道工程的不断增多,隧道洞口遇到的特殊地质条件也变得越来越复杂。尤其是河北的东北部、贵州的南部及云南西部等地区,隧道施工不仅要穿越丛山峻岭地区,还极有可能遇到特殊的景观危石带。与自然融合、优美如画的危石一般位于山体较为陡峭的斜坡处,岩性主要为斑状花岗岩或石灰岩,由于岩体节理裂隙发育,且存在风化差异,形成凹凸不平的陡崖断面,凸出的岩石由于陡倾节理裂隙发育,自身不稳定,容易坠落,从而引发灾难性事件,对隧道施工及运营的安全造成影响。

为解决上述问题,设计、施工单位不得不对景观危石进行相应处理。但因为受制于技术工艺等问题,在面对景观危石需要处理的进洞工程,常常没有较为合适的处理方法。一般情况下,相关单位会采用"大开挖进洞"的方式,即在隧道洞口可能存在危险的区域,修筑一条便道,然后利用机械及人工,把其中的景观危石全部移除。这种做法产生的弊端显而易见:

(1)山谷中的景观危石一般处于山顶或者山体较深处,距离普通道路较远。而单体的景观危石体积及质量很大,整体数量也会很多,即使是小面积的拆除,仅靠人工也基本无法做到,需要大型机械的配合。所以在拆除过程中,需要因地制宜地修建大型便道,为后续的施工提供条件。这无疑会浪费宝贵的施工时间,制约主体工程的工期。

(2)危石拆除需要消耗的人力和物力是巨大的,采用平均数据推算法计算:以京秦高速公路遵秦段鹅塘沟隧道为例,每完全拆除 1m² 的景观危石所需要的人工及机械费用大概为 2112 元,隧道洞口上方危石约为 8500m²,拆除共需要费用 1795.2 万元。

(3)整体拆除景观危石对环境造成了难以修复的破坏。景观危石是大自然孕育千年而产生的独特景观,即使我国幅员辽阔,这种景观也是"凤毛麟角",随意拆除会对自然风景造成不可逆的破坏。

为解决上述问题,确保"绿水青山就是金山银山"环保理念的贯彻执行,在研究常规隧址区地质、地貌条件的前提下,采用创新方式,对隧道洞口的景观危石进行处理后再进行隧道洞口的施工,以实现安全、快速、环保进洞,并最大限度保障隧道洞顶上方景观危石的安全,保证山体的稳定,减小对洞口自然景观的破坏。

2.2.3　景观危石综合处理施工技术理念探究

1. 景观危石综合处理的总体思路及意义

近年来,随着我国公路等工程建设的发展,公路邻近或穿越风景名胜区的情况时有发生。隧道施工产生的爆破振动严重影响景区的自然环境,容易引起景区水土流失和植被破坏等。与其他隧道工程相比,石林景区内的隧道施工环保要求更为严格。

针对隧道靠近景区施工造成的影响及其相应控制措施,国内外学者开展了大量的研究。冯文生等对川黄公路雪山梁隧道紧邻黄龙景区施工对景区环境的影响进行了分析,并提出相应的保护措施。蒋忙舟以新建大同至西安铁路邻近洽川国家级风景名胜区项目为背景,对工程景区景观与植被、鸟类、水体等生态环境方面的影响进行了分析,针对性提出了减缓和防治措施。此外,在有关设计文件中也已明确提到,环境敏感区域建设工程,必须采取相应的环境保护和生态恢复措施,保护好周围景物、水体、林草植被、野生动物资源和地形地貌。

本部分将系统介绍一种景观危石处理的创新思路,来解决部分石林风化严重,根部节理裂隙发育,即便在不扰动情况下,也有随时崩塌、坠落可能的问题,确保石林处于稳定状态,保证隧道施工及运营期间的安全。

2. 景观危石综合处理新思路

目前景观危石处理仍然以半经验半理论设计为主,包括主动、被动,以及主被动联合防治技术。主动防治技术包括支撑、锚固、灌浆、排水、勾缝、清除、封填、喷锚、柔性网格等,以及各技术的联合使用;被动防护技术包括棚洞、明洞、拦石堤、拦石墙、拦石栅栏、落石槽、柔性被动系统、森林防护等;主被动联合防治技术通常指以上各项技术的结合使用。落石防治技术依赖于落石区识别、落石模拟与计算、落石冲击特性等研究,因此,目前在经验设计的基础上,许多学者尝试在落石特性计算和模拟的基础上,进行有针对性、有依据的设计,或通过数值模拟、模型试验和现场试验等方法,论证、设计和检验各项防治技术。针对隧道洞口落石灾害还没有引起重视的现状,洞口落石防治相应更显欠缺。

由于缺乏落石的评估、计算等相关认识,常造成明洞部分设计仅为隧道出洞施工、结构偏压等考虑,落石防护效果欠佳。也有依据地质调查成果,于隧道洞口设置拦石栅栏等进行落石防护,但更多的情况是根本就没有防护,往往是落石灾害出现后才进行补救,接长明洞或加修棚洞。尽管明洞和棚洞既是隧道进出洞常用的结构形式,也是落石区被动防护的一种结构形式,但落石防护设计和隧道洞口设计长期脱离。而且由于落石灾害风险评价、落石运动特性认识的限制,洞口落石灾害的防治长期处在事后应急处置上,缺乏前瞻性,造成隧道规划设计阶段难以充分考虑洞口段落石灾害的影响,也不可能做到落石防治和洞口一体化设计,同时也是既有明洞、棚洞等在落石冲击作用下破坏的原因所在。隧道洞口落石防治,需要在研究落石特性的基础上,结合隧道洞口特点,提出系统的防治理论和技术体系。

2.2.4 景观危石联合加固技术

常规景观危石风化严重,根部节理裂隙发育,即便在不扰动的情况下,也有随时崩塌、坠落的可能。通过大量实践及验算表明,采用"预应力锚杆+挂网"、SNS柔性边坡防护网、"自流平水泥灌浆+改性环氧树脂"等技术,在提高石林稳定性、阻止石林风化方面取得良好效果,确保石林处于稳定状态,充分保证运营期间的安全。

1. "预应力锚杆+挂网"联合加固技术

1)预应力锚杆支护结构及原理

预应力锚杆可分为拉力型锚杆、压力型锚杆与压力分散型锚杆;锚杆可分为钢筋、钢管、钢绞线三大类,注浆一般采取常压注浆的方式。

喷射混凝土面层是预应力锚杆支护体系中重要的组成部分,通常与钢筋网一起形成坡面保护结构。另外,根据具体岩土参数及地质情况,确定喷射混凝土面层的厚度。

锚杆承载结构也是预应力锚杆支护体系中的关键结构。锚下承载结构一般由槽钢或工字钢、钢垫板、预应力锁定装置组成。

预应力锚杆支护的基本理论是将锚杆的锚固段伸入假想的潜在滑裂面外的岩土体

中,对锚杆施加预应力,通过锚下承载结构把荷载传递给岩土体,从而限制边坡位移的产生,起到主动约束锚固边坡的作用,大幅度提高边坡的整体稳定性。同时,锚杆的悬吊作用可以承担一定的岩土重量,组合梁作用能对岩土体间的错动形成阻碍,加固作用将岩土连接为一个整体,减跨作用降低弯曲应力和挠度,围岩补强作用使其处于三轴受力状态,极大地提升其稳定性。预应力锚杆构成包括锚头、自由段和锚固段三部分,其结构如图 2-5 所示。在锚头施加预应力,通过锚杆将预应力传递到锚固段。自由段不注砂浆,起弹性形变的作用,由于位置在非稳定岩体内,因此,可通过自有伸缩实现主动约束锚固的目的。锚固段位于根部,通过砂浆棒向稳定地层传递负荷。一般可采用挂钢筋网喷射混凝土或木板面层实现柔性支护,为了避免锚下结构产生较大的变形,可以两种方式结合,先铺设木板,然后喷射混凝土。

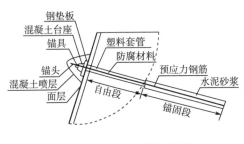

图 2-5　预应力锚杆结构图

2)预应力锚杆支护结构的施工步骤

预应力锚杆支护采用逆作法施工,具体施工步骤如下:

(1)从坡顶向下支护。开挖高度根据锚杆的竖向间距、锚杆钻机类型及施工条件确定。锚杆的横竖向间距通常为 23m,开挖时一般超挖 0.5m,用于钢筋网的连接,每层开挖位置在锚杆下大约 0.5~1m 处。

(2)放置预应力锚杆。在边坡坡壁设计位置进行钻孔,钻孔应采用合适的钻进方法进行施工,预应力锚杆的长度和角度应与钻孔一致,采用锚杆自由段套管的方式,使锚杆自由段在注浆之后可以自由伸缩。

(3)制作锚下承载结构。在注浆体达到 80% 强度后,进行锚下承载结构的安装;应先在坡面上铺设钢筋网材料,将锚下承载结构紧压在钢筋网之上。

(4)预应力锚杆的张拉与喷射混凝土面层。张拉预应力时,应进行适当的超张拉,避免预应力的损失过大。另外,通过张拉预应力检验锚杆的抗拉力是否满足规范要求。喷射混凝土应将锚下承载结构喷满包围住,保护层均匀且厚度应满足规范规定。

(5)继续下一循环的支护,并重复上述步骤。边坡开挖后,在未支护前边坡的开挖面存在安全隐患,可以利用以下手段进行解决:边坡开挖后,马上使用喷混凝土面层进行坡面封闭;未开挖前使用微型桩对土体进行预支护。

2. SNS 柔性边坡防护网作用及施工技术

SNS 柔性边坡防护网由钢丝绳与钢丝格栅组成,钢丝绳通过钢丝绳扣相连,其间距为 30cm×30cm；钢丝格栅通过编织相连，其间距为 6cm×6cm。

SNS 柔性边坡防护网充分利用柔性材料的易分散性和高抗冲击性，通过锚杆和支护绳索对每个网块施加预紧力，使每个网块在坡面上张拉，然后对坡面危岩落石施加一定的预紧压力，从而提高危岩的稳定性，防止危险落石的发生。防护网系统各部件相互连接，集成在各独立保护区内，一旦岩体发生局部变形或位移，系统将不再局部工作，而是整体工作。并且其充分利用系统的开放性，减少系统的视觉干扰，保护原始植被及其生长条件，充分保护风景区内自然风貌，实现隧道与自然景观的完美融合，达到人与自然和谐相处的目的，构建路与景的交相辉映，SNS 柔性边坡防护网如图 2-6 所示。

图 2-6　SNS 柔性边坡防护网

SNS 柔性边坡防护网施工周期短，地形适应性强，施工安装相对灵活，被广泛应用在边坡工程中。

3. "自流平水泥灌浆 + 改性环氧树脂"补强处理技术

水泥基自流平砂浆是一种拌和成浆体后能自动流平的特殊功能砂浆，具有流动度大、施工速度快、表面平整光滑等优点，还可以使用泵送施工，提高施工效率。水泥基自流平材料克服了传统水泥基材料施工速度慢、平整度差，以及时常出现开裂、剥落、起灰等多种缺陷的问题，可以用于修补已经磨损、起砂、损坏的地面及其他物体。

1）水泥灌浆配置研究

传统注浆施工要对水泥浆液施加注浆压力，其压力可达 1~2MPa，较大的注浆压力会加大石林根部的节理裂隙，甚至破坏石林，造成石林脱落。因此，使用水泥灌浆，在相对较小的灌浆压力作用下使浆液充填土的孔隙和岩石的裂隙，排出孔隙中存在的自由水和气体,而基本不改变原状土的结构和体积。

为了拥有更好的灌浆效果,采用流动性较大、和易性优良的水泥砂浆,其类似自流平的特性让水泥砂浆在重力作用下便可流动至节理裂隙内,并辅以弱压力,使水泥砂浆充分挤走水与空气,灌填至裂隙内部。水泥基自流平材料使水泥砂浆在低水灰比条件下具有较好的流动性,并且保证水泥砂浆具有良好的黏聚性、保水性,防止泌水、离析、收缩干裂。

在外掺剂中,粉煤灰颗粒微小,就像水泥砂浆中的珍珠,粉煤灰的加入可改善水泥砂浆的和易性;矿渣可改善混凝土流动度,降低水泥水化热,提高混凝土抗渗能力;聚羧酸减水剂是一种高效减水剂,是在水泥混凝土中运用的一种水泥分散剂,能解决低水灰比、大流动度这一问题。

研究人员结合现场实际情况,对粉煤灰和矿渣的掺入量进行了研究。

(1)粉煤灰掺量

研究结果表明,掺粉煤灰和不掺粉煤灰流动度相差较大。掺入粉煤灰后,随着掺入量的不断增大,对自流平砂浆的初始流动度影响相对平缓,流动度损失不断增大;掺入量超过40%时,流动度急剧下降,流动度损失呈反增长趋势,如图2-7所示。

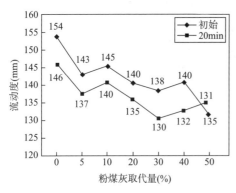

图2-7 粉煤灰对自流平砂浆流动度的影响

为了使砂浆保持稳定的流动性,提高可工作时间,减少泌水现象及保持良好的黏聚性,粉煤灰掺量必须适宜,本试验的掺量范围在10%~30%。从图2-8中可以看出,随着粉煤灰掺量的增加,强度虽稍有起伏,但总体呈下降趋势。特别是早期强度,当粉煤灰取代量达到30%时,24h抗折强度和24h抗压强度分别下降了47%和36%。结合流动度与强度两个特性考虑,粉煤灰取代水泥的量宜为10%~20%。

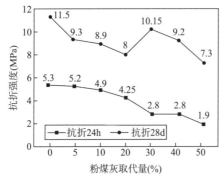
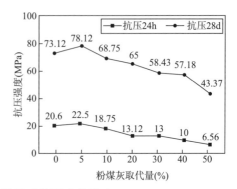

图2-8 粉煤灰对自流平砂浆强度的影响

(2)矿渣掺量

从图2-9中可以看出,当矿渣掺量为30%和40%时,流动度损失分别为2.7%和0.6%,流动度最高达到147mm,说明矿渣显著改善了砂浆的流动性,且保持能力加强。另一方面,矿渣掺量过大,伴有泌水、离析的现象。综合考虑,本试验矿渣掺量适宜范围为15%~25%。

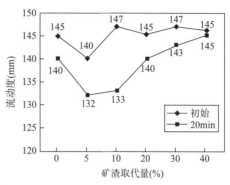

图2-9 矿渣对自流平砂浆流动度的影响

图2-9中矿渣掺量对自流平砂浆早期强度影响较大,无论是抗折强度,还是抗压强度,都随着矿渣掺量的增加出现了下降的情况。尤其是掺量超过20%时,强度大幅度下降,当达到40%时,已经不符合标准的要求。结合流动度综合考虑,矿渣的掺量宜在20%左右。

上述试验表明,当粉煤灰取代水泥的量为10%~20%,矿渣取代水泥的量为20%左右时,自流平砂浆可获得良好的工作性能和力学性能。

研究人员根据项目情况及经验积累,最终确定配合比为砂∶水泥∶粉煤灰∶矿渣=50∶32.5∶7.5∶10,其中石英砂中细砂∶中砂=2∶1;水胶比为0.4;聚羧酸减水剂确定为胶凝材料质量的0.20%,普通水泥砂浆和改良水泥砂浆对比如图2-10所示。

图2-10 普通水泥砂浆(左)与改良水泥砂浆(右)对比

经过现场试验发现,改良水泥砂浆和易性明显提高,抗压强度及抗折强度满足工程要求,各方面性能优越,取得了良好效果,对石林根部节理裂隙灌浆密实,对石林形成了有效保护。

(3)水泥灌浆过程控制

灌浆是一项隐蔽性很强的工法,灌浆的好坏,除在灌浆结束后进行注浆效果检查外,灌浆过程控制也十分关键,只有对每处灌浆按设计要求进行控制,才能得到良好的灌浆效果。

灌浆压力初步设计为 0.3MPa 左右,并通过现场灌浆试验,动态调整灌浆压力。灌浆施工工艺流程如图 2-11 所示。

施工程序及方法:

①搭设施工平台。用脚手架等搭设施工平台,确保施工平台稳固、安全、实用。

②裂隙的检查及标注。灌浆前,必须查清节理裂隙发生的部位及宽度、长度、深度和贯穿情况,并了解裂隙含水及渗漏情况,并做好记录和标识,以便做好各项准备工作。

③裂隙清理及表面处理。对需处理的裂隙,将裂隙表面两侧 3~4cm 范围内的灰尘、浮浆用手铲、铁锤、钢刷、毛刷依次处理干净,视情况用吹风机把裂隙中的杂质吹去。如遇裂隙部位不够干燥,采用喷灯烘干,将构件表面整平,凿除突出部分,然后清除裂隙周围的污渍,清洗时注意不要将裂隙堵塞。如有必要,可沿裂隙开 V 形槽,并清理干净 V 形槽至无浮尘、松动颗粒和污渍。

④标定灌浆点位。用钢卷尺沿裂隙走向测量并标定灌浆点位,根据裂隙走向、缝宽等具体情况,确定灌浆点位间距为 15~40cm。

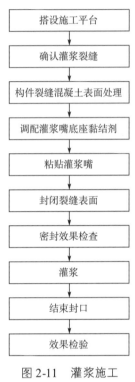

图 2-11 灌浆施工工艺流程

⑤埋设灌浆嘴。根据裂隙宽度、大小、长度埋设灌浆嘴,间距一般为 15~40cm,宽缝疏布置、微细缝密布置,深缝宜密布置,浅缝宜疏布置,在裂隙交叉处、较宽处、端部及裂隙贯穿处应布置灌浆嘴,采用无损贴嘴法对准且骑缝粘贴在预定位置,并用黏结剂固定灌浆嘴。灌浆嘴必须对准缝隙保证导流畅通;灌浆嘴应粘贴牢靠;把灌浆嘴底盘四周封闭;一条裂隙上必须设有进浆嘴、排气嘴、出浆嘴。

⑥裂隙封闭。封缝是为防止浆液外漏,保证灌浆压力,使浆液在压力作用下能渗入裂隙深部,以保证灌浆质量。为使岩石裂隙完全充满浆液,并保持压力,同时又保证浆液不大量外渗,必须对已处理过的裂隙表面(除孔眼及灌胶底座外)用环氧浆基液沿裂隙走向,从上而下或从一端到另一端均匀涂刷,先沿缝两侧约 50mm 清洗,用环氧浆基液沿缝走向骑缝均匀涂刷,然后用高分子改性化学胶泥封闭。注意避免出现气泡,封缝是灌浆成功的关键,裂隙封闭工序应细心。

⑦检查封缝效果。裂隙封闭后养护一段时间,待封缝胶泥有一定强度后,进行压气试漏,检查封缝和灌胶底座密封效果,漏气处应予修补、密封至不漏为止。

⑧灌浆。将按上述配合比配制好的浆液用手动灌浆泵从灌浆嘴灌入裂隙中。灌浆是整个化学灌浆处理裂隙的中心环节,须待一切准备工作完成后再进行。

⑨封口结束。待浆液完全固化硬结后,拆下灌浆嘴,用胶泥或水泥浆液将灌浆嘴处封口抹平。

⑩效果检查。灌浆结束后,检查补强质量和效果,发现缺陷及时进行灌浆补救,确保工程质量。

2)改性环氧树脂胶制备研究

为解决传统环氧树脂胶造价高的问题,同时也避免对环氧树脂胶的良好性能产生不利影响,在石林加固工程中,充分发挥环氧树脂胶的主要良好特性,改进其缺点,减少施工造价和其他方面的浪费,需研制出新的改性环氧树脂胶,用以加固石林。

微硅粉又称石英粉,是由天然石英或高温熔融、冷却后的石英经过破碎、研磨、浮选、酸洗提纯、高纯水处理等多道工序加工而成的一种无毒、无味且对环境无污染的无机非金属材料。微硅粉应用在改性树脂,特别是环氧树脂中,可大大提升树脂胶体的韧性、强度、延伸率、耐磨性、抗老化性能、防水性能和蓄能保温性能。采用硅烷等材料对微硅粉颗粒表面进行处理,使微硅粉表面具有一层牢固的硅烷偶联剂膜,发挥其原有的表面性质,从而使微硅粉具有憎水性,提高与环氧树脂结构胶的浸润性、亲有机物性和化学物性,从而提高固化物的强度、弹性模量、抗老化性、耐气候性。

综上所述,为增强环氧树脂耐磨性能,向环氧树脂中添加具有一定特征的刚性颗粒,是目前较为常见且有效的方法。研究人员以自制增韧改性环氧树脂为主剂,添加粒径为300目的微硅粉,制备抗拉耐久型改性环氧树脂,并研究其对环氧树脂力学性能及耐磨性能的影响。

(1)材料组成及仪器

耐磨型改性环氧树脂材料组成:环氧树脂、300目微硅粉、固化剂。

主要试验仪器:微机控制电子万能试验机、漆轮磨耗仪。

(2)试样制备

拉伸试样制备程序:将环氧树脂、固化剂按比例添加混合后,搅拌均匀,制备成改性环氧树脂;300目微硅粉按环氧树脂质量的0%、5%、10%、15%、20%、30%分别加入环氧树脂中,搅拌均匀后,将混合物分别注入模具中,固化7d,脱模,制成符合规范要求的标准拉伸试样。

耐磨试样制备程序:按上述方法制备环氧树脂混合物,随后分别将混合物等质量涂刷在120mm的磨耗试验托盘中,固化7d后,得到磨耗试验试样。

(3)性能检测

材料力学性能试验方法及技术指标按照现行《塑料 拉伸性能的测定》(GB/T

1040)(所有部分)的规定进行。耐磨性能试验及技术指标按照现行《色漆和清漆 耐磨性的测定 旋转橡胶砂轮法》(GB/T 1768)的规定进行。

(4)试验结果

①拉伸强度。

进行力学性能试验,检测试样的拉伸强度,具体试验结果如图2-12所示。

由图2-12可知,随着微硅粉含量的增加,环氧树脂拉伸强度先增加,后减小,整体变化浮动不大;当微硅粉添加量为20%时,拉伸强度达到最大值9.6MPa。微硅粉中主要成分为SiO_2,当微硅粉少量掺入环氧树脂中时,微硅粉分散较为均匀,再加上微硅粉中微粒粒径较小,比表面积和空隙率较大,表面层内原子所占比例较大,树脂基体能部分进入微粒中,与环氧树脂很好地吸附、键合,增强环氧树脂与微粒之间的界面黏合,因此,其拉伸强度得到提升。当微硅粉掺量持续增加,微粒之间产生团聚现象,无法分散均匀,最终导致拉伸性能降低。

②磨损值。

进行耐磨性能检验,检测试样在规定要求下的磨损值,试验结果如图2-13所示。

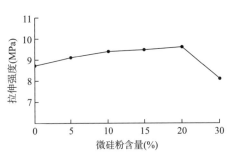

图2-12 添加不同含量微硅粉后环氧树脂拉伸强度试验结果

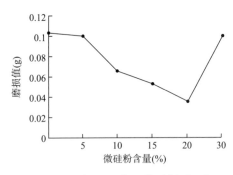

图2-13 添加不同含量微硅粉后环氧树脂耐磨性能试验结果

由图2-13可知,随着微硅粉含量的增加,基体的磨损值先减小后增大,在添加量达到20%时,磨损值为最低,对应其耐磨性达到最佳状态。当微硅粉添加量小于20%时,微硅粉在基体中能较为均匀地分散,当基体受到一定磨损后,微硅粉颗粒逐渐凸出,由于微硅粉颗粒硬度很高,起到了保护基体的作用;另外,微硅粉中的颗粒也能与基体中的部分高分子链相结合,形成一种交联结构,在基体受到应力作用时,应力可均匀分布。综合以上两种情况,微硅粉含量增加,基体磨损值逐渐减小,耐磨性能显著提升。当微硅粉添加量大于20%时,微硅粉颗粒不能均匀分散于基体中,并产生团聚现象,形成多相体系,引起应力集中等缺陷,最终导致耐磨性能降低。

上述试验结果表明,适量的微硅粉可以提高环氧树脂的黏结强度、抗磨损性能,并减少固化体积收缩率。通过试验,最终确定添加微硅粉的质量为环氧树脂质量的20%。

3)技术应用

水泥浆液在岩石裂隙中的注入理论,目前主要有固结说、沉积说、最优水灰比说。按固结理论,当浆液充满裂隙后施加压力进行注浆,浆液中的水分能够排出,其机理类似于土力学中的固结理论。石林景观部分位置只需要对其进行坡面防水和浅层加固处理,需要注浆的边坡在卸载、清理边坡完成后即可进行施工。通过方案论证后决定在进行挂网锚喷前,先对部分边坡岩体实施裂隙注浆:将水泥浆压入边坡岩体的节理裂隙中,通过水泥浆在节理裂隙中的充填作用或与介质充填物的结合作用,使岩层中薄弱结构面的强度和破碎岩块的稳定性得到提高;同时,水泥浆在裂隙中的充填封闭作用,从根本上解除了地下水和地表水的入渗导致边坡荷载动态变化,以及锚固失效等引发的地质灾害。

研究人员结合实际情况大胆创新,将自流平水泥灌浆和改性环氧树脂结合形成复合注浆补强处理技术,该项技术在充分发挥各项材料自身特点的基础上,通过加入特定外掺剂改良浆液,既保障项目所需性能,提高了补强处理技术应用效果,又降低了工程造价,节约工程经费。

该项技术利用自流平水泥砂浆的高和易性,在弱压力辅助下,水泥砂浆置换出石林裂隙深处的水与空气,并将裂缝内部填充密实;利用改性环氧树脂在石林裂缝缝口5~10cm的深度范围内均匀黏结、密实填充,填充高度高于缝口边缘1~2cm,填充平面缓和无凹陷,防止积存泥水。实践证明,该补强处理技术显著提高了石林的抗倾覆能力、抗滑移能力和稳定性,环氧树脂的密封性又提高了抗侵蚀能力、抗风化能力和耐久性,取得了很好的稳定加固效果,如图2-14所示。

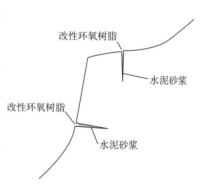

图2-14 "自流平水泥砂浆+改性环氧树脂"应用示意

2.2.5 应用效果总结

1. 工程应用实例

京秦高速公路是京哈高速公路(G1)的并行线,是北京通往秦皇岛、沈阳等东北地区的一条重要高速公路。西起北京市通州区的六环(实际零起点位于与机场第二通道重线的3.5km路段),东至秦皇岛,全长264km。

由中交中南工程局承建的标段土建工程起讫桩号为 K123+977/ZK124+072~K131+629.5/ZK131+619,全长7.653km。施工内容主要包括隧道2座、路基0.7km、桥梁1座、涵洞通道3道。其中,铁炉沟隧道属于构造剥蚀中低山地貌,山丘叠起,较为连续,自然坡度较陡,边坡切割较深。山上植被较为发育,多以灌木、杂草为主,坡地种有果树等。路段最大高程在 ZK131+060 附近,约483.7m;最小高程在隧道出口附近,约305.0m,相对高差178.7m。两端洞口斜坡较陡,坡度30°~40°,其他区段为越岭段,大部分较陡。

隧道进口附近发育陡斜坡,岩性主要为斑状花岗岩,由于岩体节理裂隙发育,且存在风化差异,形成凹凸不平的陡崖断面,凸出的岩石由于陡倾节理裂隙发育,崩塌、落石的物质来源比较丰富,形成危岩体。另外,勘察区所属区域地震活动频繁、地震烈度较高,在重力作用或地震力等不利作用下易产生崩塌,对隧道施工及运营安全有一定影响。建议在洞口上方设置足够宽度的碎落台,使零散的落石块不会侵入行车道,碎落台的宽度范围内设置防落石栅栏,确保已松散的危岩体崩落后,不会对行车道造成侵害。

针对铁炉沟隧道洞顶上方8500m^2景观石林危岩体,项目部采用创新技术,通过"预应力砂浆锚杆+水泥灌浆+改性环氧树脂"进行加固处理,将石林与母岩相连,保证石林大块危岩的稳定,再利用"防护网"拦截小块岩石,保证洞口处不会出现落石,危害人身安全。"水泥灌浆+改性环氧树脂"将节理裂隙填充,挤走裂隙中的水与空气,外层改性环氧树脂防止雨水渗入,阻止石林继续风化。该加固处理技术整体取得了良好的效果。

采用"预应力砂浆锚杆+水泥灌浆+改性环氧树脂"联合加固技术后,铁炉沟隧道洞顶景观危岩稳固系数大幅提高。采用滚落式危岩进行稳定性分析,常规状态下危岩稳定性系数由2.965提升至5.325,稳定性提高79.6%;采用公路崩塌危险性分级系统(RFRS)进行分析,危险等级由B+级提升至B-级,评估得分下降44.7%,危险性大大降低。上述结果证明,隧道洞口区域原生态危石联合加固技术具有良好效果,既确保了隧道在施工及运营过程中不会受到景观危石、危岩滚落的干扰,确保了安全;也保护了景观危石不会因为施工而被拆除,进一步保护了环境,确保生态脆弱区结构链条的完整,在类似工程中可加以推广使用。

2. 经济及社会效益

1）经济效益

目前本技术已经应用于京秦高速公路遵秦段铁炉沟隧道,经济效益如下（对比常规拆除施工方法）：

铁炉沟隧道进洞开挖时需要对约 8500m² 石林进行加固处理。

(1) 人工费：原施工方案每处理 1m² 石林需要 4 名工人工作 4.4h,按照市场价计算,每名工人的成本为 60 元/h,需要的费用为 $4 \times 4.4 \times 60 = 1056$ 元。采用联合加固新技术后,每处理 1m² 石林需要 3 名工人工作 2.7h,需要的费用为 $3 \times 2.7 \times 60 = 486$ 元。节约人工成本为 $(1056 - 486) \times 8500 = 484.5$ 万元。

(2) 机械费：原施工方案每处理 1m² 石林需要机械费 370 元。采用联合加固新技术后,基本不需要大型机械设备。所以节约的机械费用为 $(370 - 0) \times 8500 = 314.5$ 万元。

(3) 材料费：原施工方案拆除石林不需要材料费,而联合加固新技术用到的改性环氧树脂材料,每处理 1m² 景观危石的成本为 23 元,所以材料费为 $(0 - 23) \times 8500 = -19.55$ 万元。

综上所述,采用联合加固新技术后共计节约施工成本为 $484.5 + 314.5 - 19.55 = 779.45$ 万元。

2）社会效益

针对铁炉沟隧道进洞施工及原生态石林景观带保护难题,通过理论分析、现场试验等方法,创新性提出了隧道洞口区域原生态石林联合加固技术,既最大化减小隧道施工对原生态石林景观的破坏,又确保了隧道施工安全及质量,降低了施工扰动对石林景观的影响。通过上述隧道洞口与自然景观融合技术的顺利实施,既保护了原始石林景观生态环境,深入贯彻"绿水青山就是金山银山"的环保理念,又积极响应了国家倡导的可持续发展理念。

2.3 施工污水处理技术

2.3.1 行业现状

随着隧道建设日益增多,隧道内的污水问题也日益凸显。施工污水处理技术的意义在于保护环境、节约水资源和提高隧道运行安全性。隧道污水处理技术主要涉及污水收集系统、污水处理与再利用、污水排放标准、污泥处理与处置、水质检测与监控、设备维护与管理,以及能耗与成本控制等方面。

2.3.2 存在的难点及痛点

公路隧道因其施工的特殊性,施工过程中必将产生一些污水,污水产生的原因主要包括:液压施工机械油管密封不严、油管爆裂造成的液压油外泄而产生的含石油类污水;打钻过程中产生的岩粉、裂隙中夹杂的泥沙而产生的含悬浮物类污水;施工过程中石油氧化、混凝土和速凝剂所造成的高COD污水。这些污水以含石油类污水和含悬浮物类污水为主。同时,隧道施工排水中,大量岩石粉尘等悬浮杂质进入水中,在排出过程中,部分水中溶解性杂质被氧化、析出,化学性质还会有所改变。这些污水如果不能及时处理,就会通过径流和渗流污染当地土壤和植被,污染地表水体,破坏地表水体生态系统,影响鱼类和水生生物的生存,影响地表水体作为工业、农业、畜牧业和生活用水水源的使用。隧道渗水一旦对环境造成污染,其后期的治理难度较大,需采取综合处理措施。这些都说明,隧道施工污水处理及污水处理效果评估的重要性。

2.3.3 施工污水处置原则

隧道内的污水来源主要是路面洒水、掌子面涌水、三臂凿岩等机械施工用水、未施作二次衬砌段渗水、横向排水管流向边沟的渗水、设备油污、混凝土泵送管道冲洗、设备清洗、地面冲洗等。生活污水来源主要是餐厨洗涤污水和粪便等,经处理后,用吸污车运至指定点进行处理。

一般隧道施工废、污水主要处理原则是"隔离、净化、利用、外运",不随意排放,处理后再次循环使用,确保不对地表水及地下水造成污染。无法处理的油脂性、化学性、胶泥质性污水全部外运至专业污水处理厂进行处理。

严寒环境隧道涌水段处置应遵循"以堵为主,排堵结合,防冻保温,多道防线,综合治理,注重环保"的总体原则。通过超前预注浆加固、径向注浆堵水等措施限制隧道裂隙水排放。

2.3.4 生产污水处理

1. 清污分流

生产废水处理厂处理能力有限,而隧道设计涌水量远超生产废水处理能力,因此,隧道涌水不可能全部通过生产废水处理厂进行处理。将隧道内的涌水与施工产生的污水进行分离,隧道涌水(没污染的水源)不处理直接外排,施工污水全部进生产废水处理厂进行处理,然后将处理后的水源循环利用(拌和用水、养护、便道洒水等)。

隧道涌水处理采用"清污分流"排水理念,对隧道清水(已衬砌段裂隙水)、污水(施工废水:油污、速凝剂、脱模剂、泥沙等)实行隔离、分流处理。以隧道二次衬砌施工末端为界,通过中心检查井封堵、防渗土工布覆盖等措施实现已衬砌段与施工段水流分离,如图 2-15 所示。

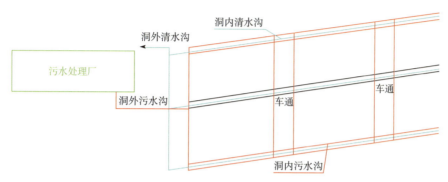

图 2-15　隧道"清污分流"布置图

1) 洞外排水体系设计

左右洞深埋水管和服务隧道仰拱块纵向排水沟与隧道口预埋的 2m 钢筋混凝土管连接,将运营期间洞内渗水引排至自然水系,排水管道均位于冻结线深度以下,保证排水畅通,在左右洞及服务隧道与隧道口预埋的 2m 钢筋混凝土管连接处设置阀门,可有效控制隧道清水排放。

2) 施工期间洞内排水路径

已衬砌段裂隙水采用排水模式:第一段是洞口段,裂隙水→环向排水管→横向排水管→中心排水沟;第二段是洞身段(没有中心排水沟),裂隙水→环向排水管→横向排水管→车通(人通)横向导水沟→服务隧道纵向排水孔,如图 2-16 所示。

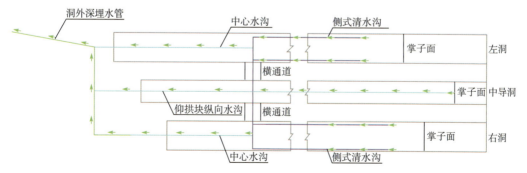

图 2-16　隧道内围岩裂隙水排水路径(未被施工污染的水源)

施工废水采用排水模式：施工废水→收集（顺坡排水时采用两侧污水沟）→输送至污水处理中心→净化处理→综合利用，如图2-17所示。

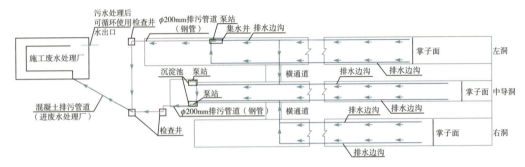

图2-17　隧道内施工废水排水路径（裂隙水被施工污染）

3)"清污分流"施工措施

(1)主洞的污水基本上都是从仰拱两侧边沟汇集、排出；二次衬砌后方的围岩裂隙水分成两部分，一部分通过横向排水管，排到仰拱两侧边沟与施工污水混合，采用ϕ120mm管道布设至洞口，通过洞口的检查井，下穿一直铺设至施工废水处理厂进口管处，将主洞的施工污水泵送至施工废水处理厂。

另一部分通过环向透水软管、纵向排水管、横向排水管排到中心排水沟内，然后通过中心排水沟排至洞外深埋水管内，排至自然水系中。

(2)服务隧道仰拱块内流的是清水，是围岩裂隙水，可以直接排至洞外深埋水管内，流向自然水系中。地面污水全部通过服务隧道两侧的排水边沟，排至预备洞室内的两侧沉淀池，通过泵站和泵送管道输送至施工废水处理厂进口管内，若后期污水量增大无法通过两侧排水边沟自然流至预备洞室内两侧沉淀池，则在适当横通道位置设置污水集水站并泵送至预备洞室内两侧沉淀池。

正常施工段仰拱块安装前段至掌子面的围岩渗水的汇水面低于仰拱块排水沟高程，通过仰拱块前方常用的排水泵站进行抽排，可以保证施工污水基本上不会进入仰拱块内，如图2-18、图2-19所示。

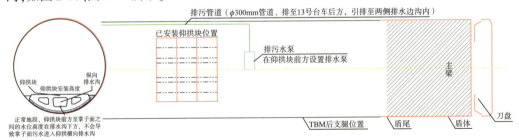

图2-18　TBM在正常段施工时泵站布置平面示意图

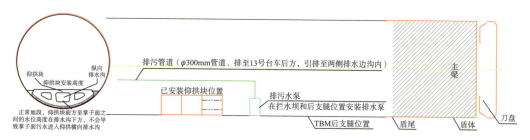

图 2-19　TBM 在正常段施工时泵站布置立面示意图

但当穿越富水地段时,要在仰拱块安装位置前方与 TBM 后支腿之间设置拦水坝,在拦水坝内安装大功率泵站,通过泵站和排污管道将仰拱块前方拱底汇集的污水全部排至13 号台车后方两侧排水边沟内。在仰拱块最前段设置过滤网,防止固体垃圾及其他悬浮物进入仰拱块内,如图 2-20 ~ 图 2-23 所示。

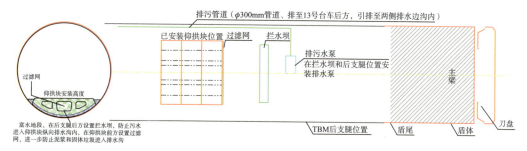

图 2-20　TBM 穿越富水地段时拦水坝和泵站布置平面示意图

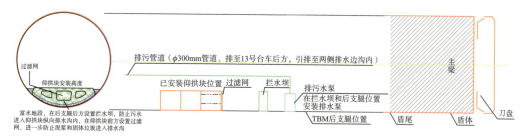

图 2-21　TBM 穿越富水地段时拦水坝和泵站布置立面示意图

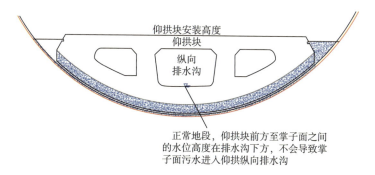

图 2-22　正常地段施工污水很难进入仰拱块纵向排水沟

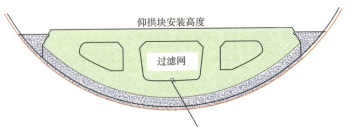

图 2-23 富水地段在仰拱块前段设置过滤网

台车内施工污水（湿喷混凝土回弹料冲洗、皮带机滴下的泥水、台车地面冲洗的泥水、冲洗台车产生的油污等），严禁进仰拱块排水沟内。

仰拱回填施工要保证底部混凝土密实；若回填不密实，则仰拱块经过重车碾压后会下沉，导致相邻仰拱块之间存在错台，另外还会导致相邻仰拱块顶面裂隙变大，从而导致地面污水进入仰拱块内，如图 2-24 所示。

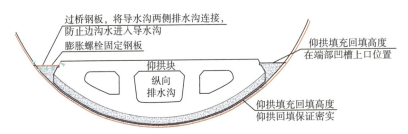

图 2-24 过桥钢板设置示意图

4）富水段初期支护渗水与边沟污水分流措施

富水段初期支护渗水与边沟污水分流措施示意如图 2-25 所示。

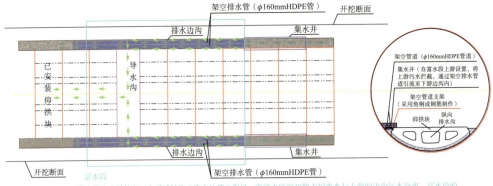

图 2-25 富水段初期支护渗水与边沟污水分流措施示意图

在富水段上游边沟位置设置集水井,将上游边沟污水拦住,然后在集水井内埋设两道 $\phi 160 mm$ HDPE 管道,管道沿着排水边沟架空铺设,管道长度以富水段长度为准,将上游的边沟污水架空引流至下游边沟内,防止该处初期支护渗水与边沟污水混流。

架空排水管道支架采用角钢或钢筋加工制作,保证架空管道底口高于仰拱块顶,实现污水走管道,清水走边沟。

富水段的初期支护渗水通过两侧边沟引流至导水沟,通过导水沟进入仰拱块排水沟内,直接引流至洞口深埋水管内,富水段上游集水井和架空管道、支架横断面布置如图2-26所示。

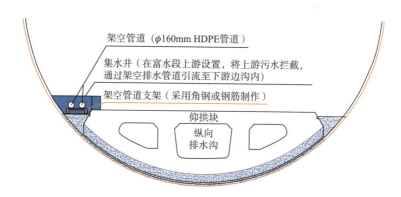

图2-26　富水段上游集水井和架空管道、支架横断面布置图

5)散水集中引排措施

服务隧道岩面渗水量非常大,若任由岩面随意渗水,将非常难收集,会导致整个服务隧道如同进入水帘洞,从拱顶滴落的水经过地面污染形成污水,增大污水处理负担。将初期支护渗水集中引排至仰拱块内,减轻污水处理负担。

及时施作泄水孔。在岩面上打设排水管,然后采用PVC钢丝管将线状水沿着开挖岩面引流至仰拱块侧端横向排水管,通过横向排水管引流至仰拱块纵向排水孔内。初期支护岩面没有水或水量较少的地段,每断面施作2个泄水孔,纵向间距3~5m;若初期支护岩面渗水量大,每断面施作4~5个泄水孔,纵向间距按1.8m加密设置。根据现场渗水量及仰拱块排水孔位置设置泄水孔,岩面渗水处置如图2-27所示。

富水段泄水孔施作。在TBM掘进时,虽然在盾尾及时施作了泄水孔,但是由于围岩裂隙发育、走向等因素,导致裂隙水没有从泄水孔内流出;加上特殊断层地段,围岩裂隙极其发育,散装涌水量大,因此,需要在TBM后方继续施作泄水孔。TBM后方泄水孔采用C6钻机施作,泄水孔孔深10m,孔径 $\phi 89 mm$,环向间距2m(每侧2~3排),纵向间距

1.8~3.6m。根据现场渗水量及仰拱块排水孔位置设置泄水孔,富水段泄水孔(10m)断面布置如图2-28所示。

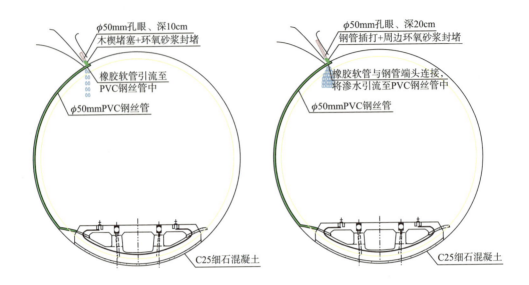

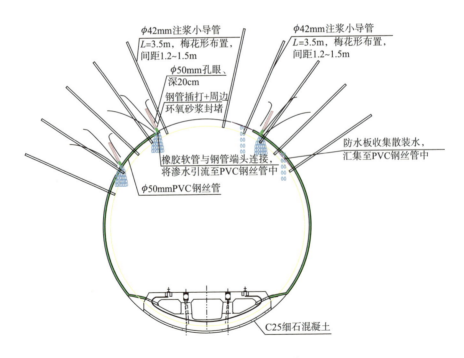

图2-27 岩面渗水处置示意图

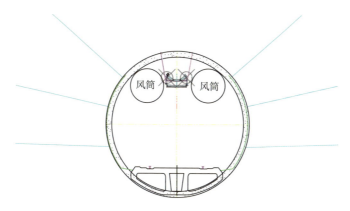

图 2-28　富水段泄水孔（10m）断面布置图

2. 生产污水处理

1）洞内预处理方案

服务隧道内施工废水先后经过混凝沉淀一体化设备，在混合絮凝反应池中添加聚合氯化铝（PAC）、聚丙烯酰胺（PAM）试剂进行混合反应，经反应后的污水进入沉淀池中，利用颗粒或絮体的重力沉淀作用去除水中大部分的悬浮物和部分有机物。出水进入洞外污水处理厂中做进一步处理，废水预处理设备平面布置如图 2-29 所示。

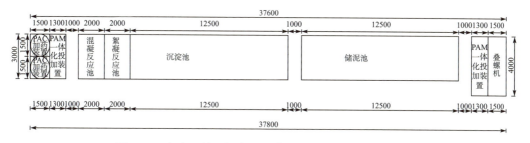

图 2-29　废水预处理设备平面布置图（尺寸单位：mm）

经沉淀后的污泥经排泥泵排入污泥池储存，由污泥螺杆泵提升进入叠螺机进行脱水，形成泥饼，装车外运处理。

在服务隧道合适位置选择 300～400m 作为洞内预处理设备安装地点。首先设置三级沉淀池，将服务隧道两侧边沟内施工废水通过物理沉淀，减少施工废水中大颗粒泥渣、固体垃圾等。在小桩号侧设置废水预处理设备，包括混凝沉淀一体化设备、混合絮凝反应池，去除施工废水中大部分悬浮物、细小沉渣和氟化物，为洞外污水处理厂减轻负担。洞内预处理设备布置如图 2-30、图 2-31 所示。

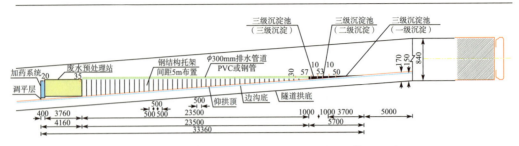

图 2-30 洞内预处理设备纵断面图（尺寸单位：cm）

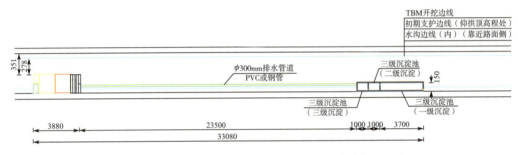

图 2-31 洞内预处理设备平面布置图（尺寸单位：cm）

2）施工流程图

洞内施工废水预处理施工流程如图 2-32 所示。

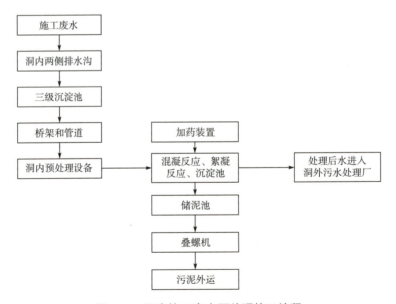

图 2-32 洞内施工废水预处理施工流程

3）洞外生产污水处理原则

根据相关资料和数据，隧道施工废水进水水质见表 2-1。

进水水质 表2-1

项目	pH	硫酸盐（mg/L）	氟化物（mg/L）	TN（mg/L）	氨氮（mg/L）	COD（mg/L）	BOD$_5$（mg/L）	挥发酚（mg/L）	石油类（mg/L）
设计值	7.6~10.5	595	1.48	1.52	0.558	37	8.7	0.0121	0.5

根据相关污水处理排放要求,经污水站处理后的水质污染物指标要求满足《地表水环境质量标准》(GB 3838—2002)Ⅱ类水质标准。具体指标见表2-2。

出水水质限值 表2-2

项目	pH	硫酸盐	氟化物	TN	氨氮	COD	BOD$_5$	挥发酚	石油类
标准值	6~9	250mg/L	1.0mg/L	0.5mg/L	0.5mg/L	15mg/L	3mg/L	0.002mg/L	0.05mg/L
去除率	—	58%	32.5%	67.1%	10.8%	60%	65.5%	83.5%	90%

3. 工艺流程说明

隧道废水经管道或排水沟等汇集,通过格栅池中设置的机械格栅,去除污水中较粗大的漂浮物,如树叶、杂草、木块、废塑料等。

出水进入沉砂池,通过重力作用,比重大的无机颗粒下沉,从而去除大部分砂砾,同时,砂粒进一步在集水池内沉淀,底部污泥排放至污泥池脱水处理。

调节池:调节池主要作用为均匀水量和水质,以保证后续系统可以稳定运行。同时,在调节池进水口处设置有格栅,废水通过格栅进入调节池,可去除污水中较粗大的漂浮物。

电絮凝气浮池:电絮凝气浮池中主要设备为电极电解装置和溶气气浮系统。在外电压的作用下,电极板阳极产生可溶性阳离子,能够对胶体污染物产生凝聚效应。同时,阳极还产生氧气、氯气等多种强氧化性物质,阴极则析出大量氢气。电解产生的微气泡具有很高的比表面积,可吸附水中的微小油滴和悬浮物。配合溶气气浮系统,微气泡在上浮过程中将油滴和悬浮物絮凝上浮,通过阳极的凝聚和阴极的絮体上浮实现污染物的分离和水的净化,对水中COD、悬浮物、石油类等污染物进行初步去除。

混合絮凝沉淀池:混凝沉淀工艺的核心是选用恰当的高效复合混凝剂。高效复合混凝剂为电解质,在废水里形成胶团,与废水中的胶体物质发生电中和,形成绒粒沉降。混凝沉淀不但可以去除废水中粒径为1×10^{-6}~1×10^{-3}mm的细小悬浮颗粒,而且还能去除色度、油分、微生物、氨和磷等富营养物质、重金属以及有机物等。

除油过滤器:含油污水采用过滤技术处理,是含油污水处理的新方法,主要用于分离通过除油池不能自然上浮的细分散乳化油。除油过滤器借助油珠对滤料表面的疏水附聚作用,在滤料表面形成油膜,随后被滤层孔隙间水流剪力洗刷掉,形成粗颗粒油珠上浮而分离。

利用上述原理和经过特殊处理的含多孔和巨大比表面积特性的复合滤料,除油过滤器可将污水中悬浮物和石油类污染物拦截在滤料层表面或吸附在滤料表面,运行一段时间后,当复合滤料达到吸附饱和时,停止进水进行反洗,使复合滤料恢复原有特性,而反洗水将截留物带走,最终实现过滤油和机械杂质的目的。

活性炭过滤器:活性炭过滤器是一种较常用的水处理设备。活性炭的吸附可分为物理吸附和化学吸附,物理吸附主要发生在活性炭丰富的微孔中,用于去除水和空气中的杂质。活性炭不仅含有碳元素,而且在其表面还含有官能团,能与被吸附物质发生化学反应,从而使被吸附物质吸附在活性炭的表面。介质中的杂质通过物理吸附和化学吸附不断进入活性炭的多孔结构中,达到去除效果。

污泥脱水设备:脱水机本体主要是由过滤体和螺旋轴所构成,过滤体包括浓缩部和脱水部两个部分。当污泥进入过滤体后,利用固定环、游动环的相对移动,使滤液通过叠片间隙快速向外排出,迅速浓缩,污泥向脱水部推移;当污泥进入脱水部时,在滤腔内的空间不断缩小,污泥内压不断增强,再加上出泥处调压器的背压作用,使其达到高效脱水的目的,同时污泥不断被排出机外。

污水处理工艺流程如图 2-33 所示,污水处理厂如图 2-34 所示。

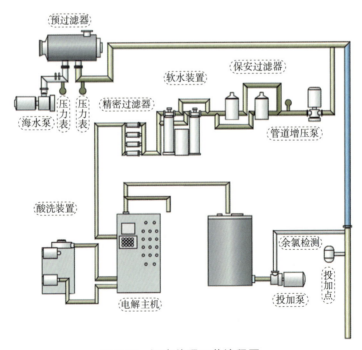

图 2-33 污水处理工艺流程图

图 2-34　隧道洞口 5000m^3/d 污水处理厂

2.3.5　生活污水处理

移动撬装式生活污水处理设备,采用国内先进的移动床活性污泥和生物接触氧化污水处理(AOMBBR-MBR)工艺,增加了进水温度提升、箱体保温等设备,可针对高寒地区污水处理使用。污水中 COD、氨氮及总磷(TP)通过生化、物化工艺得到高效去除,使处理出水主要指标达到《城镇污水处理厂污染物排放标准》(GB 18918—2002)一级 A 排放标准,从而有效减少对环境的污染。

1. 工艺流程图

生活污水处理工艺流程如图 2-35 所示。

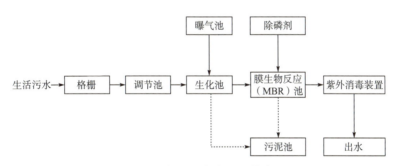

图 2-35　生活污水处理工艺流程

2. 工艺系统描述

污水由排污管道进入格栅渠,去除水中较大的悬浮、漂浮物和带状物,上清液通过重力自流进入调节池,调节池调节污水的水量和水质;调节池出水提升进入后续的生化系统进行生化处理。一体化污水处理设备(钢结构)包含厌氧区、缺氧区、好氧区、MBR 池、清水池和设备间。来自沉淀池的回流污泥和好氧区的混合液分别回流至厌氧区和缺氧区,使污泥的脱氮和混合液的脱氮完全分开。该工艺在碳氮比适宜的情况下,可实现完全反硝化,使缺氧区出水中硝酸盐浓度接近于零,从而保证厌氧池严格的厌氧环境,进而利于磷的有效释放。设备出水自流进入 MBR 池。在 A 级池内,微生物处于缺氧状态,此时微生物为碱性微生物,它们将污水中有机氮转化为氨氮,同时利用有机碳源作为电子供体,将 NO_3-N、NO-N 转化为 N_2。在 O 级池内,生化池的处理依靠自养型细菌(硝化菌)完成,它们利用有机物分解产生的无机碳源或空气中的二氧化碳作为营养源,将污水中的氨氮转化为 NO_2-N、NO_3-N。O 级池出水一部分回流至 A 级池进行内循环,以达到反硝化的目的;另一部分进入 MBR 池处理后,再进入紫外消毒装置,经过消毒处理达标后的水排入清水池。

生化池和 MBR 池的污泥排入污泥池,污泥池的污泥外运或者进行填埋处理。

3. 防腐、防渗设计

1)防腐

污水处理工程中,部分物品和材料处于腐蚀性环境,需进行防腐处理,以减少水中污染物和腐蚀性气体对构筑物、建筑物、设备和设施等的腐蚀,确保设备和设施的运行安全,保证工程质量,保持处理站的美观。

2)防腐对象

水泵、电机等设备;输水管、加药管道等生产性设备和设施。

厂区的栏杆、平台、钢门窗等附属设施及设备等。

3)腐蚀情况分析

(1)水环境

通常情况下,水中有氧存在时,金属表面形成局部电池引起电化学反应,金属腐蚀就会发生。同时,污水中的酸性物质也会产生腐蚀作用。

(2)空气环境

室外阳光,尤其是夏季阳光照射中含有紫外线。在水上,强烈阳光的照射,特别是盛夏高温季节,受热后的污水散发蒸汽,侵蚀钢结构及设备。其中有些难溶解性颗粒物积聚黏附在金属表面,又会产生垢下腐蚀、点蚀、坑蚀或缝隙腐蚀等局部腐蚀,使钢结构的腐蚀加剧。

(3)防腐、防渗措施

在经济合理的条件下,根据所应用的环境,关键部件和材料的材质选用耐腐蚀和抗腐蚀的材质。钢结构的部件采用环氧树脂或衬胶防腐。

针对使用条件,选用合适的防腐涂料和防腐方法,水管、污泥管等工艺管道主要采用碳钢防腐处理。

2.3.6 效益分析

1. 经济、社会效益

(1)提出的"清污分流"技术、污水处理技术、污水循环利用,有利于保护二级水源。
(2)总结形成一套系统的环保敏感区隧道施工污水处理技术,可助推我国环保管理水平提升。

2. 生态效益

(1)污水出水质量高且出水水质稳定,可以循环利用,保护了当地的生态环境。
(2)污水出水不影响周边地表水、地下水,不会对环境及周边群众生活造成不利影响。

2.3.7 应用实例

天山胜利隧道全长 22.13km,建设工期 6 年,为目前世界上最长的高速公路隧道。隧道横穿天山,地形起伏大,建成后将成为打通南北疆的重要通道。项目首次采用"三洞加四竖井"的施工方法进行掘进,为缩短工期,利用服务隧道 TBM 施工速度快的优势向主洞开辟新的掌子面,实现"长隧短打"。项目最高峰时期左右洞各 3 个掌子面,服务隧道 TBM 一个掌子面,共有 7 个掌子面同时施工,施工产生的废水量较大。

项目洞口距当地重要水源——乌鲁木齐河发源地,直线距离 20m,属环境敏感区,水环保要求极高,不允许生产、生活废水的直接排放。项目坚持自然、生态、环保、经济的理念,从环保角度提出严格要求来保护环境,并在隧道口建设了生产废水处理厂。项目污水厂的建立避免了环境污染问题带来的停工整改,节约成本的同时,有力保障了工程进度的顺利进行,项目受到新疆维吾尔自治区环保部门、业主单位等的一致好评,已取得了显著的经济、生态和社会效益。

2.4 本章小结

我国是一个多山国家,山区面积占国土总面积 2/3 以上,隧道由此成为我国利用地下空间的一种常见形式。隧道作为公路建设中的重要组成部分,可以充分利用岩土的固有性质,能够缩短公路里程,减少公路后期运营成本,提高物流企业经济效益,从而取得良好的经济和社会效益。但在隧道施工过程中,由于工程作业,不可避免地会改变原有的环境状态,甚至造成生态破坏和环境污染,这些影响往往是难以恢复或不可恢复的。

生态文明已经成为国家环保的重要组成部分,是实现人与自然和谐共处的核心,是人类文明发展的重要阶段和必然趋势。部分隧址区自然生态环境非常脆弱,一旦受到破坏则恢复非常困难,在隧道施工区域同步进行生态修复事关隧道建设效果。

对多地区的生态调查发现,在隧道建设过程中,通过高寒区隧道口植物原位保护及边坡生态保护、地下水资源保护、对隧道施工中的污水进行无害化处理等多种措施的应用和创新,减少了对周边环境的破坏,改善了工程区脆弱的生态环境,实现了生态脆弱区工程与生态和谐,提高了公路的服务水平,降低了公路的后期维修成本。

CHAPTER THREE

3

不良地质段施工技术

3.1 软岩大变形处置技术

3.1.1 技术现状

在国外,1906年修建的长达19.8km的辛普伦Ⅰ线隧道是有记录以来第一座严重挤压大变形隧道,隧道主要穿越石灰质云母片岩地层,施工中采用了导洞应力释放法与强支护体系,但依旧频繁发生大变形,且在竣工多年后,也出现了支护损裂现象,围岩变形呈现明显的流变性质;1975年建成的奥地利陶恩(Tauern)隧道和1979年建成的奥地利阿尔贝格(Arlberg)隧道围岩最大变形和最大变形速率分别为120cm、90cm和20cm/d、11.5cm/d;1985年建成的日本惠那山(Enasan)Ⅱ号隧道(部分段落)变形稳定时长超300d。在国内,南昆线上穿煤系地层的家竹箐隧道(1997年,4.99km)拱顶最大沉降、侧壁最大位移和拱底最大隆起依次达到了240cm、160cm和100cm;兰武二线上穿千枚岩的乌鞘岭隧道(2006年,20.05km)围岩最大变形量120cm、最大变形速率16.8cm/d;兰渝线上穿炭质板岩的木寨岭隧道(2016年,19.06km),特别是在脊岭段,最多重复性地采用了5层初期支护体系,方才完成对围岩位移的控制。

随着我国路网建设的进一步发展,特别是随着我国公路建设向西藏、新疆等西部地区的深入,不可避免地会出现越来越多穿越高山峻岭的长大隧道,隧道工程建设适应环境保护的要求不断发生变化。而对于隧道施工中的软岩变形,至今仍未有一致且明确的定义,也未在相关隧道设计、施工规范中进行详述。常见的一般性定义为,围岩变形超过了"正常变形"即视为围岩大变形。从变形成因上分,隧道围岩大变形主要分为松动型大变形、膨胀型大变形和挤压型大变形。从上述工程案例也可以看出,挤压大变形隧道岩体具有明显的蠕变特性,变形多呈现出变形量大、变形速率快、变形持续时间长、重复性变形和断面变形量不均等特点,其发生多有先决条件:

(1)围岩的自身条件为易出现挤压性质的软弱岩体,即具备较为显著的岩体蠕变与非线性变形特征;岩块饱和单轴抗压强度一般小于30MPa,且多见于薄层状、片状的(炭质)板岩、(炭质)片岩、千枚岩、页岩、煤系地层和断层(挤压)破碎压碎带。

(2)围岩的外在条件为高地应力,多发生于强度应力比$R_c/\sigma_{max}<4$的高应力环境;同时,地下水的存在与发育能大幅提高软岩隧道出现挤压大变形的概率。

3.1.2 施工中存在的危害

(1)软弱围岩是受高应力、构造面切割、风化、膨胀土、水侵蚀等多方面影响而易产生大变形,具有松、散、软、弱性质的岩层,该类岩石多为泥岩、页岩、粉砂岩和泥质矿岩,是天然形成的复杂的地质介质,开挖施工中如不能采取有效措施就会造成掌子面掉块、滑塌等危险。

(2)软弱围岩挤压变形也会对已经成形的初期支护段落造成伤害,导致初期支护剥落、拱架变形扭曲,局部渗水等病害,如图 3-1 所示。

图 3-1　初期支护拱架扭曲变形

3.1.3　挤压性软岩大变形机理及特征

太沙基(Karl Terzaghi)从地质软岩概念出发,分析了岩石的成分组成,并对大变形围岩进行了定义,指出"挤压变形岩石是指含有相当数量黏土矿物的岩石",变形行为会以"不容易察觉的体积增加缓慢地侵入隧道净空,挤压变形的先决条件是岩石中高含量的具有膨胀性细微或亚微云母矿物和黏土矿物"。上述定义以围岩的材料性质为基础,忽略(大变形)致灾力学机制,即未考虑围岩体的工作环境,难以对高地应力下低膨胀性岩石隧道的挤压大变形进行解释。国际岩石力学学会(ISRM)"隧道挤压性岩石专业委员会"进一步对围岩挤压性进行了定义:挤压性是指围岩具有时效的大变形,其本质上是岩体内的剪应力超限而引起的剪切蠕动,变形可发生在施工阶段,也可能会延续较长时间。

Aydan 通过对大量隧道的现场调研与破坏机理的分析,将高地应力下的挤压大变形分为三类:①剪切破坏,多发生于连续的塑性岩体及裂隙非常发育破碎的岩土体;②弯曲破坏,一般发生于千枚岩及云母片岩等变质岩或泥岩、油页岩、泥质砂岩等薄层状塑性沉积岩中;③剪切和滑动破坏,发生于相对厚层的沉积岩中,包括沿层面滑动和完整岩石剪切破坏。何满潮根据围岩的变形破坏特征、特征性矿物、力学作用与特点,认为软岩变形破坏机制与软岩本身性质、结构面与洞室结构有关,同时,以变形力学机制将深度大于 500m 的软岩分为应力扩容类、物化膨胀类和结构变形类,又根据严重程度细分为四个等级。

一般开挖无支护情况下,围岩力学行为可概括为:平衡→松弛/破裂→松散、坍塌(结构性破坏)→新的平衡。其中,"松弛/破裂"定义为伴随围岩体位移出现的围岩应力水平变化,当应力水平降低时可出现岩体松弛,当应力水平上升时可出现岩体挤压破裂;松弛阶段,岩体仍处于一定意义上的连续介质的状态,支护体系所承受围岩变形所产生的荷载,称为"形变压力"。相较于挤压大变形,因高地应力下特定软弱岩体塑性大,围岩变形过程中多以剪切应变为主,而高地应力一定程度制约了"剪涨"效应,使得大变形过程中较少出现松散裂隙,因此,变形过程中作用在初期支护体系上的主要压力为形变压力,而非松散压力。

在中交中南工程局有限公司参建的松山隧道、东天山特长隧道、天山胜利隧道的施工中都遇到了软岩变形段,而东天山特长隧道在施工中穿越的 F2 和 F3 断层带就是非常典型的代表,且都属于富水层,给施工带来较大困难。

3.1.4 软岩隧道大变形控制技术

不同于软岩隧道支护理论的缓慢发展,近年来,依托国内外大量的复杂条件下软岩隧道工程,各种软岩隧道围岩大变形控制技术发展十分迅速。

Kimura 等针对日本的高地应力膨胀性软弱围岩隧道——Enasan Ⅱ 隧道在建设过程中出现的强烈围岩收敛变形问题,通过现场试验研究,认为单一柔性的让压支护或者刚性支护均不能有效地控制围岩稳定;对于高地应力极软岩隧道,单一的柔性支护无法有效限制围岩破碎区的范围,而单一的刚性支护则会导致局部位置过载而失效;在此基础上,提出了"双侧小导洞应力释放、重型钢拱架、喷浆混凝土、预留变形量及钢纤维混凝土衬砌"刚柔结合的围岩耦合支护技术。

Bonini 和 Barla 针对采用常规锚网架进行支护的法国 Saint Martin La Porte 隧道在穿越极软页岩和片岩地层时所出现的最大收敛变形量超过 2.1m 的强烈挤压大变形现象,基于让压支护理念,采用了以可缩性钢拱架为核心的"掌子面超前核心土预加固 + 长锚杆+全断面可缩性钢拱架+衬砌"等多重支护技术联合使用的支护对策,并在应用中取得了成功。

对于国内的软岩隧道围岩大变形控制技术,郑雨天、冯豫、陆家梁等基于"先柔后刚,先让后抗,柔刚适度,稳定支护"的联合支护理论,提出了锚喷网、锚喷网架及锚带网架等联合支护技术。孙钧、郑雨天、朱效嘉等基于"柔性+高强度刚性"联合支护理论提出了"锚喷-高强度钢筋混凝土弧板"软岩控制技术。张祉道通过分级增加初期支护中的喷层厚度、锚杆长度、钢拱架强度,或者提高二次衬砌的厚度、混凝土性能、钢筋型号等方法,增加联合支护体系中的支护强度,控制挤压性软岩隧道的大变形。通过对国内外软岩隧道围岩大变形支护技术的研究,从支护手段所发挥的支护作用可以将现有的支护技术重新分为三大类,即刚性支护技术、柔性支护技术(让压支护技术)、联合支护技术。

1. 刚性支护

利用支护材料或者支护结构的强度和刚度为软岩隧道围岩提供强力约束,主要包括普通岩石锚杆、各种型号的钢拱架、壳式结构和装配式结构等各种预制构件、混凝土衬砌、钢筋混凝土衬砌等。

2. 柔性支护

也称为让压支护,即通过改变支护材料的性能或者结构使支护体系具有一定的变形刚度,同时仍然保持一定的支护强度和承载能力,在对软岩隧道围岩进行控制时,具有变形刚度的支护系统首先与围岩共同变形,允许围岩释放一定的变形能,减少围岩中积聚的能量,降低岩体中的集中应力。

3. 联合支护

基于先柔后刚、先刚后柔、先让后抗或刚柔结合等支护理念,结合刚性支护和柔性支护的优势,适当释放围岩中的变形能,并且提供高强度的支护阻力。联合支护技术是目前国内外软岩隧道支护设计中的主要方法,常见的联合支护技术主要为以让压锚杆、预应力锚杆、钢格栅、可缩性钢拱架、钢纤维喷射混凝土、预留变形量、钢纤维钢筋混凝土、约束混凝土为核心的多种技术的联合。

在东天山特长隧道F2断层段施工中采用"刚柔相济综合法",即采用"加固围岩、先柔后刚、先放后抗、变形留够、底部加强、封闭及时、稳扎稳打"的方法,来有效控制高地应力和岩性软弱所产生的变形。施工过程中通过采取精准掌握围岩特性、科学设定支护参数、选择合适开挖方式、尽早封闭成环等措施,安全通过了 F2 断层带。

3.1.5 东天山特长隧道穿越 F2 断层带大变形控制技术

1. F2 断层带围岩特性及挤压性判定

东天山特长隧道是 G575 巴哈公路建设控制性工程,隧道全长 11769.5m(左右线平均),采用分离式双向四车道,单向行车。隧道沿线穿越多条断层破碎带,最大埋深约为 1216m,隧道施工至 F2 断层带时发生软岩大变形。

F2 断层带位于巴里坤塔格北麓,由巴里坤县城南向东延伸,断层带全长 110km,断面略具波状,走向 292°,倾向南倾,倾角 65°~80°,具有明显的逆冲断裂性质,断裂宽度几十米至数百米不等,与隧道相交处断层破碎带宽约 320m。该断层破碎带岩体破碎且相对富水,断层带组成物质为糜棱岩、片状岩及岩块等,胶结较为紧密,断层面弯曲、粗糙。断裂两侧地层为泥盆系中统大南湖组第五亚组地层,岩性主要为不均匀互层凝灰岩、凝灰质砂岩等,薄层结构,岩体破碎,裂隙发育。东天山特长隧道穿越 F2 断层带围岩发生大变形的主要影响因素如下:

1) 初始地应力大

隧道前期勘测资料显示,测孔在 488m 测深范围内最大水平主应力 σ_H 为 5.28~14.48MPa,最小水平主应力 σ_h 为 4.50~11.23MPa,铅直应力 σ_z 为 3.31~10.60MPa。最大水平侧压力系数为 1.13~1.60,最小水平侧压力系数为 0.79~1.36。实测地应力表明,该地区的地应力场以 400m 为界限,当埋深大于 400m 时地应力场主要以水平构造应力为主,呈现为 $\sigma_H > \sigma_h > \sigma_z$,埋深小于 400 m 时主要呈现为 $\sigma_H > \sigma_z > \sigma_h$。总体说明测试范围内地应力场以水平应力为主。最大水平主应力方向 NE25°,与区域构造应力场主压应力方向 NNE 基本一致,与隧道轴线方向大致呈 115°。

2) 岩体裂隙发育

根据现场揭露的掌子面情况,构造裂隙极发育,揭露的主要结构面约为 4 组,裂隙以微张型和张开型为主,节理宽度 $1mm \leq b < 3mm$,平均间距在 0.2~0.4m。多为岩屑充填,岩体受层面和裂隙交叉切割呈极其破碎状。裂隙在露头面的长度在 1m 以上。围岩在节理裂隙水的影响下,强度下降严重部分围岩变为泥状,掌子面易掉块,难以自稳,需采取超前加固措施。

F2 断层带受多期构造运动影响,节理普遍发育,一般发育 4~5 组主要节理:0~30° ∠55°~65°、310°~350°∠70°~80°、35°~45°∠65°~75°、80°~100°∠70°~75°、260°~

280°∠75°~85°,以前两组最发育。节理倾角较陡,后两组近于垂直节理,节理裂隙面的产状及与其他结构面的组合情况,影响着沿线崩塌、危岩及错落等不良地质的发育状况和稳定性。由此可见,隧道穿越 F2 断层破碎带大变形段岩体属于裂隙岩体,岩体强度主要受结构面影响,这是发生大变形的主要条件。

3）岩质软弱

隧道穿越 F2 断层带隧道围岩主要为强风化凝灰质粉砂岩夹杂糜棱岩、断层角砾岩,由于受到断裂带影响,围岩整体破碎,加之受到地下水影响,围岩整体强度较低,凝灰质砂岩单轴饱和抗压强度在 15~20MPa,属于工程软岩范畴,手可捏碎,遇水易崩解。

4）地下水

经勘察表明,F2 断层带地下水主要为基岩裂隙水且水量较大,断层带在地下水的影响下易发生软化、泥化现象,会使围岩的抗剪强度降低,力学性能发生改变。隧道在施工过程中难免会出现地下水对围岩反复浸泡的情况,使得围岩的抗剪强度进一步降低。

5）地质构造因素

从东天山特长隧道穿越 F2 断层带的地层岩性及掌子面揭露情况可知,发生大变形地段,埋深较大围岩破碎。F2 断层带属于逆断层破碎带,在逆断层中心区域前后经常会碰到蚀变带区域,也就是受挤压产生局部夹层,断层泥、构造角砾岩、粉末等结构。F2 逆断层会出现连续小夹层、断层泥、石膏、破碎强风化凝灰质砂岩。从穿越 F2 断层带已揭露的掌子面来看,存在大量的岩体结构面。由于大量结构面的存在,岩体受到不同方向的切割,使岩体的强度出现各向异性,在很大程度上削减岩体的强度,并且在结构面的影响下改变隧道开挖后的应力状态。隧道开挖后,岩体会沿着软弱结构面发生破坏,形成结构面的滑层,很容易发生掉块或者小范围塌腔。

采用挤压因子 N_C 对 F2 断层带围岩挤压性进行判定,见式(3-1)、式(3-2):

$$N_C = \frac{\sigma_{Cm}}{P_0} \tag{3-1}$$

$$\sigma_{Cm} = (0.0034 m_1^{0.8}) \sigma_{Ci} [1.029 + 0.025 e^{(-0.1 m_i)}]^{-GSI} \tag{3-2}$$

式中:σ_{Cm}——隧道围岩岩体强度;

P_0——隧道围岩原岩应力;

σ_{Ci}——围岩岩块单轴抗压强度;

m_i——Hoek-Brown 常数,由室内三轴试验确定的试样摩擦特性定义,取值范围在 0~35;

GSI——地质强度指标,表征岩体完整性,可由图 3-2 确定。

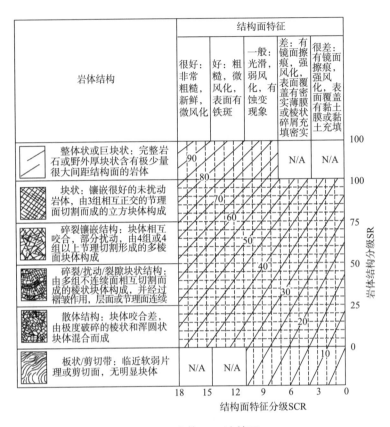

图 3-2　岩体 GSI 计算图

注：斜线表示 GSI 值等值线，斜线上数字表示 GSI 值；N/A 表示不适用。

根据东天山特长隧道穿越 F2 断层区域 488m 处地应力测试结果，最大水平主应力为 14.48MPa；根据室内试验，东天山特长隧道穿越 F2 断层区域围岩岩块单轴抗压强度取 18MPa；根据围岩情况结合岩体 GSI 计算图取 m_i 为 15，GSI 取 42。由式(3-1)、式(3-2)可以求得东天山特长隧道穿越 F2 断层区域围岩挤压因子 $N_C = 0.148$，参照《铁路挤压性围岩隧道技术规范》（Q/CR 9512—2019）表 4.5.4 中挤压性围岩变形等级划分标准，东天山特长隧道穿越 F2 断层区域大变形可以判断为挤压性变形。

2. 隧道穿越 F2 断层带初期支护变形破坏特征

隧道穿越 F2 断层带大变形段，由于隧道受节理裂隙影响严重，造成围岩整体处于较高状态的应力水平，在初期支护施作完成到初期支护闭合以至二次衬砌施作之前，初期支护易发生较大程度的变形，当变形量超过拱架的极限变形时，在应力集中效应影响下会造成局部拱架扭曲破坏，先将隧道开挖初期支护施作完成后，初期支护变形较大段落分为三个阶段。围岩变形特征曲线如图 3-3 所示。

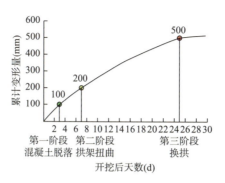

图 3-3 围岩变形特征曲线

1)初期支护变形发展阶段

初期支护 3d 收敛值超过 100mm,造成初期支护表面开裂。

2)拱架变形阶段

初期支护 7d 收敛值超过 200mm,造成初期支护掉块,拱架变形。

3)初期支护换拱阶段

初期支护 25d 收敛值超过 500mm,造成初期支护侵限,需要及时换拱。

根据初期支护开裂情况将围岩变形严重段分为以下四种类型:

(1)初期支护变形严重但有时间立护拱

右洞 YK11+659 断面在二次衬砌施作前左侧拱腰收敛达到了 216.2mm,右侧拱腰收敛达到了 139.2mm,超过了 100mm,左侧拱腰变形最终达到了 420.6mm。变形严重但初期支护未侵限,为了阻止进一步变形施作护拱,现场实际变形情况如图 3-4、图 3-5 所示。

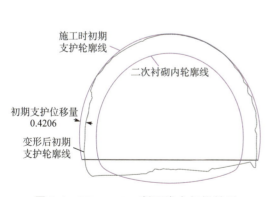

图 3-4 YK11+659 断面净空扫描结果
(尺寸单位:m)

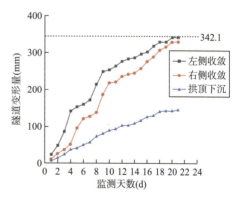

图 3-5 YK11+659 断面累计变形曲线

(2)初期支护变形严重无时间立护拱

右洞 YK11+625 断面在二次衬砌施作前左右侧的拱腰收敛均大于 500mm,超过了设置的预留变形量,二次衬砌余量仅剩下377.6mm,已无空间设立护拱,现场累计变形情况如图3-6、图3-7所示。

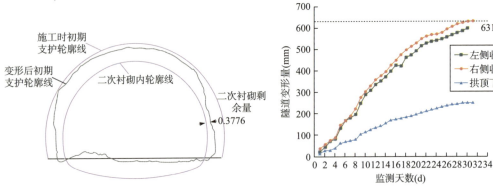

图3-6　YK11+625断面净空扫描结果
（尺寸单位：m）

图3-7　YK11+625断面累计变形曲线

(3)初期支护变形侵限,未施作仰拱,已立护拱

左洞ZK11+708断面在二次衬砌施作前由于前期变形严重已经设立护拱,但在设立护拱后二次衬砌施作前,单侧最大的累计变形量已经超过770mm,最小的二次衬砌厚度剩余117.4mm,此时护拱需要及时拆除,以保证有足够的空间施作二次衬砌,如图3-8、图3-9所示。

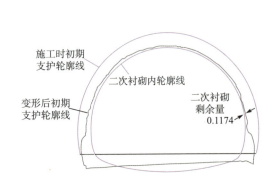
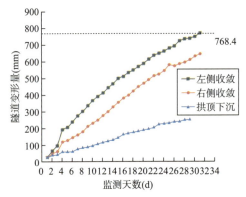

图3-8　ZK11+708断面净空扫描结果
（尺寸单位：m）

图3-9　ZK11+708断面累计变形曲线

(4)初期支护变形侵限造成换拱

右洞YK11+614断面变形严重前期未设置护拱,在二次衬砌施作之前单侧最大的累计变形量达到了620mm,最小的二次衬砌厚度仅剩余200mm。不满足最小二次衬砌截面尺寸要求,初期支护侵限严重,需要及时拆换拱,以保证二次衬砌有足够的施作空间,如图3-10、图3-11所示。

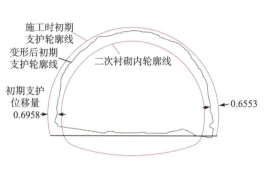

图 3-10　YK11+614 断面净空扫描结果
（尺寸单位：m）

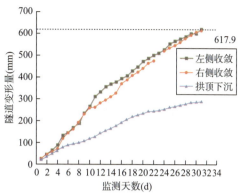

图 3-11　YK11+614 断面累计变形曲线

3. 东天山特长隧道穿越 F2 断层带大变形控制技术

1）坚持"地质先行、不明不掘"的原则

软岩段施工一般都属于特殊地质结构段落的施工，如结构接触带、断层带、破碎带等，在施工中弄清掌子面前方围岩的总体情况是防止开挖过程中出现涌水、突泥、掌子面坍塌的重要防范措施，掌握掌子面前方围岩的完整性、断层破碎带、不良地层的赋水情况，进而做出对围岩级别的划分和坑道开挖时稳定性的分析，为施工中实施动态设计提供工程地质依据，也是科学预判施工风险的重要手段，以确保隧道施工顺利进行和工程安全。

隧道施工地质勘探分为洞外勘探和洞内探测，隧道洞外地质勘探主要有遥感、物探、钻探、挖探、调绘以及运维测试等方法，其中物探、钻探是常用的方法，物探具有勘测透视性、连续性、高效性等特点，同时可在短时间内低成本完成探测任务，在东天山特长隧道穿越 F2 断层带时就实施过物探，效果非常显著。

（1）洞外地质勘探方法见表 3-1。

洞外地质勘探汇总表　　　　　　　　　　　　　　　表 3-1

方法	技术原理	勘测深度	技术特点	适用性
地震波反射法	地震勘探	可达 3000m	探测深度大，可进行地层划分及深部地质构造产状勘测，无法直接提供岩土速度参数	地形起伏大、埋藏深度较深的长大埋深隧道
地震折射波法	地震勘探	100m 以内	探测深度浅，可获取地下界面的埋深、速度等参数，进行围岩完整性和围岩级别划分，不适宜深部断层、破碎带探测，不能探测水平低速地层	隧道进出口、地形平缓浅埋段

续上表

方法	技术原理	勘测深度	技术特点	适用性
高密度电法	电法勘探	200m左右	利用人工电场获取岩体的电阻率差异,定性判断溶洞、断层及地下水等不良地质,无法进行准确地层分层	受地表接地电阻大小和地形影响较大,适用于埋深不大于200m且地形起伏较小的地段的地质勘察
音频大地电磁法	电磁勘探	深部探测	利用天然电磁场获取地下的电阻率值,勘探深度大,采集工作灵活,不受高阻体的屏蔽作用,对低阻体的反应较灵敏,易受非人工场源的噪声干扰,分辨率偏低	适合地表地形起伏较大的深埋长大隧道工程的地质勘探
可控源音频大地电磁法	电磁勘探	1~3km	采用人工源发射电磁信号,抗干扰能力强,横向分辨率高,对含水的断层、岩溶等不良地质体反应灵敏,但较难定量勘测出溶洞个体的大小尺寸、形状及走向	不同深度多种地形的隧道勘测
航空电磁法	电磁勘探	深部探测	直升机搭载采集设备,采集效率高、探测深度大、覆盖面广,勘探经济成本偏高	主要适用于地形条件极度困难、地质条件复杂的艰险山区深埋隧道
半航空瞬变电磁法	电磁勘探	不同深度	无人机搭载采集设备,灵活高效,相比于航空瞬变电磁探测的经济成本大幅降低	复杂地形区域隧道勘察

东天山特长隧道施工中的F2断层带和F3断层带之间长度约2000m,断层及影响带各约500~1000m,隧道施工受F2、F3断层带影响,施工风险较高,难度较大。由于天山北坡受山间坳陷影响,经历了二次挤压,整体围岩破碎,每年雪水的春融对破碎的围岩进一步浸泡、软化,围岩具有复杂、多元、富水、快变的特点,施工难度较大,判定围岩变形具有变形量大、变形持续时间长等特点,围岩挤压性变形特征明显。通过进行地质补勘,结合设计资料对此段落进行多种方案的调整,以保证安全施工。

(2)洞内超前地质预报见表3-2。

洞内超前地质预报汇总表　　　　表3-2

方法	预报距离(m/次)	探测时间(h/次)	预报内容	预报特点
洞内掌子面素描法	—	0.5	地层岩性、结构面产状、地下水出露点及出水状态等	可以随时进行,不影响施工,可推断和预报隧道工作面前方的工程、水文地质情况。缺点:需要有丰富经验专业人员现场跟踪,一般结果较为粗略

续上表

方法	预报距离（m/次）	探测时间（h/次）	预报内容	预报特点
加深炮孔	3~5	1	地层岩性、岩体完整性、地下水情况等	每循环打钻时对周边眼选择3~5孔进行加深探测，可反映岩体概况，反映情况直观。缺点：钻探结果往往存在"一孔之见"的漏报、漏探问题，同时探测距离小
超前钻探	50~150	5~20	地层岩性、岩体完整性、地下水情况等	可反映岩体概况，反映情况直观。缺点：钻探结果往往存在"一孔之见"的漏报、漏探问题
地震波法	100~200	1	地层界面、断层、大规模溶洞等不良地质体的位置和规模，以及弹性模量、泊松比等岩体力学参数估算	可定量反映岩体参数，对工作面前方遇到与隧道轴线近垂直的不连续体（节理、裂隙、断层破碎带等）的界面确定，结果比较可靠。缺点：分辨率较低，地下水探测能力有限
地质雷达法	<30	0.5	断层、裂隙带、破碎岩体、岩性界面等，岩层富水状态	能预报掌子面前方地层岩性的变化，对于断裂带特别是含水带、破碎带有较高的识别能力。缺点：雷达记录易受干扰
瞬变电磁法	60~100	1	富水岩层、含导水构造等，以及富水区域的位置	能够探查掌子面前方的预测断层、溶洞和富水带的位置、规模。缺点：易受机械设备等金属结构干扰
激发极化法	30	1	富水岩层、含导水构造等，以及含水构造定位和水量估算	对富水不良地质有较敏感响应。缺点：在隧道中应用易受干扰
高分辨直流电法	80	1	围岩地质体中隐伏含水构造等异常体	对富水不良地质有较敏感响应。缺点：在隧道中应用易受干扰
红外探水	30~50	1	围岩地质体中隐伏含水构造等异常体	对富水集中不良地质有较敏感响应。缺点：在隧道中应用易受干扰

当前隧道施工中多措施综合研判的方法运用较多，如在东天山特长隧道施工中就运用了掌子面素描（图3-12）+加深炮孔+地质雷达+TSP+超前钻探实施短、中、长结合

探测方法进行综合研判,而且在出水段落还增加红外探水,以避免出现大量涌水风险。坚持"地质先行、不明不掘"的原则,做好超前地质预报工作,结合设计图纸相关资料,做好过程管控,将施工风险降到最低。

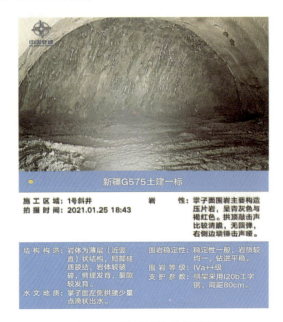

图 3-12　掌子面地质素描图

2)选择正确的开挖方式

隧道的结构组成是周边围岩+支护系统形成的稳定体,新奥法里就是将围岩自稳性作为设定目标,所以在探明围岩结构特性后就要科学设定支护参数,尽可能采用在能够保证开挖成型的前提下将扰动降到最低的开挖工法,常用软弱围岩段开挖方法主要有以下几种:

(1)两台阶法(预留核心土):主要应用在掌子面围岩较稳定,能够达到大断面开挖条件,上台阶高度一般大于 6m(根据施工现场机械设备配置需求),长度控制在 15m 左右,下台阶高度控制在 3m 左右。此工法工序简单,对围岩扰动少,机械化程度高,但是要求掌子面稳定性好,不能产生大面积滑塌。

(2)三台阶七步开挖法:适合用在掌子面稳定性较差,初期支护沉降收敛变形可控,整体步距可控制在 70m 左右情况下使用,上台阶高度一般控制在为 4~5m、长度 4~7m,中台阶高度 2~2.5m,台阶长度为 4~5m,下台阶高度 2~2.5m,下台阶上方放置 12m 移动栈桥,下台阶带仰拱一次开挖后立即施作仰拱初期支护,具体如图 3-13、图 3-14 所示。此工法工序相对于两台阶法施工较为复杂,工序较多,施工中要有力组织,做好后期检测,及时跟进二次衬砌施工,确保施工安全。

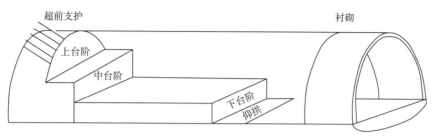

图 3-13 三台阶七步开挖示意图

图 3-14 三台阶七步开挖现场

(3)微台阶法(三台阶预留核心土法):当掌子面稳定性极差,需要进一步缩小上台阶开挖空间并缩短掌子面与二次衬砌之间步距时,一般采用微台阶法施工。此工法上台阶高度一般控制在为 4~4.5m、长度 3~5m;中台阶高度 4~4.5m,台阶长度为 3~5m;下台阶高度 2~2.5m,长度控制在 10~15m。施工中由于初期支护沉降收敛较大,需要缩短步距及时施工二次衬砌,所以施工组织要求高,各工序衔接紧密,具体如图 3-15 所示。

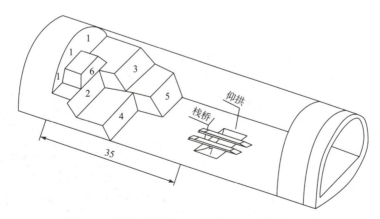

图 3-15 微台阶法施工示意图(尺寸单位:m)

3)加强监控量测

监控量测工作是隧道安全施工重要保障措施,通过对初期支护的变形检测来反馈洞内掌子面至二次衬砌段的整体状态,将对监测数据的科学分析作为调整初期支护参数、初期支护预留量、局部加强支护等的主要依据。

(1)软岩段落施工初期支护多会产生较大沉降、收敛变形,导致围岩突变,变形量导致初期支护开裂掉块、钢拱架扭曲变形失稳、出水量急剧增加等突发情况,所以在施工过程中就必须严格落实监控量测日报警机制,每日定时上报初期支护变形外观描述,如是否开裂、是否有鼓包突变、是否渗水或渗水突然加大、是否出现掉块等现象,同时将拱顶沉降、周边收敛的速率和累积沉降收敛值及时上报工程部,工程部根据监控量测数据及时反馈现场及参建各方,当达到预警值时要立即给现场预警,现场及时按照预警方案实施(地表沉降还需要上报该天的地表异常情况,如地表有明显下沉或者开裂痕迹要迅速上报相关值班领导),如图3-16、图3-17所示。

图3-16 监控量测数据分析反馈

a)开裂、掉块

b)错位变形

图3-17 初期支护变形

（2）监控量测数据要每周(月)进行汇总分析，具体数据分析要求如下：

①监测项目及测点布置。包括本周(月)所开展监测项目及随施工进展进行测点布置的情况，提出下周(月)计划。

②监测值的变化曲线。通过监测数据，绘制监测结果时程变化曲线，并根据曲线发展趋势进行理论分析，作为指导现场施工的重要依据，累计变化曲线如图 3-18 所示。

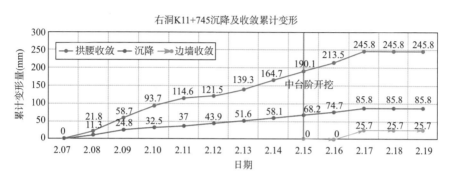

图 3-18 累计变化曲线

③根据实际情况，做出相应监测项目的预报分析。根据监测曲线及理论分析结果，再结合实际情况对变形较大的点做出当周(月)的综合分析，指出"变化趋势"，根据工况和地质条件分析产生较大变形的原因，做出该点变形对周围环境的影响是否安全的评价及预报，并将其作为变形预留量动态调整的依据，做到二次衬砌不侵限、不超限。

④指出达到或超过报警值的测点位置，并初步分析其原因。对各项监测数据进行统计，指出累积值较大并达到或超过报警值的测点，并结合施工情况对其原因进行重点分析，预测施工中是否存在危险，提出可行性建议。将分析结果作为初期支护局部出现突变时加强局部支护的依据。根据数据确定围岩和初期支护由弹性变形到塑性变形的临界点，把握好二次衬砌施作的时间点，具体如图 3-19、图 3-20 所示。

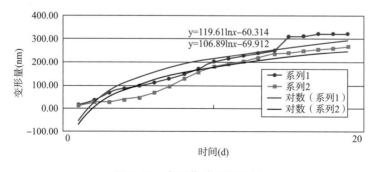

图 3-19 变形位移回归分析

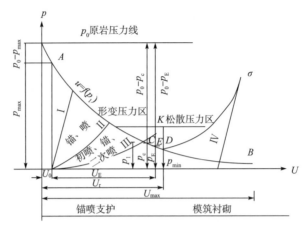

图 3-20 围岩位移及支护抗力特征曲线
Ⅰ-刚性支护；Ⅲ-柔性支护；Ⅳ-模筑支护

4）加大变形预留量

隧道开挖后因结构应力重新分布，新的结构体系不加任何支护的情况下围岩可自稳，在自身应力及挤压作用下，表现为稳定性均匀变形；挤压性围岩均匀变形量加大，此时，合理增大开挖变形预留量是控制变形的有效措施，同时，增大预留变形量能有效防止初期支护变形侵限，保证模筑混凝土厚度。

5）加强系统锚杆及注浆加固围岩

系统锚杆是将初期支护和围岩进行有效连接，使支护与围岩有效融为一体的重要保障措施，特别是在软弱围岩中能起到改善其物理力学性能的作用。所以当围岩的塑性变形范围大时，增强系统的支护强度能更好地发挥锚固和悬挂作用，同时，系统锚杆的注浆加固效果能对围岩起到很好的固结作用，使开挖扰动围岩产生的松动圈形成加固效应，由加固圈承受一部分荷载，减少变形，提高围岩的自稳能力。

6）加强初期支护

初期支护是隧道结构的重要组成部分，是在围岩开挖后产生变形的第一层柔性支护，可以用来抵抗变形，保证施工安全。所以在初期支护施工中要加强拱架、系统锚杆、锁脚锚管、喷混凝土施工质量控制，做好各工序衔接，让各结构起到预设功能。

7）底部加强、封闭及时

（1）严控仰拱二次衬砌安全步距，严控开挖进尺及左右侧错开距离（不小于 3 榀拱架）。

（2）及时支护，尽早封闭，量测变形 10cm 后开始复喷混凝土，变形 20cm 后必须衬砌，防止变形进一步扩大。

（3）加强仰拱施工质量管控。因挤压性围岩的特性，岩体极破碎，易产生塑性变形，收敛沉降速率大,因此,施工前要做好仰拱底部地基承载力检测工作,承载力不足时采取注浆加固处理,防止因后期汽车荷载及二次衬砌自重作用发生沉降;仰拱衬砌不得薄于二次衬砌,且应在开挖完成后立即施工,同时尽量缩短仰拱安全步距,形成封闭结构,使支护整体受力。

8) 科学设置支护参数

高应力软岩段开挖后会出现较大的变形,导致原设计支护参数满足不了实际变形需求,需要通过优化支护参数来保证施工安全和结构受力安全,常用措施一般包括:

(1) 在既有初期支护表面再施作一层拱架和一定厚度的喷射混凝土,与既有初期支护共同承担围岩压力,护拱可以有效阻止既有支护进一步裂损变形。换句话说,就是原有支护不足以有效抑制围岩变形而进行的二次加固补强,有效阻止既有初期支护进一步裂损变形、侵限。

(2) 采用分时双层支护。在东天山特长隧道施工中,穿越 F2 断层带时就采用分时双层支护,I22b 工字钢,间距 50cm,系统锚杆采用 5m 长 ϕ38mm 自进式锚杆;第一层拱架上台阶锁脚采用 5m 长 ϕ38mm 自进式锚杆,每榀打设 2 组,设置在拱腰位置;中台阶锁脚采用 5m 长 ϕ38mm 自进式锚杆,每榀打设 4 组,分别设置在拱腰和拱脚位置;下台阶锁脚采用 5m 长 ϕ38mm 自进式锚杆,每榀打设 2 组,设置在拱腰位置;第二层拱架上台阶锁脚采用 3.5m 长 ϕ42mm×4 注浆锚杆,每榀打设 2 组,设置在拱腰位置;中台阶锁脚采用 3.5m 长 ϕ42mm×4 注浆锚杆,每榀打设 2 组,设置在拱腰位置;超前支护采用 ϕ42mm×4 超前小导管,长度分别为 4m 和 4.5m,超前支护采用双排小导管,第一环小导管以 6°~10°外插角打入围岩,第二环小导管以 30°~45°外插角打入围岩,钢管环向间距为 35cm,纵向排距为 250cm。第一层拱架预留量 80cm,第二层预留量 50cm,当初期支护局部变形累计达到 10~15cm 或第一层初期支护有较明显破坏迹象时,施作第二层支护,同位安设,如图 3-21、图 3-22 所示。

图 3-21 双层支护

图 3-22 加强锁脚

3.1.6 应用效果总结

通过上述应对措施,后续施工中挤压性围岩段落变形得到有效控制,日平均变形速率、最大累积变形量明显减少,整体趋于稳定,见表3-3、图3-23。

加强支护后监控量测数据对比　　　　表3-3

序号	支护形式	桩号	日平均变形速率(cm/d)	拱顶变形量(mm)		拱腰变形量(mm)		边墙变形量(mm)	
				日平均	最大累积	日平均	最大累积	日平均	最大累积
1	原设计支护形式	K11+513~K11+542	2.5	20.8	337.4	308.0	444.1	79.1	135.3
2		ZK11+540~ZK11+570	2.3	12.0	264.8	265.1	458.5	114.4	114.4
3	加强后支护形式	K11+543~K11+570	0.2	4.2	113.2	84.1	116.3	0.0	0.0
4		ZK11+573~ZK11+603	0.3	3.4	109.2	85.9	106.0	16.9	26.0

注:变形段落采取初期支护置换的方式进行处治,后续施工段落采用挤压性围岩加强支护方式进行处治,变形量明显减少(一般最大为12mm,总变形量一般在10cm以内),趋于稳定。

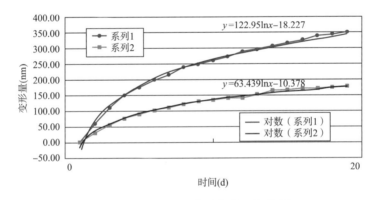

图3-23　K11+558变形位移回归分析

东天山特长隧道挤压性围岩施工段落支护加强后,节省了因初期支护变形侵限换拱导致掌子面停工的时间,大大提高了施工工效和施工进度(月平均施工工效提高33m),保证了掌子面持续稳步掘进,见表3-4。

影响时间对比　　　　表3-4

初期支护变形侵限换拱影响掌子面施工			
序号	换拱段落	换拱长度	换拱时间	掌子面施工影响时间
1	K11+408~K11+513	103m	6h/m	618h/26d
2	ZK11+420~ZK11+540	73m	6h/m	438h/18d

续上表

序号	施工工序循环时间和施工月工效时间对比			
	初期支护变形侵限换拱段落掌子面		挤压性围岩施工工效	
	施工工序循环时间	施工月工效	施工工序循环时间	施工月工效
1	1天1循环	30m	1天2循环	63m

通过"刚柔相济综合法",优化施工参数,挤压性围岩施工段落初期支护掉块率从原来的45%降至5%左右,初期支护平整度大大提高(图3-24),安全风险大幅度降低。最终东天山特长隧道平稳、顺利地穿越F2断层带,取得了技术方面的突破,并总结出宝贵的施工经验。

图3-24 初期支护施工效果

3.2 断层破碎带施工技术

3.2.1 技术现状

隧道我国公路、铁路建设向西藏、新疆等西部地区的深入,穿越横断山、天山等大型山脉的工程项目越来越多。受特殊地形地质的限制,超大埋深、超长距离的大型隧道已经越来越常见。例如,川藏铁路中最长的易贡隧道长达42.5km,最大埋深约1610m;天山胜利隧道全长22.0km,最大埋深约1200m,是目前世界上最长的高速公路隧道。

隧道开挖通常会遇到各类复杂的地质结构,断层破碎带便是其中较为典型的一种,其强度普遍偏低,容易出现变形现象;同时,抗水性能差。因此,在此环境下施工时,难度将随之增大,各类突发性安全事故也较为频发,诸如塌方、突泥等均会给工程施工带来阻碍。为了避免灾害与施工安全事故的发生,有必要对开挖支护技术展开探讨,以提升隧道的支护强度,为隧道施工营造更为安全的环境。

3.2.2 施工中存在的危害

(1)穿越断层破碎带的隧道在开挖以后,围岩自身存在的裂隙、隧道应力场重布后产生的细小裂隙,会在应力的诱导作用下膨胀,裂隙通道被水软化,以致地下水渗漏。

(2)断层破碎带是隧道工程施工中容易出现的一种地质情况,如果施工时认识不准确,施工中可能就会出现大问题,给隧道施工带来很大困难,延误工期,严重耗费资金,甚至引发事故。

3.2.3 断层破碎带施工关键技术

1. 施工工艺流程

钻爆法穿越断层破碎带施工工艺流程如图3-25所示。

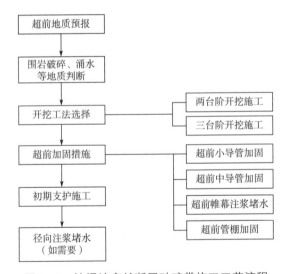

图3-25 钻爆法穿越断层破碎带施工工艺流程

2. 超前地质预报

(1)正常施工采用的预报方法:TSP和地质雷达法对隧道进行连续检测。

(2)当服务隧道掘进遇到破碎带时,要记录并用于指导主洞施工。当主洞施工至破碎带、涌水突泥段时,采用超前地质钻孔和加深炮孔进一步探明掌子面前方围岩、涌水、断层破碎等情况,用于指导施工。

(3)超前地质钻孔应由有经验的地质技术人员及施钻人员负责,钻孔过程中在现场做好钻探记录,包括钻孔位置、开孔时间、终孔时间、孔深、钻进压力、钻进速度随钻孔深度变化情况、冲洗液颜色和流量变化等。钻孔直径不小于76mm,满足钻探取芯、取样和孔内测试等要求。连续钻探每循环孔深要满足前后两循环钻孔重叠长度不小于5m的要求,钻进施工中对钻孔资料进行编录,并绘制每个孔的柱状图,特别是遇到富水断层、破碎带等不良地质时,要能反映不良地质的规模和性质。

(4)加深炮孔探测,即在每循环掌子面开挖时,利用钻孔设备进行超前钻探,比爆破钻孔深2~3m。加深炮孔探测由有经验的施钻人员负责,每循环炮孔钻进结束后及时将钻孔信息反馈给专业技术人员;若钻进过程中发现异常情况不得装药爆破,应及时将信息反馈给项目技术部门,再次利用补充预报和超前地质钻孔进行确认,确定处治方案和施工方法后方可进行施工,如图3-26所示。

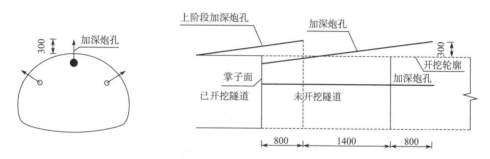

图3-26　超前探孔(加深炮孔)布置示意图(尺寸单位:cm)

(5)超前探孔全断面布置5处,探孔长度30~50m;探孔直径不小于76mm,如图3-27所示。

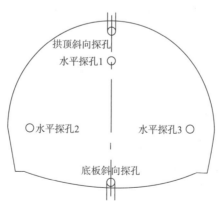

图3-27　超前探孔布置图

(6) 为了确保主洞钻爆法安全施工,尤其是在穿越 F6 断层核心段时,主洞钻爆法开挖施工将充分利用服务隧道 TBM 超前优势,依据服务隧道已开挖断面揭示的围岩情况进行适应性调整,如图 3-28 所示;服务隧道揭示的围岩情况作为主洞围岩等级判定的主要依据,详见表 3-5。

图 3-28　PK77 + 665 ~ PK77 + 710 段围岩情况

服务隧道 F6 断层围岩揭示情况描述　　表 3-5

序号	起点桩号	终点桩号	长度(m)	围岩情况	围岩说明
1	PK77 + 665	PK77 + 710	45	Ⅳ级围岩	围岩相对较好,渗水量少
2	PK77 + 710	PK77 + 736	26	Ⅳ级围岩	围岩局部破碎,渗水量增多,局部有股状水
3	PK77 + 736	PK77 + 772	36	Ⅴ级围岩	围岩破碎,拱顶有掉块,裂隙水发育
4	PK77 + 772	PK77 + 782	10	Ⅴ级围岩	塌方段,围岩差,存在炭质板岩互层,裂隙水发育
5	PK77 + 782	PK77 + 813	31	Ⅴ级围岩	塌方影响段,石英片岩与轴线垂直,在临空面情况下自行垮塌,自稳性差,拱顶有掉块,裂隙水发育
6	PK77 + 813	PK77 + 865	52	Ⅴ级围岩	围岩破碎,拱顶有掉块,裂隙水发育

服务隧道超前主洞约 800 ~ 900m,根据主洞施工情况揭示,由于服务隧道超前、服务隧道拱底高程比主洞仰拱低等因素,主洞在开挖过程中基本上没有线状渗水,只有少量的滴渗水,大部分表现为表面潮湿。

(7) 核心段采用 C6 钻机全程钻孔,进一步探明地质围岩情况,根据围岩情况动态调整开挖方法。

3. 超前支护参数

Ⅳ级围岩机械化作业:单层 $\phi 60 \times 6$ 超前中导管,环向间距 50cm,纵向排距 3.6m,中导管长度 6m,如图 3-29 所示。

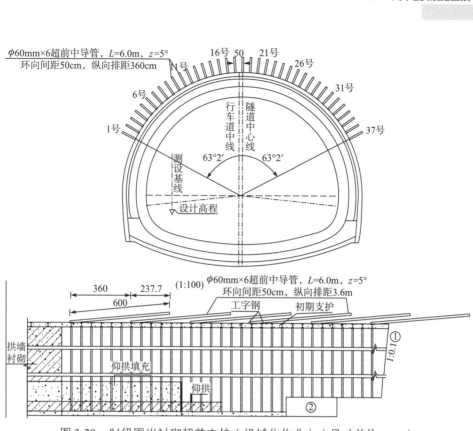

图 3-29　Ⅳ级围岩衬砌超前支护（机械化作业）（尺寸单位：cm）

Ⅴ级围岩机械化作业：单层 $\phi 89 mm \times 6$ 超前中导管，环向间距 40cm，中导管长度 18m，如图 3-30 所示。

Ⅴ级围岩普通钻爆作业：双层 $\phi 42 mm \times 4$ 超前小导管，环向间距 40cm，纵向排距 2.4m，小导管长度 4.0m，如图 3-31 所示。

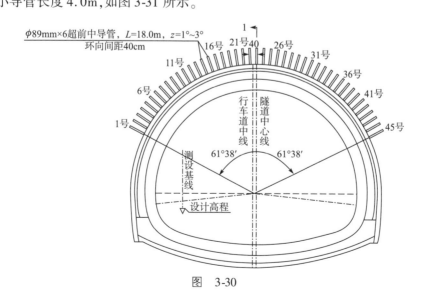

图 3-30

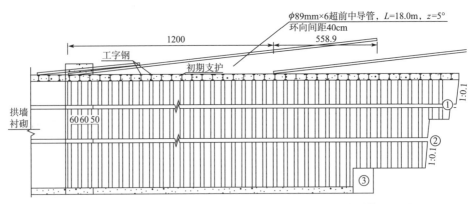

图 3-30　Ⅴ级围岩衬砌超前支护（机械化作业）（尺寸单位：cm）

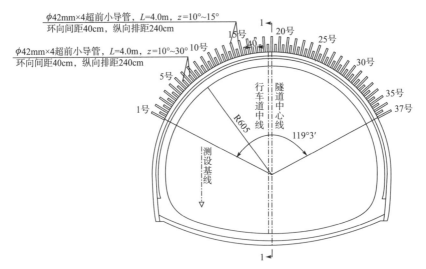

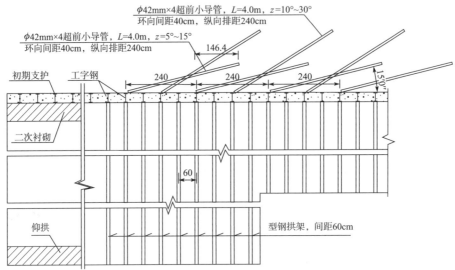

图 3-31　Ⅴ级围岩衬砌超前支护图（普通钻爆法）（尺寸单位：cm）

4. 两台阶法施工

Ⅳ级围岩台阶法施工步骤：超前预支护—上断面弧形导坑开挖—架立工字钢、锚喷支护—下半断面边墙马口跳槽开挖—边墙架立工字钢—锚喷支护—灌注仰拱衬砌—铺设环向盲沟及防水层，整体灌注二次衬砌混凝土。各施工步骤及台阶长度需在设计要求和施工规范要求范围内，完成隧道开挖及初期支护后，应及时进行仰拱封闭，仰拱距离掌子面不得大于35m。

1）工序说明

施工工序如图3-32~图3-34所示。

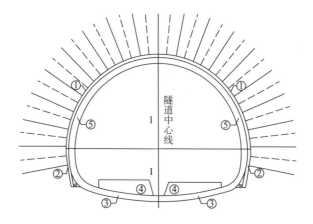

图3-32 施工工序示意图（横断面示意图）

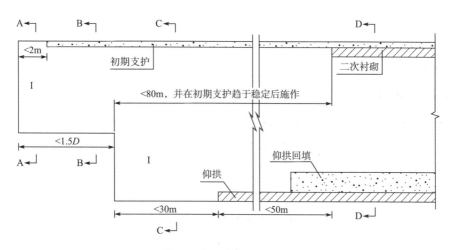

图3-33 施工工序示意图（纵断面示意图）

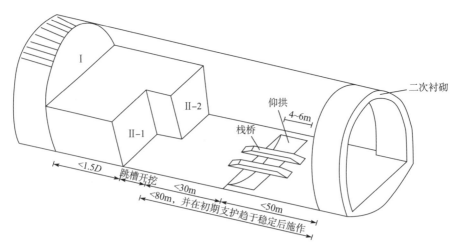

图 3-34 施工工序示意图

第 1 步:上半段布置炮眼进行光面爆破。

第 2 步:采用铲车、挖掘机配合自卸车出渣,然后施工上半断面初期支护。

第 3 步:跳槽开挖下半断面并施作相应的初期支护。

第 4 步:整体模筑二次衬砌。

2)施工要点

(1)台阶长度不宜超过隧道开挖宽度的 1.5 倍;台阶下部断面一次开挖长度应与上部断面相同,且不得超过 1.5m,开挖后应及时喷射混凝土封闭。

(2)围岩条件适宜时,宜采用三台阶法施工,以利于机械化作业和仰拱及时封闭。

(3)台阶不宜多分层,上下台阶之间的距离尽可能满足机具正常作业,并减少翻渣工作量。

(4)上台阶钢架施工时,应采取有效措施控制其下沉和变形。

(5)下台阶应在上台阶喷射混凝土强度达到设计强度的 70% 后开挖。

5. 三台阶七步开挖法施工

1)工序说明

第 1 步,上部弧形导坑开挖:在拱部超前支护后进行,环向开挖上部弧形导坑,预留核心土,核心土长度宜为 3～5m,宽度宜为隧道开挖宽度的 1/3～1/2。开挖循环进尺应根据初期支护钢架间距确定,最大不得超过 1.5m,开挖后立即初喷 3～5cm 混凝土。上台阶开挖矢跨比应大于 0.3,开挖后应及时进行喷、锚、网系统支护,架设钢架,在钢架拱脚以上 30cm 高度处,紧贴钢架两侧边沿按下倾角 30°打设锁脚锚杆,锁脚锚杆与钢架牢固焊接,复喷混凝土至设计厚度,如图3-35所示。

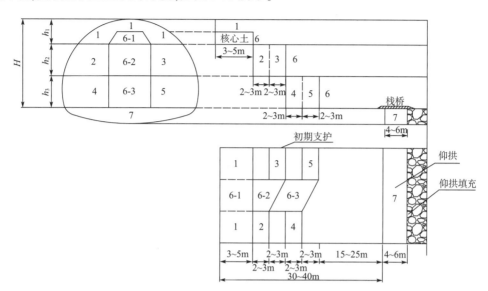

图3-35 开挖步骤图

注:1. 上台阶开挖高度不小于上台阶开挖跨度的0.3倍,一般为3.0~4.0m。
2. 中下台阶开挖高度为隧道总开挖高度(不含仰拱)减去上台阶开挖高度后平均分配,一般为3.0~3.5m。
3. 上台阶核心土长度(隧道纵向)3.0~5.0m,高度1.5~2.5m,宽度为上台阶开挖跨度的1/3~1/2。

第2、3步,左、右侧中台阶开挖:开挖进尺应根据初期支护钢架间距确定,最大不得超过1.5m,开挖高度一般为3~3.5m,左、右侧台阶错开2~3m,开挖后立即初喷3~5cm混凝土,及时进行喷、锚、网系统支护,接长钢架,在钢架墙脚以上30cm高度处,紧贴钢架两侧边沿按下倾角30°打设锁脚锚杆,锁脚锚杆与钢架牢固焊接,复喷混凝土至设计厚度,如图3-36、图3-37所示。

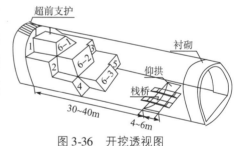

图3-36 开挖透视图

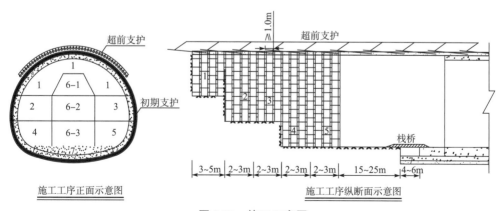

图3-37 施工工序图

第 4、5 步,左、右侧下台阶开挖:开挖进尺应根据初期支护钢架间距确定,最大不得超过 1.5m,开挖高度一般为 3~3.5m,左、右侧台阶错开 2~3m,开挖后立即初喷 3~5cm 混凝土,及时进行喷、锚、网系统支护,接长钢架,在钢架墙脚以上 30cm 高度处,紧贴钢架两侧边沿按下倾角 30°打设锁脚锚杆,锁脚锚杆与钢架牢固焊接,复喷混凝土至设计厚度。

第 6 步,开挖上、中、下台阶预留核心土:分别开挖上、中、下台阶预留的核心土,开挖进尺与各台阶循环进尺一致。

第 7 步,隧底开挖:每循环开挖长度宜为 2~3m,开挖后及时施作仰拱初期支护,完成两个隧底开挖、支护循环后,及时施作仰拱,仰拱分段长度宜为 4~6m。

2)施工要点

(1)采用三台阶七步开挖法施工的隧道,应将超前地质预报纳入施工工序,并根据工程水文地质变化情况,及时调整各步台阶长度或施工方法,采取相应的技术措施,及早封闭成环,保证施工安全。

(2)采用三台阶七步开挖法施工的隧道,应根据工程水文地质条件,按设计要求做好超前支护,防止围岩松弛,保证隧道开挖安全。在断层、破碎带、浅埋段等自稳性较差或富水地层中,超前支护应按设计要求进行加强。

(3)三台阶七步开挖法施工应符合下列要求:

①以机械开挖为主,必要时辅以弱爆破;

②弧形导坑应沿开挖轮廓线环向开挖,预留核心土,开挖后及时支护;

③其他分步平行开挖,平行施作初期支护,各分步初期支护衔接紧密,及时封闭成环;

④施工过程通过监控量测,掌握围岩和支护的变形情况,及时调整支护参数和预留变形量,保证施工安全;

⑤完善洞内临时防排水系统,防止地下水浸泡拱墙脚基础。

3.2.4 应用效果总结

天山胜利隧道的断层破碎带施工技术为围岩及初期支护的稳定性判定提供了可靠的依据,同时对施工也起到了一定的指导作用。在测得围岩及初期支护变形异常后采用了注浆加强。隧道开挖及支护中应结合实际揭露围岩状况确定支护参数,特别是在断层破碎带等围岩较差地段,围岩地质条件复杂且变化快,必须采用现场踏勘掌子面的动态地质勘察和随时按实际情况调整支护参数的跟踪设计。

综上所述，隧道施工受地形环境的影响较大，对于断层破碎带而言，其施工过程中极容易发生工程事故，因此，需要采取开挖支护措施。基于提升支护合理性的目的，应对现场环境进行勘探，选定合理的施工技术，提升超前钻探及超前支护等各个环节的质量，从而为隧道施工创造稳定的条件，有效推动隧道施工的开展。

3.3 富水地层施工技术

3.3.1 技术现状

富水隧道的修筑以前大多遵循"以排为主"的原则，但随着近年环保意识的增强和隧道自身修筑技术的提高，以及过去的工程实践和经验教训，富水隧道逐渐开始贯彻"以堵为主、防排结合"的理念，即控制排放的隧道防排水技术。该技术一般通过围岩注浆堵水圈、初期支护、防排水网格系统和抗水压二次衬砌来实现，这样一方面将作用在衬砌上的外水压力减少到可以承受的水平，另一方面可尽量减少或者避免对地下水环境的影响，实现隧道周围地下水环境的可持续发展。

3.3.2 施工中存在的危害

富水构造破碎带是指由各种地质作用造成的，包括断层破碎带、节理密集带、岩性接触带、风化差异带、侵入岩蚀变带、褶皱挤压带等的岩层破碎带。在富水状态下，稳定性差，易发生坍塌、突水涌泥等地质灾害，是隧道工程建设中最常见的不良地质现象。富水断层带比较常见，一般沿构造方向有规律地分布。

富水构造破碎带围岩稳定性极差，隧道穿越时易产生突水涌泥，给施工安全带来极大风险。主要表现为造成人员伤亡、机械设备损毁、工期延误、经济损失等。对富水断层进行准确超前地质预报和超前泄水降压是预防隧道开挖突水涌泥的最有效措施。

3.3.3 富水断层超前探测技术

1. 红外探测仪探水技术

1）适用范围

在复杂地质条件下，特别是富水的断层破碎带位置，相对掘进隧道的隐伏水体或含水构造，除了出现在掘进前方之外，还可能出现在顶板上方、底板下方、两边墙外部。针对复杂水文地质特点,红外探测仪可实现全空间全方位探测。其具体地质预报内容如下：

通过超前探测可预报掘进前方 30m 范围内有无含水断层。

通过对顶板上方探测,可确定隧道上方 30m 范围有无含水层或含水构造。

通过对底板下方探测,可了解下方有无含水构造,以预防滞后突水。

分别向两边墙外部探测,了解 30m 范围内有无含水体或含水断层,以预防含水断层在前方与隧道相交造成大突水。

2）测点布置

掘进掌子面场强测点布置,应根据掌子面的大小,将掌子面划分为若干个区域。一般情况下,将掌子面划分为多个区域,每个区域设定 1 个测点。

沿已开挖隧道边墙纵向进行测点布置时,分别在拱顶、两侧边墙上各布置两条测线。从掌子面开始,向已开挖方向(背离掌子面方向),每间隔 1.0~5.0m 设置一个测点,测点数应不少于 12 个。

3）数据分析

根据隧道走向与场强曲线进行超前探水的判断,建立各测点的场强(y 轴)与测点到掌子面的距离(x 轴)的函数关系,并绘制函数曲线,根据含水特征进行超前探水预报。如果函数曲线为一水平直线,表明掌子面前方不存在含水构造,如图 3-38a)所示。如果函数曲线为一斜线,表明掌子面前方存在具有含水构造的可能性,需要进一步探测,如图 3-38b)所示。如果函数曲线开始部分存在阶跃突变,后部为水平或斜线,表明掌子面前方存在含水构造,如图 3-38c)所示。

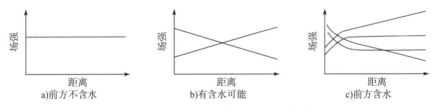

图 3-38　红外探测仪探水场强曲线

2. 超前地质钻探

当 TSP 及地质雷达等物探手段预报推测掌子面前方隧道地质出现严重异常、富水区域及瓦斯等有害气体发育,隧道施工中可能存在严重塌方、涌水、突泥或瓦斯突出等施工风险时,可通过物探结果确定前方不良地质区域范围,并采用超前水平钻探对物探预报结果进行验证,进一步确定断层的位置、破碎带宽度、富水情况,为设计方、施工方提供相关依据,从而保证施工的安全、顺利进行。

3. 超前水平钻施工技术

以天山胜利隧道为例,为了探明隧道沿线的工程地质和水文地质情况,在隧道入口段 2500m 范围内利用水平定向钻技术对隧道进行地质勘察,并采用岩样取芯、综合测井技术、孔内电视、水力压裂试验等手段全面获取围岩的详细信息,完成隧道的详细勘察。

1)取芯钻进

钻具组合:91mm 金刚石取芯钻头 + 取芯短接 + 0°、120mm 螺杆泥浆电动机 + 140mm 钻杆 + 168mm 钻杆。

钻杆:1000m(140mm) + 1500m(168mm)。

为防止钻孔时导向孔与设计隧道轴线的偏移,采用目前国际最先进的 P2 控向系统和地面布设人工磁场的方法进行精准控向。

根据天山胜利隧道的工程特点,地面线圈难以布设,因此,采用高精度陀螺仪对钻孔轨迹进行检测校准。导向孔精度,左右偏差:±3m;上下偏差:+1 ~ -2m。

在 2500m 导向孔钻进过程中,采用非连续取芯的方法,暂定分别在 800m、1800m、1900m、2000m、2500m 分别取芯 5 次,如果遇到钻进参数变化较大,即可能遇到岩性变化的地层,则根据取芯要求并结合现场实际情况确定具体取芯频次。

非连续取芯步骤主要包括:钻至取芯点时,抽回孔内所有钻具至地表,更换取芯钻具,推送至原位进行取芯钻进;取芯完成后,再次抽回孔内所有钻具至地表,更换全断面破碎导向钻头继续导向钻进,如此往复,直至完成所有取芯。

2)水力压裂试验

钻具组合:250mm 三牙轮镶齿钻头 + 1.5°、172mm 螺杆泥浆电动机 + 172mm 无磁钻铤 + 140mm 钻杆 + 168mm 钻杆。

每完成一次取芯后,利用取芯孔进行一次水力压裂试验。将孔内钻具提出后,钻杆组合不变,将取芯钻具更换为水力压裂试验装置,并推送至内壁平滑的取芯孔内,进行水力压裂试验。试验完成后,将孔内所有钻杆和设备抽出至地表。

水力压裂法地应力测量的设备主体主要由三部分组成:由上下封隔器组成的封隔系统、加压系统、测量和记录系统。

现场使用的水力压裂设备外径 86mm,设备主体结构长 1.985m,适用钻孔孔径 91mm。

封隔器承压不低于 60MPa,压裂液(水)最大流量小于或等于 500L/min。压裂过程中需泵入清水,如图 3-39 所示。

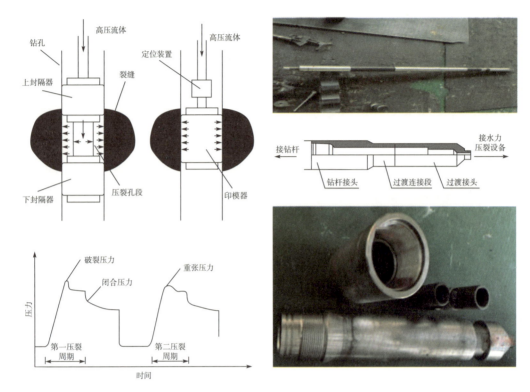

图 3-39 水压致裂装置示意图

3）综合测井和孔内电视

水力压裂完成后,将孔内所有钻杆和设备抽出,将钻杆前端水力压裂设备更换为集成了 3D 井下电视摄像头的地球物理综合测井探棒,然后推送至被压裂的取芯孔内;然后开启数据记录仪器记录测井数据和孔内图像数据,同时缓慢抽回钻杆;当该回次钻孔段围岩信息采集完成后,将孔内所有钻杆和设备抽出至地表,将钻杆前端设备更换全断面破碎导向钻具,开始下一个回次的导向钻进。如此循环,直至完成全孔段 2500m 勘察工作。

3D 孔内电视设备主要包括摄像头及控制部分、电缆盘和软件三部分。在进行钻孔探测时,摄像头及控制部分同钻杆通过机械方式连接在一起,控制器尾部连接 2500m 铠装光纤传输数据。

天山胜利隧道拟采用声波、自然伽马、电阻率等组合测井探棒,对钻孔的岩性、孔内温度、密度、渗透性、含水率等参数进行检测,其主要参数指标如下:

外形尺寸:$\phi 55mm \times 2390mm$;视电阻率测量范围 $0.2 \sim 2000 \Omega \cdot m$;

自然伽马测量范围:$1 \sim 60000 CPS$;声速测量范围:$1500 \sim 5000 m/s$;井温测量范围:$-10 \sim 85 ℃$;采样频率:1 次/100ms,如图 3-40 所示。

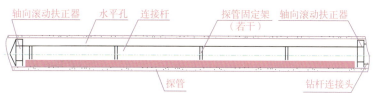

图 3-40 组合测井探棒

4）水平定向钻施工装备

天山胜利隧道水平定向钻勘察项目采用的水平定向钻机为江苏谷登工程机械装备有限公司生产的 GD3500-L 型钻机，如图 3-41 所示，具体参数见表 3-6。

图 3-41 GD3500-L 型钻机

GD3500-L 型钻机参数　　　　表 3-6

项目	单位	参数
主机外形尺寸	mm	17900×3440×3300
主机质量	t	45
发动机功率	kW	264×2

续上表

项目	单位	参数
液压系统额定工作压力	MPa	35
动力头输出最大扭矩	N·m	112000
动力头最大拉力	kN	3580
动力头最大推拉速度	m/min	45
钻杆直径×钻杆长度	mm	$\phi168/\phi140\times9600$
泥浆最高压力	MPa	20
履带最高行走速度	km/h	2.5

工作原理：①钻机系统是穿越设备钻进作业及回拖作业的主体，它由钻机主机、转盘等组成，钻机主机放置在钻机架上，用以完成钻进作业和回拖作业。转盘装在钻机主机前端，连接钻杆，并通过改变转盘转向、输出转速及扭矩大小，达到不同作业状态要求。②控向系统是通过计算机检测和控制钻头在地下的具体位置和其他参数，引导钻头正确钻进的工具。③泥浆系统为钻机系统提供适合钻进工况的泥浆。④钻具及辅助机具：钻机钻进中所使用的各种机具，辅助机具包括卡环、旋转活接头和各种管径的拖拉头。

现场使用的泥浆泵为青岛石油机械厂有限公司制造的 QZNB-2500 泥浆泵。

5）牙轮钻头破岩机理

牙轮钻的破岩过程十分复杂，影响因素较多，牙轮钻头主要用于大型露天矿和大型土石工程中的穿孔作业，其破岩机理是通过推压和回转机构给钻头施加高钻压和扭矩，使岩石在静压、少量冲击和剪切作用下破碎。当岩石较软时，主要通过推压作用，钻头冲击矿岩，再加以牙轮钻头的旋转剪切作用，达到破碎岩石的目的；当岩石较为坚硬时，钻机施加足够大的轴压作用在牙轮钻头上，将镶嵌在牙轮上的合金齿嵌入岩土表层，同时主机钻杆带动牙轮钻头做旋转运动，在摩擦力作用下带动三个牙轮分别围绕各自的牙爪轴颈作自转运动，产生强大的剪切力，从而使矿岩破碎。

牙轮钻头工作时，钻头承受上部钻杆自重、液压油缸或加压卷扬提供的加压力等静荷载，经牙齿作用于岩石上。除静荷载以外，还有由牙轮自转、公转造成的牙轮单、双齿与孔底交替接触产生的冲击荷载。冲击荷载与静荷载压入一起形成钻头对地层的冲击、压碎作用，这种破岩方式是牙轮钻头的主要形式，如图 3-42 所示。

图 3-42　压碎作用

3.3.4　钻爆法穿越富水断层施工技术

(1) 切实加强超前地质预报。采用地质雷达、TSP、超前水平钻孔综合超前地质预报手段，探明掌子面前方围岩及富水情况，动态调整施工方案。

(2) 结合超前地质预报、设计围岩及掌子面围岩情况，进行综合判断，然后确定超前支护方式和开挖方法。

(3) 掌子面前方围岩较好时，综合评判为Ⅳ级围岩，采用两台阶法开挖，支护类型按照设计参数执行。

(4) 掌子面前方围岩偏差，综合评判为Ⅳ级围岩，采用两台阶法开挖，超前支护类型比设计参数加强一级。

(5) 掌子面前方围岩综合评判为Ⅴ级围岩，掌子面涌水（渗水量较少），采用三台阶法开挖，支护类型按设计参数执行。

(6) 掌子面前方围岩综合评判为Ⅴ级围岩，掌子面涌水量较大，掌子面围岩较为破碎，采用中导管超前支护，并做好掌子面泄水孔、掌子面涌水引排工作。

(7) 超前预报揭示前方围岩较差，存在塌方、涌水的风险，首先采用超前钻机进行超前探孔，探明前方围岩及涌水情况；然后根据掌子面围岩强度、破碎情况、涌水量大小等进行综合评判，采用超前帷幕注浆或超前管棚施工或帷幕＋超前管棚进行处理。

①掌子面前方涌水量较少，只是围岩比较破碎，岩体强度较低，可采用超前管棚施工渡过前方破碎带。

②判明掌子面前方存在较大规模的高压富水区，涌水、突水或岩体结构性能软弱的

可能性较大,开挖后极可能导致掌子面失稳诱发突水、突泥的段落,采用超前帷幕注浆提前进行封堵稳固,然后施工超前管棚,渡过前方富水破碎带。

(8)开挖初期支护后,初期支护断面存在大量渗水点,且渗水量较大,采用径向注浆封堵施工。

3.3.5 应用效果总结

首次采用超长距离水平定向钻探技术,沿隧道轴线勘探并穿越博—阿断裂带,为天山胜利隧道设计及TBM施工提供了必要、翔实的参数,并创两项国内纪录:水平定向钻在1900m深度处取芯,公路行业水平定向钻单向钻进2271m。采用超前水平定向钻探明地质围岩情况,采用间断取芯及孔内电视等测试技术对钻孔围岩岩性分布、节理裂隙发育状况进行分析,并通过水平定向钻勘察孔的孔内涌水对隧道施工中的涌水量进行预测,精准探测断层破碎带工程地质及水文地质条件。

3.4 TBM岩爆段施工技术

3.4.1 技术现状

在隧道施工中,由于硬岩在高地应力地区高应力作用下产生爆裂,使围岩出现块、板、鳞片状爆裂,岩片的弹射及岩粉的喷射和巨石抛射现象,所以岩爆隧道施工是长大隧道施工中经常遇见的难题。在现有传统施工中,国内施工主要采取施工前预防与施工中加强防护的措施,同时在隧道施工工艺改进、安全质量逐步提升中,岩爆施工也有新的改进工艺。TBM施工方法因其施工速度快,作业环境好,劳动强度低,机械化、自动化程度高,环保等优点,越来越广泛地应用于我国各地的隧道建设中。

通过对国内外TBM施工工程进行总结发现:TBM施工遇到轻微及中等岩爆时,由于护盾或一些防护措施的保护,所受影响一般不大;但遇到强岩爆或极强岩爆时,一方面受到作业空间的限制,无法有效地对围岩进行预处理,另一方面,设备移动不便,只能暴露在岩爆范围内,可能使设备损坏或被毁,人员和设备安全受到极大威胁,施工进度受到严重影响,造成巨大的经济损失。如新疆ABH工程输水主洞全长约41km,共采用2台TBM和钻爆法联合开挖,TBM掘进期间共发生岩爆151次,其中轻微岩爆101次、轻微—中等岩爆18次、中等岩爆32次,尚无强—极强岩爆,对施工影响不是很大;但是在"引汉济渭"工程中,隧道施工采用钻爆法及2台直径为8.02 m的敞开式TBM联合开挖,在 TBM 掘进期间共发生岩爆 795 次,其中轻微岩爆 302 次、轻微—中等岩爆 84 次、中等岩爆 158 次、中等—强烈岩爆 80 次、强烈岩爆 171 次,对 TBM 施工造成了很大影响,也造成较大的经济损失。因此,对 TBM 施工过程中所遇到的岩爆问题进行分析研究是很有必要的。

国内外的专家和学者针对复杂地质工程 TBM 施工技术进行了大量的研究,并提出了一些技术方案和对策。例如,对岩体进行一些超前支护或应力释放,预防事故的发生;选择合适的 TBM 掘进参数,减小开挖造成的围岩扰动,采用 TBM 和钻爆法联合施工,或者小直径 TBM 和大直径 TBM 联合施工的开挖方案,提高掘进效率,预防岩爆。针对 TBM 被卡被困问题,学者们也研究了一些脱困处理方法,常见的有挖除刀盘、护盾上方被卡部位围岩;对不稳定区域采用钢拱架、锚杆、钢筋网和注浆等加固方式;利用化学灌浆法使松散或破碎围岩结成整体等。TBM 对地质条件的适应性较差,直接采用 TBM 开挖容易造成卡机,因此,工程上常采用 TBM 和钻爆法联合施工,或者小直径 TBM 和大直径 TBM 联合施工的方式,先用钻爆法解除地质条件不确定洞段,进行超前导洞开挖,在摸清地质情况后,再扩大稳定及开挖施工,以确保 TBM 施工安全通过。在天山胜利隧道中导洞施工过程中,采用 TBM 施工时就遇到了岩爆段,给施工带来了较大困难。

3.4.2 岩爆判定条件和施工难点

1. 岩爆判定条件

国内隧道工程的实践表明,判断产生岩爆有 5 个方面的主要指标:

(1)岩石强度 $R_b \geq 80$ MPa。

(2)岩层原始地应力 $C_0 \geq (0.15 \sim 0.2)R_b$。

(3)围岩级别:Ⅰ、Ⅱ或Ⅲ级。

(4)隧道埋深 $H \geq 50$ m。

(5)岩石干燥无水,呈脆性,节理基本不发育。

一般发生岩爆的隧道基本上能同时满足这 5 个条件,也有极少数的隧道,在未完全满足这 5 个条件的情况下,也出现了岩爆。因此,为了更具普遍性,只要满足其中任意 3 个条件时,即可判定岩爆的存在。

2. 施工难点

在传统钻爆施工中,由于掌子面施工人员和设备距离掌子面较近,经常会出现岩爆产生飞石砸伤工人或设备事件。在 TBM 施工中,由于设备得到改进,可以较好地保护施

工人员,但是由于施工工艺和设备本身的制约,以及传统的针对岩爆施工的一些措施不能有效实施,因此,依然存在以下问题:

(1)高地应力地层在开挖时,常发生岩爆,导致 TBM 设备损毁,针对具有岩爆发生风险的工程,在 TBM 施工的同时,进行有效的岩爆预测和防治,提高 TBM 对此类工程的适应性。这些问题很大程度上制约和影响 TBM 的施工效果,导致 TBM 在施工过程中机械被卡被埋,阻碍隧道施工的顺利进行。现有的技术方案和对策在实际工程中已取得一些效果,但并不能完全规避 TBM 施工的风险,还需要不断积累和创新 TBM 设计与施工技术,并进行实际工程的实践验证、优化和改进,从而预防和减少在复杂地质条件下,TBM 施工隧道出现的被卡被埋事故,保障 TBM 的施工效果。

(2)施工现场的岩爆监测方法需要对获得的数据进行分析处理,但用于与结果进行对照的参考量,大多没有统一的标准,只能靠经验判断,影响监测结果的准确性,同时,缺乏预测结果与工程施工的有效结合。

(3)在 TBM 施工过程中,由于设备特点与作业空间的限制,仍缺乏有效的针对强—极强岩爆的防控措施和施工工法。

3.4.3 岩爆分级防控技术

当工程有岩爆风险时,应结合微震监测结果、超前地质预报,以及岩石的物理力学性质等情况,判定前方有无岩爆风险。

1. 岩爆预测等级的划分

岩爆微震监测系统主要通过监测岩体应力释放过程中产生的微破裂,实现对岩爆的监测,主要的方法为监测开挖过程中围岩内部的微震事件,根据微震事件集中的位置来判定岩爆的位置,通过微震事件数量和能级来判定岩爆的等级。

微震监测系统的传感器采集到的信号经过处理后,可以得到单位时间内某个桩号范围内微震事件的数量及每个微震事件能量的大小,根据这些微震事件的基本情况可以大致判断其发生岩爆的概率和等级,通过与实际情况对比,对预测标准进行反复修正,得出准确性相对较高的预测标准。

在岩爆监测中,均以 24h 之内收集到的微震事件为基准来判断施工过程中可能发生岩爆的风险等级,具体判别标准如下:

(1)当微震事件数目<20 时,通常认为没有岩爆风险。

(2)当微震事件数目>20,且能量大于 10kJ 的微震事件不超过 3 个时,则认为该洞段存在局部掉块的风险。

（3）当微震事件数目>20，且能量为10~100kJ的微震事件在3个以上时，则认为该洞段存在轻微岩爆的风险。

（4）当微震事件数目≥20，且能量为100~1000kJ的微震事件在3个以上时，则认为该洞段存在中等岩爆的风险。

（5）当微震事件数目>20，且能量为1000~5000kJ的微震事件在3个以上时，则认为该洞段存在强烈岩爆的风险。

（6）当微震事件数目>20，且能量大于5000kJ的微震事件在3个以上时，则认为该洞段存在极强岩爆的风险。

为了确保施工的安全，在判断岩爆风险的过程中，应以最高等级为标准。工作人员利用上述微震监测系统，在具有岩爆风险的区域，实时动态监测TBM掘进过程中隧道围岩的微破坏分布及演化过程。根据微震监测系统的监测结果，结合TBM掘进过程中隧道围岩的微破坏分布及演化规律，确定围岩应力集中区和能量聚集区，对岩爆可能发生的区域和风险等级进行预测，指导TBM施工。但岩爆是一个很复杂的过程，加上复杂的施工环境，导致微震监测结果常常存在一些误差，需要将岩爆微震监测的结果同施工中遇到的岩爆情况进行对比，寻找其中的规律，使微震监测结果更好指导施工，确保TBM的安全顺利掘进。

2. 岩爆分级防控技术

当有岩爆风险时，应对施工人员进行安全培训，并做好人员和设备的防护工作，同时判断岩爆的风险等级，根据不同的岩爆等级，采取不同的防控技术，岩爆处理流程如图3-43所示。

3.4.4　TBM对不同级别岩爆施工方法

乌尉高速公路是国家高速公路G0711乌鲁木齐至若羌的组成部分，是新疆跨越天山连接南北疆的交通干线，是南北资源通道和国防通道，在区域路网中占有重要地位，其中，天山胜利隧道是控制性工程。天山胜利隧道（ZK75+680~ZK97+790/YK75+830~YK97+826）设计为分离式隧道，隧道全长22.110km（左洞）/21.996km（右洞），属特长隧道，隧道最大埋深达1112.66m，围岩压力极大，岩性存在硬岩花岗岩，施工过程中易发生强烈岩爆现象；项目先导洞施工采用TBM施工工艺，进入岩爆段后项目针对不同情况采取不同应对措施，具体情况如下。

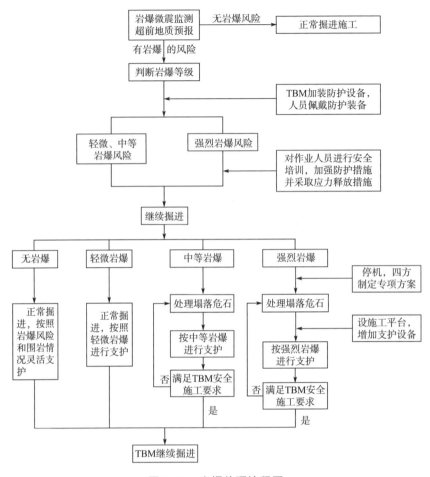

图 3-43 岩爆处理流程图

1. 轻微岩爆防控施工

TBM 施工中对存在轻微岩爆的风险按照如下方案进行施工：

1）施工前的准备工作

施工班前会中，告知施工人员岩爆风险情况，由安全技术人员对施工人员做好安全和技术方面的交底培训。一线施工人员应佩戴钢盔，并在 TBM 上加装临时防护网和防护顶棚，防止飞石、落石砸伤人员。

2）轻微岩爆段的施工

轻微岩爆无须进行超前应力释放。开挖时宜选择高转速、高推力、低扭矩掘进参数；开挖后，以"锚杆+钢筋网片+喷混凝土"作为主要的支护手段，围岩较差的洞段改为"锚杆+钢拱架+钢筋排+喷混凝土"支护，以确保安全。

锚杆采用 φ25mm 的涨壳式预应力中空注浆锚杆，长度为 2.5m，排间距 1m，采用梅花形布置，在顶拱 180°的范围内随机布设。

钢筋网片由 φ8mm 的钢筋加工而成，其尺寸和规格视工程情况而定，在顶拱 120°的范围内布设。钢拱架采用 HW125mm 钢拱架，拱架间距视围岩情况而定，采用 φ16mm 的钢筋排，环向间距 0.2m，在顶拱 120°的范围内布设，喷混凝土按正常施工顺序进行，对围岩顶拱 270°的范围内喷合成粗纤维混凝土，厚度为 0.1m。

在有轻微岩爆风险的洞段施工时，应根据现场围岩条件和岩爆的实际情况，合理选择钢筋网片或钢拱架进行支护，确保 TBM 安全、高效地通过，轻微岩爆支护方式如图 3-44 所示。

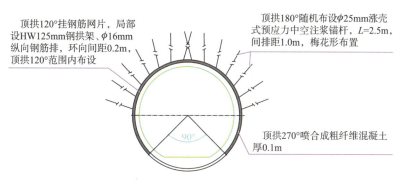

图 3-44　轻微岩爆支护示意图

2. 中等岩爆防控施工

TBM 施工存在中等岩爆风险时，按照如下方案进行施工：

1）施工前的准备工作

施工班前会中，告知施工人员岩爆风险情况，由安全技术人员对施工人员做好安全和技术方面的培训。一线施工人员应佩戴钢盔、防砸背心和防砸鞋，在 TBM 上加装临时防护网和防护顶棚，防止飞石、落石砸伤人员。

2）中等岩爆段的施工

中等岩爆无须进行超前应力释放措施。开挖时宜选择低转速、中推力、中等扭矩掘进参数；开挖后，以"锚杆+钢拱架+钢筋排+喷混凝土"作为主要的支护手段。

锚杆采用 φ25mm 的涨壳式预应力中空注浆锚杆，长度为 2.5m，间排距 1m 采用梅花形布置，在顶拱 180°的范围内随机布设。

钢拱架采用 HW125mm 钢拱架，拱架间距 1.8m，相邻拱架之间采用 20mm 钢筋联系，环间距 1m，交错布置。采用 φ20mm 的钢筋排，环向间距 0.1m，在顶拱 120°的范围内布设喷混凝土按正常施工顺序进行,对围岩顶拱270°的范围内喷合成粗纤维混凝土,厚度为0.15m。

施工中,中等岩爆可能对现有的支护体系造成冲击,应对岩爆部位的支护体系进行量测与修整,确保其完好性与稳定性,同时对岩爆后形成的塌腔进行回填,保证施工安全,中等岩爆支护方式如图3-45所示。

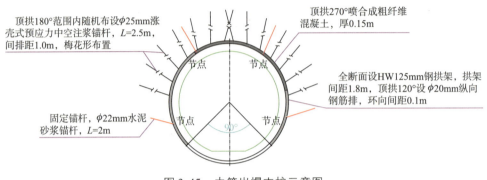

图3-45 中等岩爆支护示意图

3. 强烈岩爆防控施工

TBM施工存在强烈岩爆的风险时,按照如下的方案进行施工:

1)施工前的准备工作

建立四方联动机制,施工现场应立即停止掘进,所有人员至安全区域待避。现场工程技术人员立即通知参建四方实地查勘,并及时研究制定专项施工方案达成一致后,由施工单位组织实施。一线施工人员应佩戴钢盔、防砸背心和防砸鞋,在TBM上加装临时防护网和防护顶棚,防止飞石、落石砸伤人员。

2)强烈岩爆段的施工

根据预测能量的大小,结合现场施工情况,由参建四方共同判断有无超前应力释放的必要性,若需进行超前应力释放,从以下几个方面进行:

(1)打应力释放孔:岩爆的概率与隧道开挖后洞壁的切向应力有关,从邻近护盾尾部的拱顶150°范围,采用锚杆钻机打径向应力释放孔,通过降低洞壁上的切向应力来达到防止岩爆的目的。

(2)岩面喷射高压水:从TBM设备供水管路接引橡胶软管,及时对护盾后出露的岩体喷射高压水,喷洒水柱不小于10m,洒水不少于3遍,每遍间隔5~10min,增强岩体湿度,降低围岩表面的强度和脆性,松弛岩体累积的构造应力,在一定程度上降低岩爆的概率和强度。

(3)岩体深部注水:利用超前钻机在护盾顶部 120°范围内打超前孔,或利用锚杆钻机沿径向打深度 3.5~5m 的注水孔,利用注浆泵由超前孔或注水孔向围岩深层注水,孔口采用封孔器封孔,降低围岩强度,增强其塑形,减弱其脆性,最终降低岩爆的剧烈程度。

在强烈岩爆段掘进时,应将日进尺控制在 3~5m,使大部分强烈岩爆在护盾范围内发生,避免强烈岩爆直接对初期支护系统产生冲击,从而降低强烈岩爆造成的损失。强烈岩爆宜选择低转速、中推力、高扭矩掘进参数;开挖后,以"锚杆+钢拱架+钢筋排+喷混凝土"作为主要的支护手段。

锚杆采用 ϕ25mm 涨壳式预应力中空注浆锚杆,长度为 3.5m,间距 1.5m,采用梅花形布置,在顶拱 270°的范围内布设。

钢拱架采用 HW180mm 钢拱架,拱架间距 0.9m,必要时适当缩小拱架间距,相邻拱架之间用槽钢或型钢加固;当拱架间距过小时,为了确保 TBM 顺利通过,应在相邻拱架间的撑靴位置模筑混凝土,防止撑靴压坏拱架。在顶拱 150°的范围内,用 ϕ20mm 的钢筋布设钢筋排,环向间距 0.08~0.1m 喷混凝土,分两步进行;隧道开挖后,首先利用 TBM 应急喷混系统对刚露出护盾的围岩及时喷射厚度为 0.03~0.05m 的 C30 纳米合成粗纤维混凝土封闭岩面,钢拱架等支护措施完成后,按正常施工顺序进行,利用喷混桥上的喷混系统对围岩全断面喷 C30 纳米合成粗纤维混凝土,厚度为 0.2m。

强烈岩爆可能会破坏现有的支护措施,应注意施工人员和设备的安全,同时需更换被破坏的拱架,处理岩爆后的塌腔,确保安全后方可继续施工,强烈岩爆支护方式如图 3-46 所示。

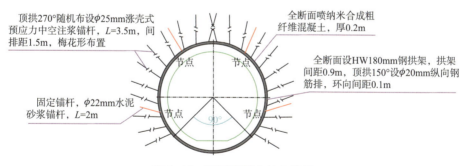

图 3-46　强烈岩爆支护示意图

(4)施工后的监控量测

岩爆段开挖后,应进行拱顶下沉和水平收敛的量测,量测点每隔 3m 布设 1 组,量测初始读数在 1h 内进行,开始时每 2h 观测 1 次,量测频率逐渐减小。尤其是存在强烈岩爆风险,但开挖和初期支护过程中未发生岩爆的位置,必须加强监测,一旦发现数据异常,应立即采取相应措施,防止滞后型岩爆的发生。

3.4.5 TBM 施工关键技术

1. 敞开式 TBM 穿越岩爆段预防与处治技术

（1）时滞性岩爆的发生存在不可预见性，在敞开式+压注式 TBM 模式下，存在极大的安全隐患。

（2）结合专家意见，时滞性岩爆存在较大安全风险，当岩爆发生在护盾内时，可在盾尾后方采取加强支护的方式将其当作不良地质带对待。

（3）在 TBM 施工过程中，一方面应充分发挥锚杆作用，同时加强支护形式，避免拱架侵线而产生的换拱现象，另一方面应加强岩爆监测，为支护形式的确认提供依据，为现场安全提供保障，同时应采取扰动措施预防极强岩爆的发生。

2. 监测技术

结合微震监测特点，在施工前期，应优先对隧道掌子面附近岩层进行取样，并对岩石样品进行试验，以确定围岩传递波速，作为后续岩爆判定的基础条件，同时，应全面了解微震监测原理，并对设备进行相应调试工作，为后续微震监测奠定坚实基础。

1）微震监测技术

在高应力下，基于微震实时监测可以记录围岩或断层发生破裂或错动所辐射的震动信号。诱发微震事件后，其产生的微震波沿着附近的介质向外辐射，放置于钻孔孔内与岩壁紧密耦合的传感器将接收到其原始的微震信号并将其转变为电信号，随后将信号发送至信号采集仪，再通过数据传输线路将数据信号传送给分析计算机，以这些信号为基础，通过进一步地处理与分析，确定破裂源的位置、信号强度、能量密度等。依据一系列记录的波形特征及震源参数的演化特征进行更深一步地分析，可以对微震事件位置、烈度进行评估，如图 3-47 所示。

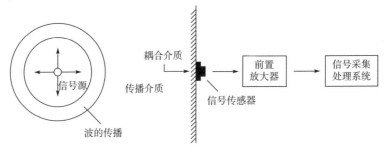

图 3-47 微震监测原理示意图

在TBM盾尾至湿喷区范围内设置监测点,每处监测点相距20m左右,每处监测点设置2个传感器,斜向交叉布设;随着TBM的掘进,将监测点不断地向前循环移动,做到不间断监测,并实时将监测数据上传至云平台,如图3-48、图3-49所示。

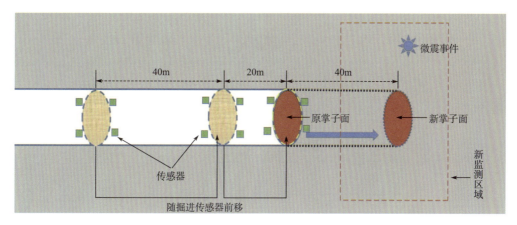

图3-48 传感器埋设断面及移动方案

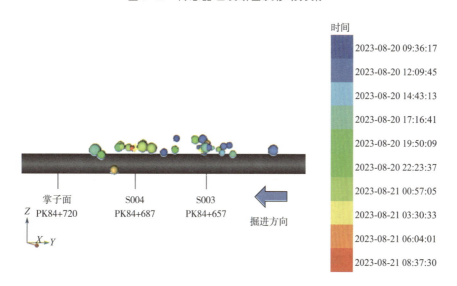

图3-49 微震事件在隧道轴向分布特征

根据系统自动处理分析结果,实现初步风险登记与指标评价,由岩石力学专家人工诊断,进行灾源辨识与灾害预警,并出具监测数据报告。监测数据报告包括微震监测数据三维显示图、微震事件震级时间序列、微震事件密度云图、岩爆位置、等级和概率等。

2)监测数据反馈

微震监测团队通过前期数据搜集与分析,判定即将开挖面岩爆发生可能性与岩爆发生强度，并对监测情况进行动态汇报，同时形成监测报告，项目根据监测结果对不同程度的岩爆选择对应的支护参数，如图3-50~图3-52所示。

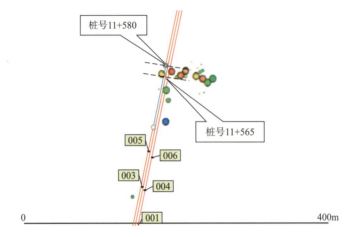

图3-50　微震监测数据三维显示图

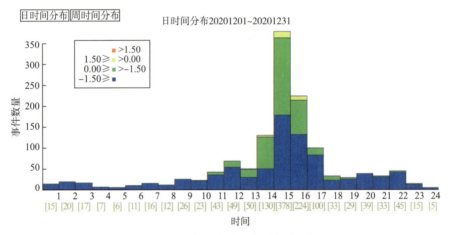

图3-51　微震事件震级时间序列

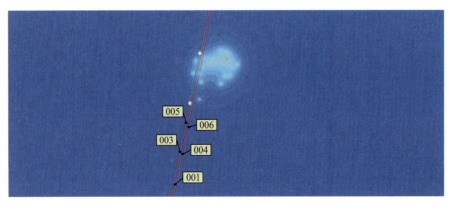

图3-52　微震事件密度云图

每天定时将处理及分析结果,通过网络推送至安全监测服务平台,实时发布,同时通过微信群方式实时同步。

3. 预防技术

结合现场实际与隧道实时岩爆的发生情况,为进一步提升施工质量与安全管理,参照以往岩爆段施工经验,项目主要采取如下预防措施:

1) 洒水

在 TBM 施工过程中,安排施工人员采用高压水对 TBM 盾尾后方裸露围岩进行洒水,以降低围岩脆性,减小岩爆发生的可能性。

2) 锚杆 + 应力释放孔

系统锚杆对于强烈岩爆以内施工段落起着较好的作用,结合 TBM 自身特点,在拱顶 120°范围内打设 3m 长的系统锚杆,有效降低岩爆现象的发生。

在 TBM 盾尾后方,垂直于岩面方向,打设应力释放孔(空孔),孔深 2m,间距 2~3m,同时辅以系统锚杆降低岩爆发生的可能性。

3) 加强支护

以安全管理为目标,以超额安全储备为手段,结合现场实际情况,选择合理的支护参数,同时避免因后续岩爆引起的初期支护侵限而出现后续换拱现象。

4. 处治技术

1) 钢筋排运用

因天山胜利隧道施工采用新型具备压注式功能的 TBM,原中护盾钢筋排功能受盾尾影响不能使用,为确保 TBM 施工安全,在盾尾内侧焊接 10 号槽钢以恢复钢筋排功能。10 号槽钢按照长度 1.2m(钢筋排有效长度 1.3m)、间距 5cm 进行布置。在 TBM 盾尾外露围岩处安装钢筋排,同时将其固定于钢拱架之上,相邻纵向钢筋排进行焊接处理,以确保整体稳定性。

2) 卡机处治技术

在敞开式 TBM 施工过程中,存在护盾内发生岩爆的现象,从而增大 TBM 掘进产生的摩擦力,严重时易出现 TBM 卡机。

(1) TBM 设备操作

通过 TBM 姿态微调整进行 TBM 脱困。

(2)注射油脂

在TBM施工过程中,护盾范围内发生岩爆时,存在围岩挤压护盾,加大护盾与围岩间的摩擦力,主要体现在TBM推力达到上限时,作用于岩面的有效推力低,扭矩与贯入度小,严重时甚至出现卡机现象。

为提高TBM掘进效率,加快已开挖段的支护结构,充分利用原有压注式功能中的注浆孔,以此为通道进行油脂或泡沫注射,以降低护盾与围岩间的摩擦系数,从而提升掘进效率。

(3)辅推油缸

结合TBM作用于岩面的有效推力低的特点,以施工环境、设备参数等为出发点,全面分析摩擦力消耗原因,并针对性进行解决,主要包括空推引起的推力损失(设备自重、上坡段)、压注环、护盾处砂石引起的摩擦等,项目采取2套辅推油缸,提升有效推力,确保TBM施工效率。同时,在操作室设置提示开关,避免TBM后退过程中对辅推油缸造成损坏。

(4)清渣

TBM在掘进过程中,护盾内剥落的块石落入开挖面底部,清渣作业面小且清渣量大,对钢拱架安装以及后续仰拱块安装均有较大影响,从而制约TBM施工掘进速度。

针对后支撑至仰拱安装区域的块石清理,项目配置小型挖掘机替代人工清理,加速清渣速度,从而保障TBM施工;针对后支撑至护盾区域的块石清理,由于空间受限,挖掘机无法进行块石清理,结合高海拔地区特点,以机械化换人为目的进行微调,利用雪橇原理加工铁箱并安装绞盘对其进行移动,加快后支腿以前区域的清渣速度。

(5)塌腔处治技术

已开挖非支护段塌腔处治:

①将岩爆区照明以外的临时用电全部切断,避免岩爆对电器设备、TBM设备等造成的损坏,同时对岩爆区域及附近区域危险品进行清理,包括气瓶、电器设备等,避免发生次生灾害。

②加强现场警戒,包括台车上和仰拱区域,杜绝人员进入岩爆区域,同时安排人员进行值班。

③从非岩爆区往岩爆区方向,采用钢拱架进行临时支护,钢拱架之间采用槽钢进行连接。钢拱架安装时,人员应位于后配套侧,同时确保进出通道畅通,以便岩爆加剧后人员顺利撤离。

④台车上下各配置一名监测人员,通过对讲机进行沟通,确保作业人员安全,同时确

保自身安全。对岩爆区和非岩爆区进行洒水降温,降低岩爆发生的能量。同时加强岩爆区域扩散监测,如出现扩散,应及时通知作业人员,必要时组织人员撤离。

⑤待岩爆释放完成后采用人工配合挖掘机进行渣石清理,同时做好塌腔检查和排险作业,确保安全后采用钢板作底模,采用轻质混凝土进行塌腔填充处理。

⑥岩爆段施工期间,施工人员配备相应安全防护用品,主要包括防刺穿反光背心、特质安全帽等。

当塌腔位于拱腰时:

当塌腔较小时,采用沙袋进行回填,以此作为TBM撑靴基础,为TBM掘进提供反力。

当塌腔较大时,采用沙袋易产生打滑现象,导致TBM无法掘进,需对该区域进行加固处理,在施工前期,采用喷射混凝土进行加固,但是混凝土强度上升慢,会制约TBM施工,可以采用支座压浆料进行封模灌浆处理,利用其凝结快、早期强度高的特点,为拱腰处塌腔提供有利条件。

当塌腔位于拱顶时:

当塌腔较小时,采用正常支护后,可立即通过,湿喷台车经过时,采用TBM湿喷系统进行喷射回填。

当塌腔较大时,除采用正常支护外,需在拱架上安装钢板,以此作为底模,灌注轻质混凝土进行塌腔处治,同时预留注浆孔,在后续施工中,对松散围岩、拱顶空腔进行注浆回填。

3.4.6　应用效果总结

在天山胜利隧道服务隧道(TBM法)岩爆段落中,引进微震监测技术,同时采用加强支护、塌腔处治等多种措施,TBM稳步推进并顺利完成岩爆段施工,为隧道岩爆预防以及后续支护变更提供了良好的技术支撑。

3.5　本章小结

本章针对长大隧道施工中面临的富水、断层、软岩挤压变形和岩爆等问题,进行了深入研究,并得出如下结论:

(1)在软岩施工段落采用"加固围岩、先柔后刚、先放后抗、变形留够、底部加强、封闭及时、稳扎稳打"的方法,来有效控制高地应力和岩性软弱所产生的变形,达到安全、质量可控,顺利穿越软弱地层的目的。

(2)断层破碎带施工采用传统地质预报探测、C6钻机超前钻孔,再结合超导洞TBM施工地质情况进行相互印证,对断层破碎带施工地质进行探查,选择科学的工艺和支护参数进行施工。

(3)富水隧道以"以堵为主、防排结合"的理念,即控制排放的隧道防排水技术,通过围岩注浆堵水圈、初期支护、防排水网格系统和抗水压二次衬砌来实现,将作用在衬砌上的外水压力减少到可以承受的水平;在施工中采用水平定向钻,从隧道入口处沿隧道轴线钻进断裂带位置进行地质勘察,并结合孔内取芯、声波测井、孔内电视等测试对钻孔围岩的岩性分布、节理裂隙发育状况进行分析,通过水平定向钻勘察孔单位时间内的涌水量对隧道施工中的隧道涌水进行预测。

(4)岩爆施工主要研究岩爆段研判条件和岩爆段TBM安全施工。高地应力地层开挖时常发生岩爆,导致TBM设备损毁,针对具有岩爆发生风险的工程,在TBM施工的同时,进行有效的岩爆预测和防治,提高TBM对此类工程的适应性。

CHAPTER FOUR 4

特殊结构施工技术

4.1 斜井转主洞施工技术

4.1.1 技术现状

目前，国内外隧道施工技术越来越成熟，隧道长度屡创新高，斜井、竖井、地下风机房等辅助施工工程屡见不鲜。然而，斜井与主洞交叉口处设计、前期策划及施工组织文件往往不能明确具体施工方法，另外，隧道斜井断面大小、纵坡、斜井与主洞交叉形式多样，交叉口处往往由单向受力发展为三维受力状态，存在多处支护薄弱环节，极易引发交叉处拱架变形，围岩滑塌危害，给施工安全带来风险。针对不同斜井与主洞交叉特性，选择合理适用的交叉口体系转换方法至关重要。

4.1.2 传统施工方法

参照以往项目施工经验，均采用台阶法从斜井转入主洞的施工方案，斜井进入右洞挑顶施工后，通过施工横通道进入左洞挑顶施工。

斜井掘进逐渐接近与右洞相交里程时，开始逐渐抬高斜井原地面高程，调整坡度施工，从右洞与斜井相交里程起，采用导坑进入主洞洞身开挖，通过开挖上台阶形成5.5%坡度，开挖达到拱顶高程，与主洞拱顶高程一致，然后采用弱爆破法机械配合进行开挖。当隧道右洞上台阶按照开挖轮廓线开挖支护完成后，以斜井与右洞相交里程为中心桩号，向右洞进出口方向各开挖上台阶20m，按主洞围岩支护参数开挖轮廓线，进行支护，施工完成后，封闭掌子面。

右洞上台阶施工支护完成后，开挖导洞第二台阶，导洞第二台阶进入主洞后，以斜井与右洞相交里程为中心桩号，向右洞进出口方向各开挖右洞中台阶17m，按主洞围岩支护参数开挖轮廓线，进行支护，施工完成后，封闭掌子面。

主洞中台阶施工支护完成后，开挖主洞下台阶，以斜井与右洞相交里程为中心桩号，向右洞进出口方向各开挖下台阶12m，按主洞围岩支护参数开挖轮廓线，进行支护，施工完成后，封闭掌子面。

右洞初期支护封闭成环后，开始施工横通道，横通道掘进接近与左洞相交里程时，从斜井进右洞挑顶施工工序进行施工，完成左洞挑顶施工，如图4-1所示。

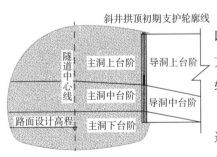

图4-1 台阶法挑顶施工示意图

台阶法挑顶施工是以小导洞的方式进入主洞,再以小导洞为基础逐步扩挖至主洞轮廓线,施工作业空间狭小,机械操作困难,临时棚架反复拆换,安全风险高,且施工工期长,施工成本和时间成本大。为加快施工进度,在确保安全的前提下,通过多次研讨、推演,斜井进主洞采用扩挖法施工。

4.1.3 扩挖法施工

1. 总体思路

当斜井断面小于主洞断面时,距离主洞断面 15~20m 开始逐步扩挖斜井净空断面尺寸,调整斜井断面略大于主洞轮廓线(斜井扩挖尺寸充分考虑斜井与主洞围岩变形及初期支护厚度),扩挖后斜井断面直接通过主洞轮廓线,并及时闭合成环,待交叉口处斜井断面沉降稳定后,分时进行主洞方向临时拱架拆除,开始主洞开挖施工,完成体系转换。

2. 施工工艺

斜井断面两台阶开挖至右洞开挖边线→斜井上台阶开挖直接通过右洞继续向前持续开挖→右洞洞口两侧管棚错时施工→拆除右洞大里程方向斜井原拱架→根据监控量测情况,对正洞大里程方向开挖支护施工5m(斜井与右洞拱顶相交位置往右洞方向5m)→斜井下台阶、仰拱及二次衬砌跟进施工→右洞三台阶正常开挖→右洞大桩号洞口处第一组二次衬砌浇筑→右洞小里程方向洞口斜井二次衬砌破除→右洞小里程方向开挖,具体如图 4-2 所示。

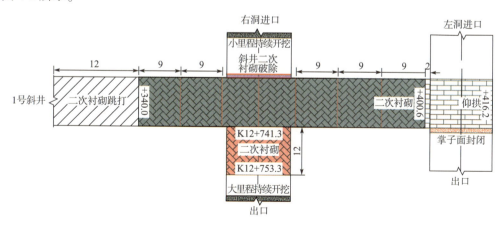

图 4-2 总体施工布置示意图(尺寸单位:m)

3. 施工控制要点

1）加强支护

交叉口区域埋深大、应力集中，是整个体系转换最薄弱的位置，为确保交叉口处施工安全，在斜井进入交叉口前进行加固围岩等补强措施，采用加强注浆锁脚及系统注浆锚杆配合钢纤维喷射混凝土加强交叉口前置区间，注浆固结交叉口区间，使区间范围协同受力，避免中间强、四角弱，交叉口偏压受力破坏，岩层滑塌。

2）微台阶快速成环协调受力

复杂地质条件下围岩破碎软弱，上台阶开挖完成后隧道原有应力平衡被打破，应力大范围释放，仅仅依靠上台阶拱架落架于破碎围岩上抑制变形效果往往不理想，施工安全风险高。

调整台阶长度，协调上、中台阶施工与下台阶施工分离，上、中台阶紧跟掌子面同时施作。下台阶施工时，隧道仰拱与下台阶同时施工，缩短仰拱封闭时间，让拱架快速成环协同受力，有效控制变形，防止拱架变形破坏。

3）分时双层支护

因斜井与主洞交叉位置处于多条断裂破碎带交会部位，岩层强度低，变形大，为保证交叉口处围岩变形得到快速有效控制，防止拆除主洞位置临时支护拱架时上部斜井拱架变形破坏，扩挖时预留足够持续变形空间，扩挖后完成第一层初期支护，约束围岩快速应力释放，第一层初期支护允许变形屈服，当局部变形累计达到 10～15cm 或第一层初期支护有较明显破坏迹象时，施作第二层初期支护，地应力经过持续多次释放后，重新达到动态平衡，控制围岩变形，保证施工安全。

4）交叉处仰拱桁架

因交叉处斜井与主洞仰拱相互干扰，存在十字交叉和 T 字交叉，按照设计图纸施工，在斜井与主洞完成体系转换后，需对斜井仰拱进行拆除，再重新施作主洞仰拱，以方便主洞二次衬砌及排水工程施工。

为保证交叉口处施工安全，对交叉口处仰拱进行专项优化设计，同时兼备正交两个方向使用功能。斜井仰拱初期支护拱架布置方向为主洞方向，在斜井仰拱拱架顶部设置横梁连接，水平设置分配梁，三维立体方位结合形成桁架体系，增强交叉口处仰拱整体抵抗变形能力，同时在斜井与主洞交叉边缘预留主洞电缆槽、排水边沟位置，避免仰拱拆除重新施工仰拱桁架，仰拱桁架示意如图 4-3 所示。

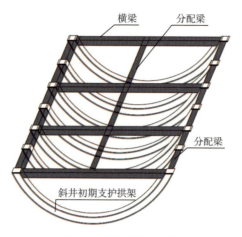

图 4-3 仰拱桁架示意图

5）轻质高强材料填充

因斜井断面进行了扩挖施工，在交叉处斜井与主洞二次衬砌、斜井与主洞内侧轮廓线之间会出现较大空间，如果采用混凝土直接进行填充，自重很大，很容易致使二次衬砌台车液压损坏，甚至二次衬砌三角区发生剪切破坏，综合考虑后采用轻质高强岩棉板进行填充，在减轻交叉口位置顶部自重的情况下保证后期运营安全，如图 4-4 所示。

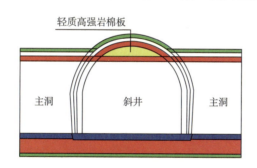

图 4-4 轻质高强材料填充示意图

4.1.4 应用效果总结

本工法已在东天山特长隧道中成功应用，斜井与主洞交叉口采用扩挖法完成斜井进主洞体系转换施工作业，通过加强支护、注浆加固破碎围岩、微台阶快速闭合成环、分时双层支护、仰拱桁架提高交叉口抗变形能力等措施完成交叉口多方向的变形控制，保证了交叉口体系转换的安全实施。

1. 技术质量方面

采用传统挑顶（台阶）法施工：施工难度一般，施工空间狭小，危险源增多，一般施工机械操作困难,耗时长,开挖工作面多,资源投入较大,成形效果好,质量较好。

采用扩挖法施工:施工难度较小,施工空间相对较大,利于施工机械施工,便于运输,缩短了施工时间,开挖工作面少,安全性高,成形效果好,质量较好。

2. 安全方面

斜井与右洞交叉口位置围岩情况为Ⅴ级,台阶法挑顶施工风险较高。动态调整施工方案,以斜井断面直接通过右洞,交叉口处施工安全风险大大降低。

此方案取消了门架及临时棚架的安装和拆除,降低了施工难度。

3. 工期方面

采用传统台阶法挑顶施工工序较多,施工工期长达30d;采用斜井断面直接通过右洞持续向前开挖工艺,减少了挑顶法分台阶多循环施工时间,缩短了施工工期,仅用13d完成体系转换。

4. 经济方面

经济分析对比见表4-1。

传统挑顶法与扩挖法经济对比　　　　　表4-1

序号	采用工艺	人员费用(元)	设备费用(元)	材料费用(元)	合计费用(元)
1	传统挑顶法	99930	80000	4253.9	184183.9
2	扩挖法	25080	35000	2653.28	62733.28

采用扩挖法仅用13d完成体系转换,整体工期相比传统挑顶法共节约17d,每日人工及机械费用约为5000元,整体人工及机械成本节省5000×17=85000元。

综上所述,采用扩挖法共节省121450.6+85000=206450.6元,经济效益明显。

5. 综合成效

复杂地质条件下斜井转主洞交叉口体系转换难度极高,常规挑顶等方法工期长,且不太适用于十字交叉口体系转换施工。东天山特长隧道采用扩挖法完成十字交叉口的施工,将交叉口三维体系转换为主洞开横洞的二维体系,施工难度大幅降低,工期由传统工法的30d缩短到13d,提前了17d完成体系转换,时间效益远超传统工艺。

扩挖法的成功实施,为复杂地质条件下进行斜井进主洞十字交叉口体系转换提供了可行方法;该方法有显著的经济、社会效益,为高速公路隧道安全快速穿越交叉口施工提供工程类比案例和示范工程,在类似工程建设中具有重要的推广应用价值和广阔的推广应用前景。

4.2 深大竖井施工技术

4.2.1 技术现状

在我国,竖井井筒施工最早主要应用于传统的煤炭、金属等矿产资源的采掘行业。随着多年的飞速发展,采用竖井提升矿物的技术不断成熟。煤炭行业、矿山行业建井技术逐渐应用于冶金、有色、化工、水电、公路、铁路和非金属等行业。

目前,国内竖井施工工法较多,包括正井法(钻爆)、反井法、掘进机法等,结合项目地理环境和总体施工部署,对施工工法进行比选,确定适用于具体项目的施工工法。

4.2.2 选用原则

不同竖井施工工法存在着不同的施工优点,但同样存在着不同的施工缺点,在竖井施工前期,应结合隧道施工组织(工期要求、施工通风需求等)、机械化作业能力、隧道地质条件、环境保护要求等方面综合择优进行相应竖井施工工法选择。

1. 正井法(钻爆)

采用凿井配套设备自上而下进行竖井全断面开挖,井身开挖采用凿岩爆破成形、抓岩机配合挖机进行装渣,吊桶提升运输洞渣和材料,出渣完成后施作初期支护,待整体开挖支护全部施工完成后,自下而上施工井身二次衬砌。

正井法适用于各类地质,且施工不受竖井井底(联络通道、正洞)的施工通道约束,待井口相关临建具备条件后,即可与隧道主洞同步施工;但是受环境制约,随着竖井施工深度的加大,采用单一的压入式通风,易产生涡流风,施工需采用其他辅助措施进行通风;正井法出渣采用提升机配合吊桶进行出渣,出渣效率较低;出渣人员长时间井下作业,存在较大的安全风险。

2. 反井法

在主洞及联络通道施工完成的情况下,采用地质钻机自上而下施工导孔,在井底更换钻头,反井钻机自下而上进行扩孔,当扩挖直径无法满足设计要求时需要自上而下采用钻爆法进行二次扩孔,挖掘机、装载机井底装渣,经主洞运至弃渣场,出渣完成后施作初期支护,待整体开挖支护全部施工完成后,自下而上施工井身二次衬砌,反井法施工现场如图4-5所示。

图4-5 反井法施工现场

反井法施工适用于围岩较好地层,采用反井钻机进行钻孔施工时,施工人员少,资源需求量小,竖井出渣通过导井直接落入井底,采用装载机或挖掘机装渣、运输车运输出洞,施工效率高,且导井贯通后形成自然通风回路,有利于竖井施工通风并加速隧道主洞排风;但是反井施工重要条件为"主洞施工至竖井处并完成联络风道",对于长大隧道而言,不能及时改善主洞施工通风距离,同时当竖井断面超过现有设备开挖直径的性能时,仍需结合正井法配置提升设备和吊盘,自上而下进行扩挖,与正井法对比,资源配置相比偏差不大,施工风险主要集中于吊盘处,且在导孔施工过程中,易发生塌孔现象,从而引起废孔现象;同时采用反井法施工时,需要大量泥浆,为满足环保要求,需配置专门的污水处理设备。

4.2.3 正井法的应用创新

筹建期作为竖井施工的关键,直接关系到竖井整体施工工期以及竖井正常施工期的安全管理,同时筹建期中的提升系统形成是竖井施工进度管理的重要节点,在施工中应"超前策划、因地制宜、技术先行",综合考虑环保、技术、安全、成本等方面因素,确定现场施工组织规划,以便于现场施工顺利进行。

在施工前期,应结合竖井建设规模、气候特点等因素进行设备选型,以便于后续工程建设的稳步推进、安全生产。

1)前期工作

在进场初期,应优化先期施工组织,以井筒开挖20~30m(筹建期)为目标,与此同时,完成各大临设施、设备安装等相关工作,使施工组织达到最优。

(1) 拌和站

根据现场调研,结合现场实际地形情况,拌和站拌和机大多设置于井口附近、井口处、井架二层台之上,采用卧泵、溜灰管、底卸式吊桶等设备(或器具)替代混凝土搅拌运输车运输,以便于混凝土浇筑,一方面节约罐车引起的成本,另一方面可节约混凝土使用量,同时拌和站分散设置不利于集中管理,工作时会产生较多的污水和废弃物,增大了环保管理难度。

(2) 空压机房

空压机房作为空压机集中安放区域,主要为伞钻施工提供高压风,在日常运行过程中,室内温度过高或过低都将直接影响空压机的正常运行,通过现场实践,空压机房应设置于井口附近,当存在多个井口共用一处空压机房时,空压机房距离每个井口距离应大致相同,以避免多个井口同时供风时,出现供风不均导致工效降低的现象,且空压机数量配置应考虑施工用风、环境因素等;同时结合竖井区域气候条件以及空压机运行过程中将产生大量热量等因素,考虑设置不同类型的空压机房:

①当建设区域气温较高且不影响冬季混凝土施工时,空压机房通常采用镂空结构,以防止空压机产生的大量热量引起空压机停机等;

②当建设区域气温较低时,可视情况考虑将热能进行转换,包括通过设置管道将热能输送至井底或拌和站等,从而达到热能综合利用的目的。

(3) 稳车、绞车基础施工

稳车、绞车基础作为临时设备安装平台和提升系统的重要组成部分,大多数施工中,将井口两侧稳车、绞车基础设置于同一高程,其地基承载力、稳定性等因素将直接影响着运行安全。结合现场实际地理环境、地质条件等因素,当地基承载力不满足要求时,需采用地基处理方法进行地基加固,同时采取措施避免地基沉降;当因地理环境影响且经处理仍无法满足同一高程需求时,可将单侧基础进行加高处理,并调整基础至井口中心距离,以避免钢丝绳与天轮平台梁之间的相互干扰,同时做好相应的验算工作。

考虑到设备安装的精确性,通常稳车基础地脚螺栓的安装采用钻孔植筋的方式进行,绞车基础地脚螺栓的安装采用预留管道、木盒等方式,在后续设备安装后进行灌浆固结处理。

(4) 井架基础

井架基础的稳定性关系到整个竖井的施工安全,在施工中应结合现场实际情况,针对不同地质条件,采用加深或扩大基础方式,同时将井架基础与锁口混凝土连接成整体,为满足标准化施工要求,在外漏井架基础上涂刷黑黄漆,如图4-6所示。

图4-6 井架基础

2)关键工序施工组织

根据不同地理环境和施工规模,竖井可优先安装1套稳绞设备进行施工,亦可同时安装2套(对称设置)稳绞设备,形成提升系统后进行竖井施工。

竖井筹建期施工组织的选择直接关系到竖井的施工进度与施工成本,现场施工应结合实际地形、资源配置与施工计划,组织进行现场施工。

(1)施工组织

竖井大临设施主要包括稳车基础(主副提侧各1个)、绞车基础(主副提侧各1个)、井架基础、空压机房、变电所、拌和站、钢筋场等,其中稳绞基础和井架基础(与井口圈同时施工)为筹建期重点管理工作。

通过现场实践,进一步加快锁口圈施工,可有效提高竖井的施工进度,同时减少井架安装与井口段开挖的干扰,故必要时可优先进行锁口圈施工,其他临时结构可同步或相应推迟施工,但应在竖井开挖完成30m前完成,同时做好相应的施工组织。

(2)井架安装

为进一步加快井架安装进度,在前期竖井安装的经验基础之上(在地面上将井架分别组装成片,在吊装后进行连接杆件安装)进行优化,采取地面分块组装方式,一方面减少了空中井架安装干扰,有效提高现场安全管控,另一方面有效加快了施工进度,但在连接处施工难度加大,需要进行调整方可完成安装。

3)创新与优化

(1)热能综合利用

空压机房温度控制在20°~30°最佳,但高寒地区机房镂空产生的低温、正常和高温地区空压机房的封闭都将无法使空压机正常运行,同时增大其施工故障率。

在常规项目中,空压机房通常采用镂空结构,以防止空压机产生的大量热量引起空压机停机。

在高寒高海拔地区,考虑低温或高温对空压机正常运行的影响因素,对空压机房运行产生的热量进行分析,结合现场规划,可通过设置管道及轴流风机等方式,接通井内养生(初期)、拌和站及其他生产间,一方面可有效降低空压机房内温度,减少空压机故障率,另一方面可有效节约电能,同时可满足各生产间热量供应。

(2)电缆桥架运用

在竖井施工中,临电布设通常采用电缆沟槽或电缆桥架模式进行,以规范现场实际临时用电线路,确保临时用电安全。结合现场实际情况,当降雨、降雪、冰冻等多种不良环境影响较为频繁时,通过设置电缆桥架将电缆线输送至每处用电区域,一方面可有效减少安全风险,另一方面可实现标准化施工,避免电线凌乱现象,同时施工较为便利,电缆桥架运用如图4-7所示。

图4-7 电缆桥架运用

4.2.4 正井法竖井开挖施工技术

1. 开挖、出渣工艺

1)竖井开挖阶段

第一阶段:在井架安装前,采用人工钻孔爆破方式或机械开挖方式进行开挖。

锁口开挖的同时进行井架基础开挖,当井架基础出现软土、冻土等不良地质时应采取相应的治理措施,锁口段及井身段开挖支护按照设计图纸要求进行施工,如在天山胜利隧道1号竖井施工时,井架基础位于冰层之上,为避免冰层扰动融化,对基础进行加深并作扩大基础处理,同时在冰层之上铺设隔热板。

第二阶段:在井架(含天轮平台)、绞车、临时封口盘安装完成后,即筹建期完成开挖30m后,采用伞钻钻孔、爆破开挖,如图4-8所示。

图4-8 伞钻钻孔

伞钻开挖过程中,需预留2~3m坐底炮作为伞钻作业面,以避免伞钻开挖出现盲区。

2)出渣形式

挖机直接出渣:井口段施工时,采用挖掘机下井开挖作业,在出渣期间,当挖机位于井口可满足出渣时,采用挖掘机进行直接出渣,出渣速度较快。

吊车配合吊桶出渣:当挖掘机不满足井口出渣且提升系统未形成时,采用挖掘机在井底装渣,利用吊车进行提升吊桶出渣,出渣进度缓慢。

抓岩机配合提升系统出渣:后期当提升系统形成后,配备2台抓岩机进行装渣,小型挖机进行清底,通过提升机、吊桶、翻矸仓进行出渣,出渣进度快。

吊桶提升:2个或2个以上吊桶的导向装置最突出部分之间的间隙D,应按式(4-1)计算:

$$D > 0.2 + H/3000 \qquad (4\text{-}1)$$

式中:D——间隙(m);

H——提升高度(m)。

井筒深度小于300m时,上述间隙不得小于300mm。

3)出渣时注意事项

第一阶段(集中阶段):此阶段要充分发挥抓岩机抓岩能力和提升能力,尽快把堆积在井底的大量爆落渣石装运到地面,此阶段应开展下列工作:

(1)抓岩机司机要集中精力,听从指挥,并与其他辅助工种密切配合。

(2)加强排水工作,为抓渣创造条件。

(3)抓岩的同时,要指定专人检查井筒质量,处理危岩,为下阶段作业创造条件。

第二阶段(清底阶段):由于岩石受爆破震动破裂,但与原岩还未完全分开,因此抓岩能力受到影响,清底工作组织的好坏,不但直接影响到装岩时间,而且直接影响钻爆工作的速度和效果,也是凿井循环作业中必须高度重视的一个重要环节,此阶段应做如下工作:

(1)挖机为主,抓岩机配合,加快清底速度。

(2)集中力量,采用多台风镐等工具清除井底活渣。

(3)在清底工作的同时,应做好工序转换的工作。

4)安全管理重点

(1)施工筹建期间,杜绝上下交叉作业,应合理安排人员作业时间,分白夜班进行施工。

(2)施工筹建期间出渣时,应配置专人进行现场指挥,井口段应作临时防护,杜绝人员在井边活动,同时在井口段设置爬梯供人员上下井。

(3)出渣直接通过翻矸仓落地,石料滚落距离较远,在翻矸区域应设置混凝土挡渣墙,包括井架处、稳车群处及其两侧应伸出一定距离。挡渣墙高度高于井架基础顶面。

(4)根据出渣量进行相应的出渣设备配置,杜绝出现出渣不及时导致出渣区存货影响竖井施工进度,同时避免竖井出渣导致的施工安全问题。

(5)采用吊桶出渣时,装满系数不大于0.9。

(6)井架天轮平台以下必须设置限位装置,并应进行日常检查,杜绝钢丝绳过卷导致安全事故。

(7)加强绞车日常检查、维修、保养工作,加强信号工的业务能力培训,避免溜车事件发生,杜绝采用劣质油料,现场出现液压油含气导致残压超过0.5MPa及出现溜车时,现场采用急停措施。

(8)渣体堆积高度不得超过翻矸仓出渣口。

(9)吊桶通过吊盘、封口盘、二层台时,应减速通过。

(10)结合竖井施工区域距弃渣场距离以及当地地理环境影响,考虑是否设置临时储渣区,避免因雨雪天气,造成渣石堆积,从而限制竖井开挖施工,同时带来安全隐患。

2. 井壁座开挖

井壁座开挖前应复核地质情况,当围岩强度较差时,应及时与设计沟通,调整井壁座位置,井壁座应采用弱爆破方式进行单独爆破,避免夹角部位在没有支撑体系或者支撑体系不牢固的情况下,发生坍塌现象,同时应及时进行混凝土封闭处理。

壁座钢筋和井筒初期支护钢筋相连接,井筒初期支护与壁座混凝土一并浇筑。

3. 工作面注浆施工关键技术

在深大竖井施工期间,频繁出现出水现象,为更好地确保竖井施工安全与施工质量,结合地勘资料与现场实际揭示的出水量大小进行注浆方式的选择,通常采用的方式有三种:一是地表注浆,在地质大面积较差、可能出现大量用水时优先采用;二是工作面注浆,出现局部大量涌水时采用;三是壁后注浆,在出水量较小时,优先引排,再进行壁后注浆,具体施工方案需结合现场实际情况进行专项设计。

1)注浆方式确定

结合出水现状:当工作面涌水量大于 $10m^3/h$ 时,无承压水,参照现行《煤矿井巷工作面注浆工程施工与验收规范》(NB/T 51030),采用工作面注浆(前进式注浆)方式进行注浆堵水。在工作面注浆堵水前,优先采用红外探测与坑道钻机相结合进行地质探测,结合探水结果,确定注浆具体段高,注浆段高以 30~50m 为宜,并不得超过 100m。

2)滤水层设计与施工

采用大粒径碎石作为滤水层可有效降低其厚度,滤水层厚度应与止浆垫施工前水量相适应,排水设施应与出水量相适应,避免因水量排放不及时降低止浆垫施工质量。

滤水层:采用 10~30mm 碎石铺成 0.5m 厚滤水层,以此作为止浆垫下水流汇流通道,同时作为止浆垫施工的调平层。

滤水桶结构:在滤水层中宜设置 2 处滤水桶,滤水桶下部 50cm 范围宜设计成滤水花管,采用钢筋焊接并敷设钢丝网制作而成。

滤水层施工及注意事项:在滤水层与滤水桶施工前,优先观察掌子面现状,包括出水点位、水流汇集点(掌子面最低点)等,在滤水层施工中,优先将滤水桶埋设于掌子面最低处,然后采用碎石回填至规划高程。止浆垫施工期间,在滤水桶内安装水泵,随着混凝土的不断浇筑,采用吊桶、水泵将渗流水抽排至井外。施工中应避免滤水层厚度不足或抽水不及时而影响止浆垫施工质量。

止浆垫施工完成并达到设计强度后,对滤水层进行注浆加固,同时采用同标号混凝土对预留的滤水桶区域进行回填、振捣密实。

3)孔口管设计与施工

按照设计角度进行孔口管安装,孔口管应固定牢靠,避免因滤水层、止浆垫施工而影响钻孔角度。可采用2种方式安装,一是孔口管入岩1m以上后,进行孔口管安装,并进行锚固,二是孔口管不入岩或入岩深度过浅,采用辅助设施进行锚固,如在围岩上施作锚杆对孔口管进行锚固,并在孔口管底部采用混凝土进行临时锚固。

孔口管预埋时,在规划的注浆孔中间多安装1处孔口管,以备注浆效果达不到要求时进行注浆处理或将其作为检查孔。

4) 孔口管设计

孔口管设计应结合竖井开挖直径、井壁厚度确定钻孔数量,沿衬砌周边均匀布孔,孔间距不宜超过2.8m,倾角3°~5°。

结合地质情况,综合考虑注浆孔间距、注浆压力等因素,为避免注浆效果可能达不到要求,在布孔时优先在2个注浆孔中间安装一处孔口管,以此作为预留注浆孔。

5) 孔口管加工

孔口管加工长度应满足"止浆垫厚度+外露长度+入岩深度(若有)"总和的要求,孔口管外露段施作法兰盘,用于与注浆设备对接。

6) 孔口管安装和固定

采用地质钻机在孔口管安装位置钻孔,孔内填塞锚固剂,安装孔口管,对孔口管倾斜度进行调整,用三角尺进行校核,然后与岩壁植筋焊接临时固定,等待锚固剂凝固。

采用坑道钻机按照放样的孔口管位置进行钻孔,采用钢筋制作小型三角尺,用于检测孔口管安装角度是否准确。

宜在孔口管安装位置对应的岩壁上打孔,设置两道锚固筋在岩壁上,另一端与孔口管焊接,用于固定孔口管。

钻孔完成后,进行孔口管安装,采用锚固剂进行固定。

为增加孔口管管身与止浆垫混凝土的摩擦力,孔口管管身焊接数个钢筋倒刺。

7) 止浆垫设计与施工

(1) 止浆垫设计

根据基岩段岩性特征、裂隙发育程度、简易水文观测和井液电阻率及含水层涌水量与厚度等相关资料进行设计。

(2) 止浆垫施工

在滤水层施工完成后,进行止浆垫施工,混凝土采用拌和站集中拌和,采用吊桶运输至井底进行混凝土浇筑。

止浆垫施工前应安装施工平台,以便于混凝土浇筑,从而确保混凝土施工质量,同时应排查抽水情况,水位高时应加强排水,排水后进行止浆垫施工。

止浆垫施工过程中,水量过大时,应采用高扬程水泵将水直接排至井外。

浇筑混凝土前将掌子面水源全部排出,然后对掌子面杂物进行清理,方可开始进行止浆垫施工。

当掌子面局部有水且无法排除时,应从无水部位往有水部位施工,确保混凝土稳步流入,不得将混凝土直接卸入水中。

浇筑止浆垫混凝土施工时,要保持连续不得中断,止浆垫混凝土养护期7d,达到所需的强度后,进行承压试验。

止浆垫承压试验检测:用钻机在出水点附近对预埋的孔口管扫孔2处,进行清水耐压试验,结合实际情况可增设孔道进行试验,试验压力取静水压力的2倍,按照止浆垫厚度取值计算中注浆终压值进行试验,若试压不合格,出现漏水和从其他地点渗水等情况,则需进行注浆加固。

注浆时可适当减小泵量,待漏水及渗水点不出浆时,再加压注浆,并达到注浆结束标准,待全部加固完毕并凝固后,再次进行清水耐压试验,直至止浆垫承压合格。

(3)注浆施工

注浆方式按分段的注浆顺序,分为三种:分段前进式注浆、分段后退式注浆和全段式注浆。

分段前进式注浆是钻一段孔注一段浆,钻注交替循环,直至通过含水层。

分段后退式注浆是注浆孔一次钻透含水层,用止浆塞从最前往后分段注浆。

全段式注浆是将注浆孔打到终孔位置后,进行全孔一次注浆。

(4)注浆分段长度选择

根据裂隙发育程度和注浆孔涌水量大小选择注浆分段长度,当涌水大于$3m^3/h$时,停止钻孔进行分段注浆,将钻机移至下一孔道进行钻孔,每节段注浆完成后,扫孔进行后续钻孔施工,直至单孔注浆结束。无出水情况时,可一次钻孔到底进行注浆处理,工作面注浆裂隙含水岩层中注浆方式注浆段长选择见表4-2。

工作面注浆裂隙含水岩层中注浆方式注浆段长选择　　表4-2

裂隙发育程度	钻孔涌水量(m^3/h)	注浆小段长度(m)	注浆方式
发育	>10	5~10	分段前进式
较发育	5~10	10~20	分段前进式
较不发育	2~5	20~30	分段后退式
不发育	<2	30~50	一次钻注完

(5)注浆顺序

每个孔钻进深度完成后,按照跳孔方式进行钻孔注浆,并以相邻注浆孔作为注浆检验标准,同时严格执行打一孔注一孔,切忌乱打乱注。

(6)注浆材料及配比选择

通过竖向之间的壁后注浆堵水验证,宜采用水泥–水玻璃双液浆进行注浆处理,具体结合实际情况进行局部调整。

(7)当出现注浆压力过大、混凝土浇筑过程中排水降低底部混凝土施工质量强度等情况造成止浆垫开裂时,在原有孔道上钻孔并埋入钢管,钢管之间采用丝扣进行连接,并配置配套阀门,钢管长度宜控制在8~10m,以减小注浆对止浆垫产生的压力。待注浆结束后,以相邻预留孔作为注浆孔进行后续注浆施工。

(8)注浆效果检查

注浆结束后,在渗水点附近打设超前探孔(检查孔),出水量均在$1.5m^3/h$以下,判定本循环注浆结束。

4.2.5 竖井二次衬砌滑模施工技术

1. 滑模结构设计

液压滑升模板宜采用二次衬砌和中隔板一体化模板,其中竖井二次衬砌为单侧滑模施工,中隔板为双侧滑模施工。整个滑模系统包括滑升及提升架系统、模板及围圈、平台系统、内挂脚手架等,分瓣式机械一体化滑模结构如图4-9所示。

1)滑升及提升架系统

提升架采用F架,一字隔板采用开字架,支承杆经验算确认,接头处加以衬管焊接后用手提砂轮磨平,相邻支承杆接头必须错开,不得在一个水平面上,接头错开不少于500mm。采用钢丝编织高压软管与各种分油器组成并联平行分支式液压油路系统,布管时尽可能使各油路长度相近。管子接头、分油器、针芯阀、限位器,按需要配套。

2)模板及围圈

模板组装时,采用建筑钢筋扣环连接(每条拼缝不少于4个)并与围圈焊接固定。

围圈宜采用槽钢按设计加工成上下两层,井壁模板安装成型后保持净直径满足设计要求。

3)平台系统

工作平台设桁架梁、分四区辐射型布置上下两层操作盘。四区平台桁架梁均采用钢板与提升架焊接连接,钢板与桁架梁均采用螺栓连接,桁架采用槽钢与角钢组合件,桁架间采用槽钢作为副梁加固,形成一空间网架承力系统,桁架上层为花纹钢板螺栓固定,二层安全平台为木板铺设。

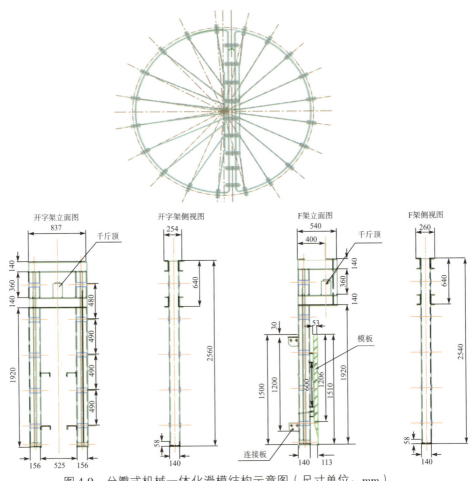

图 4-9 分瓣式机械一体化滑模结构示意图(尺寸单位:mm)

4)内挂脚手架

操作平台两区内在提升架的内立柱上,均下挂操作脚手架,上铺脚手板,外包安全网,用于检查混凝土出模强度,清理出预留、预埋件、原浆抹光、混凝土养护等。

2. 滑模组装

滑模在加工厂进行初步验收,验收合格后拆解为部件进场,并分批次吊入井底进行拼装,井底拼装完成后再次组织验收,合格后方可进行下一步二次衬砌施工。

1)组装顺序

滑模组装流程如图 4-10 所示。

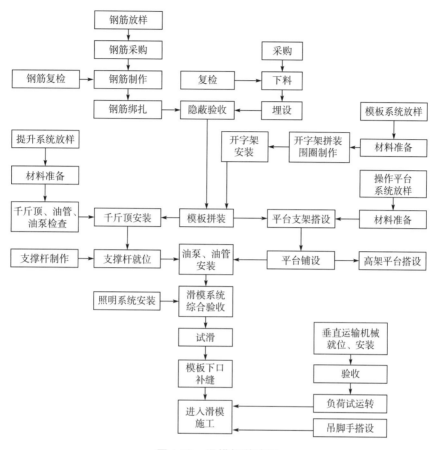

图 4-10 滑模组装流程

2）滑模组装质量标准

滑模组装质量标准见表 4-3。

滑模组装质量标准 表 4-3

序号	项目	允许偏差值（mm）
1	模板结构轴线相对工程结构轴线位置	±3
2	围圈的水平及垂直位置	±3
3	提升架的垂直偏差	≤3
4	安放千斤顶提升架钢梁相对高程	≤5
5	考虑斜度后模板尺寸	上口-1、下口+2
6	千斤顶位置	≤5
7	圆模直径	≤5
8	相邻两块模板平整度	≤3

3. 二次衬砌滑模施工

二次衬砌滑模施工流程如图 4-11 所示。

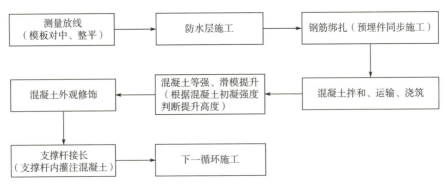

图 4-11 二次衬砌滑模施工流程

1）施工平台布置

施工平台主要包括吊盘、滑模上层平台、检修平台，用以防水层施工、钢筋安装、混凝土浇筑、混凝土修饰等作业，如图 4-12 所示。

图 4-12 施工平台示意图

2）测量控制

平台及模板水平度的控制是控制中心偏差的关键，将水平尺放置在中隔墙桁架上及时查看模板整体平整情况。在模板开始滑升前用水准仪＋水平管对整个平台及千斤顶的高程进行测量校平，并在支承杆上用水准仪抄平，每隔一次提升抄平一次。

3）防水层施工

竖井防水层设置在初期支护与二次衬砌中间，初期支护表面较为光滑且竖向，因此无法采用传统土工布＋防水板方式的防水材料。故防水层采用水泥基渗透结晶防水涂料。防水涂料满足《地下工程防水技术规范》(GB 50108—2008)中厚度不小于1mm,且用量不少于1.5kg/m²的要求。

刷涂防水涂料前对竖井初期支护表面进行检查处理,防止有初期支护凸起部位造成防水涂料附着不均匀。

采用分两层滚刷涂刷的方式施作,确保其均匀性,保证涂刷厚度,提高涂层施工质量。

4. 滑模提升

根据《液压滑动模板施工安全技术规程》(JGJ 65—2013)的规定脱模强度应控制在0.2~0.4MPa。对于脱模强度的检测,现场采用贯入阻力仪设备进行检测,贯入阻力达到0.30~1.05kN/cm²,对竖井二次衬砌混凝土凝结状态进行全面检查,确定正常后方可提升。

5. 质量验收标准

质量验收标准见表4-4、表4-5。

二次衬砌钢筋实测项目   表4-4

检查项目	规定值或允许偏差	备注
竖向主筋间距(mm)	±10	
环向主筋间距(mm)	±5	
钢筋长度(mm)	满足设计要求	
钢筋保护层厚度(mm)	+10,-5	

混凝土衬砌实测项目   表4-5

检查项目	规定值或允许偏差	备注
初凝时间	在合格标准内	
混凝土强度(MPa)	在合格标准内	
衬砌厚度(mm)	90%的检查点厚度≥设计厚度,且最小厚度≥0.5设计厚度	
表面平整度(mm)	其他部位≤5	
衬砌空洞	无空洞、无杂物	

4.2.6 实施效果

正井法(钻爆)在天山胜利隧道1号通风竖井得到有效运用,主要体现在隧道施工通风方面,在竖井贯通前期,隧道洞内施工环境较差,严重时能见度极低,存在较大安全隐患,当竖井通过联络风道与主洞贯通后,充分利用烟囱效应,提升了竖井施工通风效率,有效改善了洞内施工环境,对隧道整体施工起到了极为重要的作用。

1号竖井位于国道216冰达坂以东10km处,其中,1-1号竖井位于YK80+355.75,井筒净直径9.5m,深度573.35m;1-2号竖井位于YK80+425,井筒净直径10.5m,深度573.5m。

4.3 大断面钻爆法超欠挖及初期支护喷射混凝土低损耗控制技术

4.3.1 技术现状

1.隧道超欠挖控制关键技术行业现状

随着我国道路交通和轨道交通等基础迎来新一轮的发展浪潮,隧道及地下工程建设项目日益增多,"数量多、长度大、大埋深、大断面"成为21世纪我国乃至世界隧道工程发展的总趋势。高速公路和城市道路发展趋向多车道,隧道也由原来的单洞两车道发展至三、四车道,隧道开挖断面不断加大,所遇到的地质条件也越来越复杂。在大自然形成下的岩体并不是均质岩体,岩体中往往存在着大量的软弱结构面,如层理、节理裂隙、断层、片理等,这些局部软弱结构面严重影响应力波在岩体内的传播。如何在岩质强度不一、复杂节理、较发育、分布不均的条件下,实现大断面隧道钻爆法施工精准控制超欠挖,成为项目成败的关键所在。

相关文献表明,采用常规爆破施工方法进行施工的隧道,超欠挖控制大部分不太理想。位于贵州雷榕高速公路的白竹山隧道,是一条分离式隧道,右幅隧道长4404m,最大埋深323m,左幅隧道长4358m,最大埋深318m。其在隧道前期开挖过程中,超欠挖的平均数值达到25cm;东天山特长隧道采用常规爆破施工方法后,其平均超欠挖的数值达到50cm。处于重庆奉节—湖北建始高速公路G6911安康—来凤联络线的大梁子隧道全长988m,隧道最大埋深25m,其在隧道前期开挖过程中,超欠挖的平均数值达到60cm。

2.喷射混凝土回弹量行业现状

喷射混凝土在国内公路隧道中主要作为临时支护,且随着基础建设的进一步发展,喷射混凝土的用量随着工程项目的增加急剧增加,与此同时,我国现有喷射混凝土施工中,由于配比不合理、喷射机控制参数不明确,喷射过程中回弹率过大,造成材料的大量浪费。

查阅相关文献,在隧道初期支护施工过程中,采用常规混凝土喷射的方法,大部分回弹量控制得不太理想。秀印(重庆秀山至贵州印江)高速公路张家寨隧道为小净距+分离式组合式隧道,全长3900m,其采用常规喷射混凝土的方法后,平均回弹率达到48.38%。位于甘肃定临高速公路项目的黑庄坪隧道,全长约为1710m,埋深129.39m,其平均喷射混凝土回弹量达到30%。位于广西宁明县观音山森林公园的观音山隧道是水口—崇左—爱店公路的关键性控制工程。隧道为分离式小净距特长隧道,大致呈东北—西南走向。隧道左线长度为4790m,右线长度为4820m。其平均喷射混凝土回弹量也达到25%。

综上所述,国内常规隧道施工中,均会用到喷射混凝土作为初期支护的重要手段,但限制于施工工艺、机械设备及人员等因素,回弹量控制均不太理想。

4.3.2 常规施工方法中存在的问题

1. 隧道超欠挖控制关键技术存在的问题

光面爆破是精准控制超欠挖的有效措施,光面爆破技术约在1950年发源于瑞典,1952年在加拿大首次应用。因光面爆破对围岩损伤小,可减少应力集中区,最大限度地保持了围岩自身承载能力,减小了掘进超挖数量和出渣工作量,所以在隧道工程、矿业工程中广泛应用。

但目前光面爆破炮孔参数的设定多依据经验公式与数值,并且在常规的光面爆破数据计算过程中,一般选定隧道围岩等级这个参数,来进行下一步的计算。隧道围岩等级的划分一般都比较粗糙,有时几十米或者上百米才会有不同的围岩参数。但在实际施工现场中,围岩的变化情况具有不确定性,这一循环的围岩和下一循环的围岩实际情况可能都会不同,这就造成了我们计算出来的光面爆破的参数与实际情况不符,以至于施工技术人员与工人不能很好地根据围岩地质情况的变化及时更改光面爆破炮孔参数,突出了光面爆破爆破方案的滞后性或不可控性,导致光面爆破效果不理想。

如何在我国公路隧道现有的技术设备和管理水平下,进行适合当前围岩的动态光面爆破参数的获取,具有现实意义。

2. 低回弹喷射混凝土技术存在的痛点与难点

喷射混凝土的回弹率,是能够确保混凝土品质的条件之一,应考虑隧道的围岩条件、环境条件及施工条件等,按尽可能减少环境负荷、确保作业人员的安全来设定。喷射混凝土的品质和回弹率,受到喷射面的状况和喷射条件等施工条件的影响,比较离散,回弹率的范围大致在 20%~30%,该范围相对于制造的混凝土总量来说是一个很大的数值。喷射混凝土的回弹率受多种因素的影响,其中喷射速度、喷射距离、喷射角度、混凝土的配合比、喷射手的操作、一次喷射混凝土的厚度等是影响喷射混凝土回弹率的主要原因。

如何在我国公路隧道现有的技术设备和管理水平下,进行低回弹喷射混凝土技术研究,具有现实意义。

4.3.3 基于钻杆-围岩相互作用特征值的光面爆破炮孔参数设计施工工艺

精准的、动态的光面爆破参数数值可以较好地控制隧道超欠挖。但其参数的实时获取,却鲜有人研究。中交中南工程局有限公司的技术团队在历年的隧道工程施工过程中,发现一种新的规律,即钻杆的钻进速度、围岩的动态变化情况与岩石的坚固性系数都存在着一种微妙的关系,钻杆的钻进速度关联岩石的坚固性系数,可以精准地反映当前情况下围岩的不均性,从而指导动态光面爆破关键参数的获取。明确上述三者之间是否存在量化的关系,进而从根本上解决光面爆破动态参数获取的问题,是技术团队思考的主要方向。

岩石坚固性系数是爆破工程中的重要参数,是反映围岩坚硬程度的良好指标。岩石的坚固性系数(又称普氏系数)由俄罗斯学者于 1926 年提出,至今仍在矿山开采业和勘探掘进中得到广泛应用。岩石的坚固性区别于岩石的强度,强度值必定与某种变形方式(单轴压缩、拉伸、剪切)相联系,而坚固性反映的是岩石在几种变形方式的组合作用下抵抗破坏的能力。由于在钻掘施工中,往往不是采用纯压入或纯回转的方法破碎岩石,因此,这种反映在组合作用下岩石破碎难易程度的指标比较贴近实际情况。岩石坚固性系数表征的是岩石抵抗破碎的相对值。

由现有研究可知,钻杆钻进速度与岩石坚固性系数具有较强的相关性,并给出了钻进速度与坚固性系数之间的关系式。本节将以岩石坚固性系数为指标,重点研究用坚固性系数表达的光面爆破炮孔参数计算公式,并对坚固性系数与钻进过程参数的相关性展开研究。

1. 基于坚固性系数的光爆层厚度设计方法

单位炸药消耗量 q 按式(4-2)计算:

$$q = 1.1 k_0 \sqrt{\frac{f}{S}} \tag{4-2}$$

式中:k_0——炸药爆力校正系数,$k_0 = 525/p$,p 为炸药爆力;

f——岩石坚固性系数;

S——断面面积。

周边眼线装药密度 q_L 按式(4-3)计算:

$$q_L = 0.33ekW^2 \tag{4-3}$$

式中:e——炸药换算系数,$e = 320/p$,p 为炸药爆力;

k——爆出标准漏斗时的单位体积耗药量(kg/m³);

W——光爆层厚度(m)。

换算可得式(4-4)和式(4-5):

$$0.8\eta qLS = q_L NL \tag{4-4}$$

$$q = \frac{q_L N}{0.8\eta S} \tag{4-5}$$

式中:0.8——光面爆破与普通爆破装药量差异调整系数,根据实践经验所得;

L——循环进尺(m);

η——炮眼利用率,取 0.85;

N——断面炮孔数目。

由式(4-2)、式(4-3)和式(4-5)得到式(4-6)、式(4-7):

$$1.1k_0\sqrt{\frac{f}{S}} = \frac{0.33ekW^2 N}{0.8\eta S} \tag{4-6}$$

$$W = \sqrt{\frac{140\eta\sqrt{Sf}}{32kN}} \tag{4-7}$$

该方法引入坚固性系数,通过公式理论推导,将坚固性系数与光爆层厚度建立联系。

2. 基于坚固性系数的周边眼间距设计方法

光面爆破从断裂力学观点出发,应力波在岩体中造成光面层的微裂缝,爆生气体对已形成裂缝施加断裂应力,所以,岩石沿光面层裂开的强度条件主要由爆生气体准静压力控制。

周边眼间距按式(4-8)确定:

$$E = K_1 f^{\frac{1}{3}} r_b \tag{4-8}$$

式中:E——周边眼间距(m);

K_1——调整系数,$K_1 = 10 \sim 16$,岩石坚硬取大值,岩石破碎取小值;

f——岩石的坚固性系数;

r_b——炮眼半径(m)。

3. 钻杆-围岩相互作用特征值与坚固性系数相关性

国内外学者对钻进参数与围岩坚硬程度的关系做了较多的研究,认为钻进参数与围岩坚硬程度有较强的相关性。

姚萌根据三臂凿岩台车钻进的原理、过程和参数获取方法,结合文献调研分析"钎具与围岩的钻进耦合体系"涉及的20项钻进指标和地质指标之间的相关性,最终选取钻进速度、推进压力、回转压力、冲击压力作为钻进指标,并分析了上述4个参数与岩石坚固性系数之间的关系,认为岩石坚固性系数与上述4个参数具有如式(4-9)所示的关系:

$$f = F(v_p, P_h, P_f, P_r) \tag{4-9}$$

式中:v_p——进给速度(m/min),钻头推进的平均速度,进给速度是综合指标,反映了钻头在冲击压力、推进压力、回转压力和水的冲刷作用下的钻孔速度;

P_h——冲击压力(1×10^5 Pa),凿岩机执行冲击运动时液压油的油压;

P_f——推进压力(1×10^5 Pa),凿岩机执行推进运动时液压油的油压;

P_r——回转压力(1×10^5 Pa),凿岩机执行回转运动时液压油的油压。

可得光面爆破炮孔参数关于钻杆-围岩相互作用特征值的函数关系,见式(4-10)、式(4-11):

$$W = G(\eta, S, k, N, F(v_p, P_h, P_f, P_r)) \tag{4-10}$$

$$E = G(K_1, r_b, F(v_p, P_h, P_f, P_r)) \tag{4-11}$$

因此,光面爆破炮孔参数公式,实质是炮孔参数与钻杆-围岩相互作用特征值的关系式。

由于凿岩设备的不同,钻杆-围岩相互作用特征值的选取也略有差异。三臂凿岩台车为机械化施工,其智能化、数字化程度高,可自动监控钻孔过程中的钻杆-围岩相互作用特征值;气腿式凿岩机为传统钻孔作业方式,其机械原理简单,但操作笨重、无智能化,无法记录过程参数,输出参数种类受到限制,只能依靠人工进行记录、统计,可通过炮孔密集系数、光面爆破试验效果,对统计数据进行检验。

4. 气腿式凿岩机成孔光面爆破参数设计方法

1) 钻进的破岩原理

根据钻孔时破岩的方式,可以分为回转钻进、冲击钻进、螺旋钻进和振动钻进等,山岭隧道的爆破孔钻进施工主要采用回转钻进和冲击钻进。本书研究的钻进参数就是回转钻进的钻孔参数。

从破碎岩石的角度看,钻进就是钎具破碎岩石的过程。以球状切削具为例,切削过程中有两种破碎岩石的作用——压入作用和旋转作用。切削具压入破碎岩石的过程可以分为三个阶段:弹性变形阶段、塑性变形阶段、破坏阶段。在弹性变形阶段,开始时球状切削具与岩石接触为一点,随着切削具向下移动,切削具和岩石均产生弹性变形,切削具变形后与岩石的接触面积变大,此时接触范围中的轴向压力分布不均,表现为越靠近范围中心越大。在塑性变形阶段,切削具仍产生弹性变形,随着荷载的增加逐渐进入非线性弹性变形阶段,与岩石的接触范围增大,速率逐渐减小;在岩石内部,上一阶段形成的裂隙中新增较多的平行裂隙,新的裂隙向岩石深部延伸,这些裂隙发育的结果是形成主压力体和剪切体。在破坏阶段,切削具压入使所受阻力急剧降低,切削具下落,此时主压力体被压碎,一部分岩屑被挤出,一部分岩屑被压在切削具下面。如果继续加载,压在切削具下面的岩屑被压实,开始产生弹性变形,则进入下一个压入破坏循环的弹性变形阶段。

旋转钻进岩石时,钻进破碎岩石(特别是坚硬岩石)时,主要起作用的是轴向荷载,旋转主要起到研磨岩石和切下岩屑的作用。在轴向压力较小时(远小于岩石的单轴抗压强度),旋转起研磨岩石的作用;在轴向压力较大时,切削具在孔底的旋转不断克服岩石的结构强度,将轴向荷载破碎的岩屑切下。切削具压入破碎岩石过程的三个阶段,如图 4-13 ~ 图 4-15 所示。

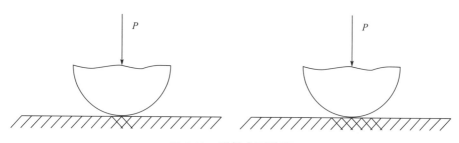

图 4-13 弹性变形阶段

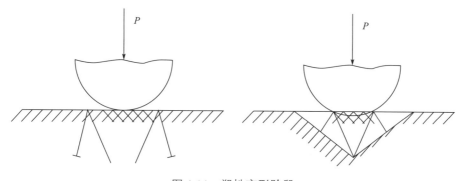

图 4-14 塑性变形阶段

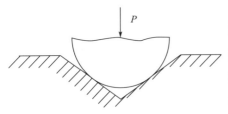

图 4-15 破坏阶段

冲击回转钻进岩石时,虽然旋转作用起到重要的切削破岩作用,但是起主要破碎作用的是轴向冲击作用。破碎硬岩层中的岩石,在相同的荷载条件下,冲击作用下破碎岩石的钻进速度相比于静压入回转切削岩石更快。冲击破碎岩石的过程也可以分为三个阶段:形成岩粉楔阶段、形成碎裂区阶段和破碎阶段。在形成岩粉楔阶段,冲击钻机锤击钻杆产生冲击荷载,钻头齿向下作用于岩石上,当荷载大于岩石的抗压强度时,钻头齿前方岩石发生破坏并产生岩粉楔。在形成碎裂区阶段,随着压力的增加,岩粉楔施加横向力给周围岩石,直到剪切力超过岩石的抗剪强度,岩石开始破裂,裂纹沿着最大剪切角扩展,最终形成碎裂区。在破碎阶段,当冲击荷载与地层压力相差较小时,碎裂区的岩石在钻头齿的作用下从岩石崩出,钻头齿落下,同时将岩粉楔楔入新的岩石表面,开始新的冲击破碎岩石循环。在破碎阶段,当冲击荷载与地层压力相差较大时,会产生与上述破坏不同的破坏模式。冲击回转钻进岩石的初始阶段和破碎过程的三个阶段,如图 4-16 ~ 图 4-19 所示。

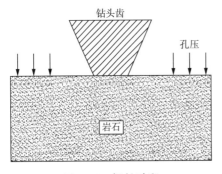

图 4-16 初始阶段

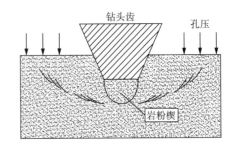

图 4-17 形成岩粉楔阶段

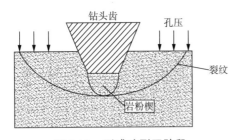

图 4-18 形成碎裂区阶段

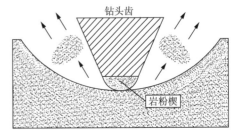

图 4-19 破坏阶段

2)钻头的分类和选择

在实际隧道施工过程中,常见的凿岩机类型包括风动、液压及少数内燃或电动式凿岩机。其工作原理基本类似,都是应用冲击-回转钻头在轴向冲击力和回转切削力的耦合作用下对岩石造成破坏。

国内外对冲击-回转钻头的研究和应用十分广泛,这也使得该钻头的种类繁多,但主要形式分为三大类型:"一"字形、"十"字形以及球齿形,如图4-20所示。"一"字形钎头,其外形呈"一"字的形态,主要特点是结构比较简单,制造工艺较低,缺点是强度不足,工作过程中容易发生断裂、磨损较快,"一"字形钻头在国内某些工况下还在使用,但在国外基本已经消失。"十"字形钻头由"十"字形的刃片构成,与"一"字形钻头相比,其钻头质量更加稳固、强度较高,能够较好地适应各种凿岩环境,应用范围较广。目前,国内主要采用"一"字形和球齿形,而国外主要使用"十"字形和球齿形。本书选择球齿形的风动凿岩机钻头为研究对象,分析钻头连续破岩情况,统计钻杆钻进速度。

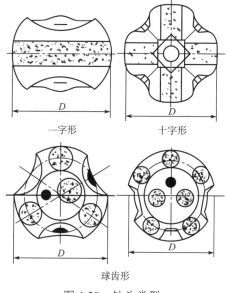

图 4-20　钻头类型

3) 破岩效率的影响因素

通常情况下,影响钻头破岩效率的主要因素包括钻头的冲击性能和回转性能。从力学角度分析,就是岩石单位面积上所受到的应力作用和回转速度对岩石产生的切削力作用。

冲击-回转钻头破岩过程中,冲击性能主要由冲击频率和冲击能决定,当冲击能和轴推力恒定时,冲击频率与回转速度的匹配对岩石的破碎效率影响很大。低频率高转速时,冲击作用不能对岩石形成明显的破碎坑,会造成钻头一定程度上的空转,使破岩效率较低;高频率低转速时,过高的频率会对岩石造成重复破坏,从而增加破岩能耗。如何匹配冲击频率与回转速度的关系,与岩石条件有很大的关系。对于较软岩石材料,冲击-回转钻头的破岩效果不是很好,但对中硬度岩石材料的破碎却具有很大优势。目前,在钻头破岩研究中,主要通过破岩比能和破岩速度来衡量破岩效果的好坏。

(1) 冲击性能

风动凿岩机的冲击性能主要由 E(冲击能)、f(冲击频率)、N(冲击功率)三个参数来表征,具体关系见式(4-12):

$$N = 1 \times 10^{-3} Ef \quad (4\text{-}12)$$

式中:N——风动凿岩机的冲击功率(kW);

E——风动凿岩机的冲击能(J);

f——风动凿岩机的冲击频率(Hz)。

从式(4-12)可知,影响风动凿岩机冲击功率的主要参数是冲击频率和冲击能。通常情况下,当钻头的冲击功率增大时,破岩速度也相应增加,然而在实际工程作业中,对于给定的一台凿岩机,其通常要求在额定功率的范围内作业。所以在额定功率范围内如何调节冲击频率的大小就尤为重要。冲击能是指钎尾被冲击活塞撞击一次时所获得的能量,其大小可根据式(4-13)计算:

$$E = 1 \times 10^{-3} K_e PAS \quad (4\text{-}13)$$

式中:K_e——冲击能修正系数,$K_e = 0.45 \sim 0.55$;

P——工作压力(MPa);

A——冲程活塞有效受压面积(mm^2);

S——活塞行程(mm)。

冲击频率指凿岩机活塞每秒的冲击次数,计算见式(4-14):

$$f = 8.33\sqrt{\frac{PA}{Sm}} \quad (4\text{-}14)$$

式中:m——活塞质量(kg)。

(2)回转性能

风动凿岩机回转性能的主要影响参数是回转速度和回转扭矩,在不同工况条件下,调节相应的回转速度,可以改善岩石的破岩效果,提高破岩效率,具体关系见式(4-15):

$$P_h = \frac{1 \times 10^{-3} Mn\pi}{30} \quad (4\text{-}15)$$

式中:P_h——钻机的输出功率(kW);

M——钻机输出的平均转速(N·m);

n——钻机正常运转的转速(r/min)。

(3)气腿式凿岩机工作原理

隧道现场应用钻爆法施工,钻孔形式为人工钻孔时,凿岩设备通常为YT28型气腿式凿岩机。

YT28型气腿式凿岩机(图4-21)是目前最先进的凿岩机产品,与同类型产品比较,具有性能好、使用可靠、噪声小、重量轻、经济效果好、进尺

图4-21 YT28型气腿式凿岩机

速度快等优点。YT28 型气腿式凿岩机适宜在中硬或坚硬岩石上湿式钻凿向下和倾斜凿孔。钎头直径 34～42mm，有效钻孔深度可达 5m。可配 FT140BD 型短气腿和 FT140B 型长气腿，也可卸掉气腿，装在台车上使用；可水平或倾斜钻孔，可在各种洞室内作业，广泛应用于矿山开采，巷道掘进及各种凿岩作业。YT28 型气腿式凿岩机是冶金、煤炭、交通、水利、基建和国防工程中的重要机具，其性能详见表 4-6。

YT28 型气腿式凿岩机性能参数　　　　表 4-6

类型	气腿式	型号	YT28 型
重量	24kg	重量类型	轻型凿岩机
空转转速	≥300r/min	冲击能量	≥70J
冲击频率	≥36Hz	凿岩耗气量	≤81L/s
凿孔深度	5m	气管内径	≥25mm
水管内径	13mm	钎尾规格	22mm×108mm
工作气压	0.63MPa	外形尺寸	661mm

气腿式凿岩机主要由冲击配气机构、(回转)转钎机构、排粉机构、润滑机构和操纵机构组成。不同气腿式凿岩机之间的主要区别在于冲击配气机构和转钎机构。

4）冲击配气机构工作原理

（1）活塞冲程

活塞冲程即冲击行程，是指活塞由缸体的后端向前运动到打击钎尾的整个过程，如图 4-22 所示。

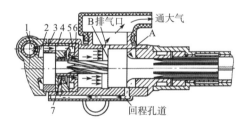

图 4-22　冲击行程气路

1-操纵阀气孔；2-柄体气室；3-棘轮孔道；4-阀柜孔道；5-环形气室；6-配气阀右端阀套孔；7-配气阀左端气室；A-活塞右端面；B-活塞左端面

冲击行程开始时，活塞在左端，阀在极左位置。从操纵阀气孔来的压气经柄体气室、棘轮孔道、阀柜孔道、环形气室和配气阀右端阀套孔进入缸体左腔，推动活塞前进形成冲击行程。这时活塞右腔经排气口与大气相通。当活塞的右端面越过排气口时，缸体的前腔气体受活塞压缩形成气垫，即时气压随之增高，前腔被压缩的气体经过回程孔道回到配气阀的左端气室，这时活塞继续前进，气压随着逐渐增高，迫使阀有前（右）移趋势，当活塞的左端面越过排气口时,缸体左腔的压气便从排气口排出,左腔的气压突降,于是配气阀的左端气室的压强推动阀前移,此时阀与阀套闭合,切断缸体左腔的气路,瞬间活塞冲击钎杆,冲程结束,开始回程。

（2）活塞回程

活塞回程即返回行程,如图 4-23 所示。

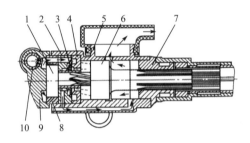

图 4-23　返回行程气路

1-螺旋棒;2-阀柜;3-阀;4-阀套;5-汽缸;6-活塞;7-导向套;8-棘轮;9-操纵阀;10-柄体

返回行程开始时,活塞在右端,阀在极右位置。这时,从操纵阀气孔来的压气经柄体气室、棘轮孔道、阀柜孔道、阀柜和阀的间隙、配气阀的左端气室和回程孔道进入缸体右腔,而活塞左腔经排气口与大气相通,故活塞开始向左运动。当活塞的左端面越过排气口时,缸体左腔的气体受活塞压缩形成气垫,气压随之增高,迫使阀有后（左）移的趋势,当活塞的右端面越过排气口时,即汽缸右腔的气压突降,于是缸体左腔的气室压强推动阀后移,阀与阀柜闭合,回程结束。压气再次进入汽缸左腔,开始下一个工作循环。

（3）转钎机构工作原理

YT23 型凿岩机的转钎机构如图 4-24 所示。

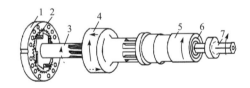

图 4-24　YT23 型凿岩机的转钎机构

1-棘轮;2-棘爪;3-螺旋棒;4-活塞;5-转动套;6-钎尾套;7-钎子

螺旋棒插入活塞大端内的螺旋母中,其头部装有 4 个棘爪。这些棘爪在塔形弹簧的作用下,抵住棘轮的内齿。棘轮用定位销固定在汽缸和柄体之间而不能转动。转动套的左端有花键孔,与活塞上的花键相配合,其右端固定有钎尾套。钎尾套内有六方孔,六方形的钎尾插入其中。整个转钎机构贯穿于汽缸及机头中。由于棘轮机构具有单方向间歇旋转特征,故当活塞冲程时,利用活塞大头上螺旋母的作用,带动螺旋棒沿图 4-24 中虚箭头所示的方向转动一定角度。棘爪在此情况下,处于顺齿位置,它可压缩弹簧而随螺旋棒转动。当活塞回程时,由于棘爪处于逆齿位置,在塔形弹簧的作用下,抵住螺旋内齿,阻止螺旋棒转动。这时,由于螺旋母的作用,迫使活塞在回程时沿螺旋棒上的螺旋槽依图 4-24 中实线所示的方向转动,从而带动转动套及钎尾套,使钎子转动一个角度。这样,活塞每冲击一次,钎子就转动一次。钎子每次转动的角度与螺旋棒纹导程及活塞运动的行程有关。

5. 基于风动凿岩机特征值的爆破参数设计方法

上文介绍了钻进过程中的冲击配气机构、转钎机构,在钻进过程中,影响风动凿岩机工作的钻进参数包括钻进速度、冲击压力、回转压力、回转速度等。

对于上述 4 个参数,气腿式风动凿岩机的冲击压力 P_h 由气压控制,推进压力 P_f 由气腿提供,而回转过程是通过机械装置控制,与压力无关。因此,基于风动凿岩机的工作原理,并结合凿岩过程的工作特征,每循环内为凿岩机提供的气压相同、气腿对钻杆的顶推力相近。基于大量数据的平均化处理后,凿岩机本身的工作性能对钻进参数的影响较小,可忽略不计。同时,所有的数据获取均来源于同种钻头,施工单位为了保证钻进效率,会及时更换磨损严重的钻头,考虑到数据是在钻头的正常使用寿命内获得,钻头磨损程度造成的影响也可以忽略。

因此,钻进参数的差异性多取决于围岩的物理力学特征,结合测量结果,在上述钻进参数中取钻进速度为特征值。

为了保持研究的科学性与严谨性,京秦高速公路遵秦段项目部对施工人员开展钻孔作业培训,规范气腿式风动凿岩机的使用方法与要点,尽量减小每循环内除钻进速度外的钻进参数对统计结果的影响。并且在开始研究前,对同一掌子面左右两侧人工钻孔施工作业分别进行钻进速度统计。

京秦高速公路遵秦段鹞塘沟隧道掌子面左侧统计钻孔个数为 20 个,累计统计钻进时间为 307.65min,累计统计钻进距离为 73.50m;掌子面右侧统计钻孔个数为 20 个,累计统计钻进时间为 289.43min,累计统计钻进距离为 69.40m。

统计结果见表 4-7、表 4-8。

掌子面左侧人工钻孔数据统计　　　　　表 4-7

序号	开始时间	结束时间	钻进时间(min)	炮孔净深(m)	钻进速度(m/min)
1	0:08:07	0:21:03	12.93	2.8	0.22
2	0:06:17	0:23:08	16.85	3.9	0.23

续上表

序号	开始时间	结束时间	钻进时间(min)	炮孔净深(m)	钻进速度(m/min)
3	0:07:41	0:18:09	10.47	2.8	0.27
4	0:02:39	0:22:31	19.87	4.2	0.21
5	0:09:56	0:27:23	17.45	4.2	0.24
6	0:00:05	0:15:21	15.27	4	0.26
7	0:16:40	0:36:29	19.82	4.2	0.21
8	0:18:47	0:30:26	11.65	2.8	0.24
9	0:20:09	0:36:51	16.70	4.2	0.25
10	0:00:12	0:16:17	16.08	4.2	0.26
11	0:16:57	0:31:34	14.62	4	0.27
12	0:27:49	0:39:21	11.53	2.8	0.24
13	0:00:20	0:14:12	13.87	2.8	0.20
14	0:05:37	0:16:29	10.87	2.8	0.26
15	0:16:48	0:29:37	12.82	2.8	0.22
16	0:05:04	0:25:13	20.15	4.2	0.21
17	0:01:43	0:17:17	15.57	4.2	0.27
18	0:18:02	0:33:37	15.58	4.2	0.27
19	0:15:05	0:33:58	18.88	4.2	0.22
20	0:37:25	0:54:06	16.68	4.2	0.25
合计			307.65	73.5	平均钻速:0.239

掌子面右侧人工钻孔数据统计　　　　　　　表4-8

序号	开始时间	结束时间	钻进时间(min)	炮孔净深(m)	钻进速度(m/min)
1	0:14:54	0:25:41	10.78	2.8	0.26
2	0:18:14	0:29:28	11.23	2.8	0.25
3	0:19:35	0:36:30	16.92	4.2	0.25
4	0:25:07	0:37:23	12.27	2.8	0.23
5	0:27:13	0:45:26	18.22	4.2	0.23
6	0:00:00	0:13:05	13.08	2.8	0.21
7	0:14:12	0:34:47	20.58	4.2	0.20
8	0:26:07	0:37:28	11.35	2.8	0.25

续上表

序号	开始时间	结束时间	钻进时间(min)	炮孔净深(m)	钻进速度(m/min)
9	0:28:52	0:39:14	10.37	2.8	0.27
10	0:26:27	0:39:02	12.58	2.8	0.22
11	0:38:08	0:51:14	13.10	2.8	0.21
12	0:41:53	0:55:39	13.77	2.8	0.20
13	0:27:40	0:44:29	16.82	4.2	0.25
14	0:30:54	0:47:18	16.40	4.1	0.25
15	0:09:40	0:25:46	16.10	4.1	0.25
16	0:02:15	0:18:03	15.80	4	0.25
17	0:04:57	0:17:42	12.75	2.8	0.22
18	0:02:44	0:19:29	16.75	4.2	0.25
19	0:18:05	0:33:58	15.88	4.2	0.26
20	0:19:25	0:34:06	14.68	4	0.27
合计			289.43	69.4	平均钻速:0.240

由表4-7、表4-8可知,掌子面左、右侧钻杆平均钻进速度分别为0.239m/min、0.240m/min。两组钻杆平均钻进速度相差0.001m/min,同比相差0.42%。因此,可认为钻杆钻进速度与岩石坚固性系数密切相关。

根据$f=F(v)$,再通过式(4-7)和式(4-8)就可以得出实时的光爆层厚度W及周边眼间距E的数值,从而得到精准的有利于控制超欠挖的光爆具体参数。

4.3.4 低回弹喷射混凝土控制参数研究

工程实践表明,气送式湿式喷射混凝土料群在管道中及喷出后呈离散体,喷到受喷面后为连续体,混凝土是由连续体变为离散体再到连续体,其中由离散体到连续体的过程是决定喷射混凝土质量好坏的关键环节。喷射距离、喷射角度、喷射风压与混凝土从离散体到连续体之间转换的契合度息息相关。三者的不同组合,与混凝土的回弹率有密切关系。

隧道支护工程中喷射混凝土施工作业时,为了避免回弹物料的混入,通常从左右侧壁上距壁角高度0.5~1.0m位置处,从下往上开始喷射。喷射过程中为避免因一次喷射后发生混凝土剥落及喷射面凹凸不平的问题,施工作业时应分层喷射。喷射混凝土施工时,为得到最小的回弹率和最高的强度,喷嘴与受喷面应保持一定的距离,原则上以能看清喷射情况,使料束集中,回弹量小为宜。

本节就喷射混凝土喷射作业方法对回弹率的影响进行阐述。

高质量的喷射混凝土,一般情况下喷射距离都会较为适中。喷射距离过大,一方面,集料在重力作用下偏离射流断面,集料与受喷面接触时角度过大使回弹率增大;另一方面,喷距过大使射流断面增大、受喷面单位面积上的冲击力减小,混凝土的自捣效果降低,成型后的混凝土不密实,影响混凝土的强度与耐久性。另外,喷距过大,还会造成混凝土粗细集料过度分离,使附着在表面的混凝土配比与设计配比不相符。

选择喷射机工作压力、喷射距离、喷射角度作为变量,分别进行混凝土喷射试验。确定不同工作压力下,喷射距离及喷射角度对喷射混凝土回弹率的影响。

1. 试验说明

1) 试验目的

通过在不同喷射距离、喷射角度和工作压力下的现场喷射试验,研究不同工况下的喷射混凝土回弹率。

2) 试验方法

回弹率测定:回弹率统计工作,借助隧道三维激光扫描仪来完成。首先用断面仪扫描测量毛断面面积,然后扫描同一断面湿喷后的面积,二者之差即为该断面初期支护的有效面积。按 0.25m 的距离选取下一个扫描断面,如此循环可以获得若干个初期支护的有效面积,求得均值后再乘以隧道长度,可以获得湿喷有效方量,与总的湿喷混凝土体积之差即为回弹方量,回弹方量除以总方量即为回弹率,可用式(4-16)计算:

$$\eta = \frac{l \cdot \sum (s_1 - s_2)}{n v_0} \times 100 \tag{4-16}$$

式中:η——回弹率(%);

s_1、s_2——单次扫描时毛断面和湿喷后隧道断面面积(m^2);

n——回弹率测试段测量断面数量;

v_0——回弹率测试段湿喷混凝土总体积(m^3);

l——回弹率测试段隧道长度(m)。

3) 试验步骤

湿喷混凝土的施工流程:首先,在拌和站采用自动计量系统配料机进行配料,将配好的水泥、粉煤灰、粗细集料、减水剂和水等倒入强制式搅拌机,在搅拌机中搅拌2min,等混凝土搅拌均匀稳定后装入混凝土搅拌运输车运至隧道施工掌子面(运输过程中宜以2~4r/min的转速转动);接着高速搅拌15s,将混凝土搅拌运输车的喷浆料倒入湿喷机械手料斗,进行湿喷。喷浆料在高压风(高压泵)作用下和雾化的速凝剂均匀混合后喷向围岩。喷射混凝土要取得良好的喷射效果,良好的喷浆料固然重要,现场喷射工艺更是重中之重。

隧道掘进后,湿喷混凝土施工工序:受喷面轮廓尺寸修正,并敲击清除松动危石,排除安全隐患→高压风清洁围岩面灰尘,提高与喷浆料黏结能力→初喷3~5cm用以封闭岩石面,防止落石—挂网并安装锚杆(Ⅳ级、Ⅴ级围岩挂网锚喷)→复喷至设计厚度→喷射混凝土结束,进入下一循环。

(1)湿喷准备:①用高压风或高压水清洗受喷面,去除受喷面上的灰尘和各种松散碎石、土块。②将高压风打开,风压不低于0.5MPa,机器空转数分钟,排除湿喷机械手管路中的残液和残渣,确保管路畅通。湿喷机械手工作泵压(风压)控制:工作泵压大小直接影响着喷层混凝土的强度、密实性和回弹量,若泵压过高,湿喷料射流速度过大,使工作面灰尘和速凝剂大量逸散到空气中;若泵压过低,射流速度小,喷层密实性差,气孔多,喷层混凝土强度低。工作泵压应根据具体湿喷机械手和喷射部位进行调整。

(2)喷头操作:①喷头与受喷面的距离与工作泵压有关,一般情况下最佳距离为0.8~1.6m。若喷头离受喷面太近,喷浆料射流会将刚黏结在受喷面上的混凝土冲走,导致喷层呈波浪状;若喷头离受喷面太远,喷浆料接触受喷面时流速降低,喷层密实性差。②喷头应垂直于受喷面,若喷射倾斜角度过大,会导致湿喷料在受喷面上滚动,导致喷层呈波浪状,并增加回弹量。挂网喷射时,应适量降低工作泵压,喷头尽量接近受喷面,减少钢筋对喷射混凝土的影响,避免在钢筋网片后形成空洞。③喷头运动方式:喷头尽量按螺旋线形移动喷射,后续喷射路线压前方喷层约1/3。④喷浆工作结束后,认真清洗湿喷机械手,特别是喷头。

(3)湿喷特殊情况处理:①受喷面上存在蜂窝等不密实情况时,应尽早清除后补喷。②湿喷前受喷面如果有渗漏水,应进行局部引流或堵漏后再喷。③湿喷前受喷面如果有渗漏水,应进行局部引流或堵漏后再喷,不能处理时可采用局部干喷。

(4)湿喷混凝土的养护:在湿喷混凝土终凝2h后,应及时喷水养护,养护时间不得少于14d,有条件时最好养护28d。当相对湿度大于85%时,可以采用自然养护。

湿喷试验如图4-25所示。

图 4-25 湿喷试验

2. 试验方案设计

喷射距离、喷射角度、工作压力是影响湿喷混凝土回弹率的 3 个重要工艺参数,对湿喷混凝土回弹率有显著影响,但影响规律并不统一。关于喷射距离、喷射角度、工作压力的协同作用,对减少湿喷混凝土回弹率方面的研究较少,因此,有必要对此展开研究。

根据混凝土配合比试验得出的最优参数组合,在界面分维数 1.10 处采用优化后的混凝土配方(表 4-9、表 4-10)进行现场湿喷试验。

理论优化后基准配合比(kg/m³)　　　　表 4-9

水泥	水	碎石	砂	粉煤灰	硅粉	石灰石粉	减水剂	速凝剂	聚乙烯醇(PVA)纤维
319	190	647	980	60	40	24	5.5	10	6.6

理论未优化基准配合比(kg/m³)　　　　表 4-10

水泥	水	碎石	砂	粉煤灰	减水剂	速凝剂
400	190	647	980	43	7.97	22.15

喷嘴与受喷面呈 90°角。国内外喷射混凝土施工中,喷射距离多控制在 1.0m 左右。喷射距离大于 1.5m 时,在重力作用下粗颗粒的竖直位移较大,与喷射面接触时角度偏小导致冲击力下降,所以试验时分别在喷嘴距受喷面 0.75m、1.0m、1.25m 位置处进行现场喷射;喷射角度分别以 105°、90°、75°进行试验。喷射风压是喷射机在正常运转时,喷射混凝土拌合物的工作压力,决定了混凝土在施工作业时的喷射速度,湿喷机械手工作风压分别以 0.4MPa、0.45MPa、0.5MPa 进行正交试验,试验设计因素及水平见表 4-11,试验数据统计见表 4-12。

正交试验设计因素及水平　　　　　　　　　　　表4-11

因素	喷射距离(m)	喷射风压(MPa)	喷射角度(°)
水平	0.75	0.4	75
	1	0.45	90
	1.25	0.5	105

正交试验数据统计　　　　　　　　　　　　表4-12

试验编号	喷射距离(m)	喷射风压(MPa)	喷射角度(°)
1	0.75	0.4	75
2	0.75	0.45	90
3	0.75	0.5	105
4	1	0.4	90
5	1	0.45	105
6	1	0.5	75
7	1.25	0.4	105
8	1.25	0.45	75
9	1.25	0.5	90

3. 试验结果分析

试验结果统计见表4-13。

试验结果统计　　　　　　　　　　　　　　表4-13

试验段编号	混凝土喷射量(m^3)	拱顶回弹量(m^3)	拱顶回弹系数(%)	边墙回弹量(m^3)	边墙回弹系数(%)
1	54	5.60	10.37	4.04	7.49
2	54	5.16	9.56	3.74	6.93
3	45	4.17	9.27	3.17	7.04
4	60	5.50	9.17	3.92	6.54
5	54	5.10	9.45	3.64	6.74
6	54	5.17	9.58	3.69	6.83
7	60	6.17	10.28	4.41	7.35
8	60	6.28	10.46	4.48	7.46
9	45	4.39	9.76	3.13	6.96

采用极差分析法对试验结果进行处理,处理结果见表4-14。

极差分析表结果　　　　　　　　　　表4-14

因子	极差	
	拱顶回弹	边墙回弹
喷射距离	0.77	0.56
喷射风压	0.40	0.29
喷射角度	0.58	0.45

极差分析结果显示,影响混凝土回弹率的各因素极差排列顺序依次为:喷射距离 > 喷射风压 > 喷射角度,如图4-26~图4-31所示。

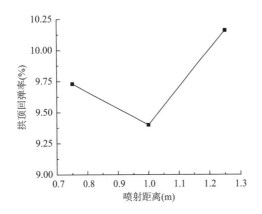

图4-26　喷射距离极差效应分析曲线
（拱顶）

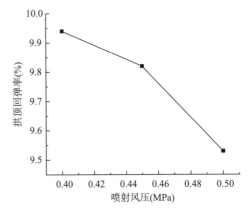

图4-27　喷射风压极差效应分析曲线
（拱顶）

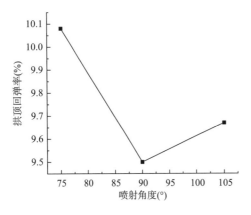

图4-28　喷射角度极差效应分析曲线
（拱顶）

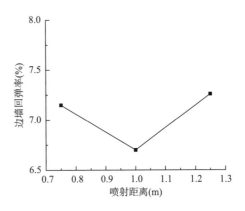

图4-29　喷射距离极差效应分析曲线
（边墙）

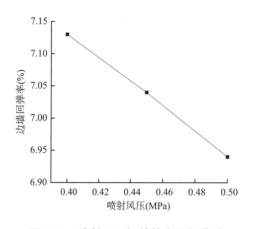 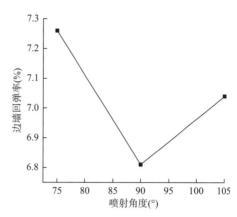

图 4-30 喷射风压极差效应分析曲线（边墙）　　图 4-31 喷射角度极差效应分析曲线（边墙）

当喷射距离为 0.75m 时,混凝土料群反弹较为严重且气流作用强,移动喷嘴时气流易将已喷射但未凝固的混凝土吹离受喷面。喷射距离为 1.5m 时,喷射混凝土射流扩散断面大,混凝土料群中粗集料的分离较为严重,粗集料偏离喷嘴轴线较大,回弹也较大。喷射距离为 1.0m 和 1.25m 时,混凝土的回弹较小。由试验结果可知,喷射距离为 1.0m 时回弹率最小。

当喷射角度为 90°时回弹率最小,角度为 105°和 75°时回弹率均较大,但喷嘴上扬（105°）时的回弹率比喷嘴俯下（75°）时的回弹率小。根据现场试验,俯下喷射时粗集料多在接触到受喷面后直接反弹,不易嵌固在受喷面上;上扬喷射时,反弹情况较小一些。由试验结果分析可知,考虑到重力的作用,喷射混凝土射流断面向下扩散的角度为 120°、向上扩散的角度为 60°,射流断面上喷嘴轴线下侧的料群居多,为确保更多的集料以垂直受喷面的角度喷射到受喷面上,喷射时宜将喷嘴略向上扬,使混凝土料群做斜抛运动,以此来抵消因重力作用而使料群产生的速度垂直分量。

喷射距离固定,当喷射风压过小时,喷射速度小,不仅输运能力弱,容易产生堵管现象,同时其压力不足以使拌合物喷射到施工面;当喷射风压过大时,喷射速度大,压力过大使得拌合物中的集料与施工面猛烈撞击而回弹掉落,同时增加空气中粉尘,恶化施工环境。两种情况都会造成较大的回弹率,由试验结果可知,风压为 0.5MPa 时回弹率最小。

根据正交试验结果,确定影响隧道初期支护喷射混凝土回弹率的因素从大到小依次为喷射距离>喷射风压>喷射角度,并推算出采用喷射距离 1m、喷射角度 90°、喷射风压 0.5MPa 时回弹率最小。

4.3.5 新式光面爆破施工与低回弹混凝土控制技术创新方法技术小结

1. 基于钻杆-围岩相互作用特征值的光面爆破参数优化技术小结

论证了钻杆钻进速度 v 与岩石坚固性系数 f 存在较好的相关性,并构建了光爆层厚度、周边眼间距与岩石坚固性系数 f 的函数关系;以具体工程条件为依托,对钻杆钻进速度与岩石坚固性系数进行统计分析,计算出了花岗岩地层下Ⅲ、Ⅳ级围岩的光面爆破炮孔公式,根据工程条件给出了光面爆破炮孔参数设计表。该方法直接根据施工现场钻进参数设计光面爆破炮孔参数,可根据围岩地质的变化及时更改炮孔参数。

2. 低回弹喷射混凝土控制技术研究小结

通过现场试验的方式,测试了不同参数下的隧道初期支护喷射混凝土回弹率,根据正交试验结果,确定影响隧道初期支护喷射混凝土回弹率的因素从大到小依次为喷射距离>喷射风压>喷射角度。通过湿喷工艺参数的改变,可以在一定程度上减少隧道初期支护喷射混凝土的回弹量,喷射距离是回弹量最重要的影响因素,当喷射距离为1m,喷射角度为90°,喷射风压为0.5MPa时,边墙回弹率由14%降至8%,拱顶回弹率由23%降至11%,喷射混凝土回弹率降低效果显著,实现了隧道初期支护喷射混凝土回弹量的控制。

4.3.6 应用效果总结

1. 应用实例

1)鹅塘沟隧道Ⅲ级围岩光面爆破参数优化(岩性为花岗岩)

鹅塘沟隧道左线全长5342m,右线全长5386m,开挖长度较大。岩质以中风化斑状花岗岩为主,颜色以灰白色为主,粗粒结构,镶嵌碎裂构造。围岩节理发育,节理面较光滑,密闭节理,结合面结合程度好。受节理裂隙切割,围岩较破碎,掌子面无水。通过现场锤击,锤击声较清脆,有轻微回弹,稍震手,较难击碎,可定性判断围岩为较坚硬岩。

(1)试验方案说明

①钻进参数的获取与整理。

研究人员手持秒表,对现场钻进过程进行精准记录,单根钻杆完成后,测量其炮孔净深,如图 4-32、图 4-33 所示。测量单根钻杆的炮孔净深与钻孔时间,以此计算出单根钻杆的钻进速度。

图 4-32　研究人员现场记录钻孔过程

图 4-33　测量炮孔净深

每循环测得的钻孔数据按照 Excel 模板进行整理,同一围岩级别情况下,数十至数百米长度范围内,岩体数据不会有太大的变化,因此,将每一钻孔的钻进参数取平均值进行分析。

根据统计结果,计算出各孔的钻进速度与本循环平均钻进速度,并记录在表格中,记录表模板见表 4-15。

钻孔过程记录表模板　　　　　　　　　　　　　表 4-15

×××隧道××洞××(桩号)钻孔记录表					
序号	开始时间	结束时间	钻进时间(min)	炮孔净深(m)	钻进速度(m/min)
1					
2					
…					
…					
合计					平均钻进速度:

在统计过程中,对钻孔过程的关键信息予以记录、整理并存档。每循环测得的钻孔数据及时整理存档,坚持数据整理不过夜。

②鹁塘沟隧道Ⅲ级围岩钻进数据。

研究人员对鹁塘沟隧道Ⅲ级围岩段内钻杆钻进速度进行统计,统计部位均匀分布在掌子面内,如图 4-34、图 4-35 所示。

图 4-34　边墙部位钻孔

图 4-35　拱顶部位钻孔

所统计的 20 个断面的平均钻进速度在 0.188~0.313m/min，变异系数在 7.4%~14.6%。Ⅲ级围岩钻杆平均钻进速度数据见表 4-16。

Ⅲ级围岩钻杆平均钻进速度统计表　　　　表 4-16

序号	平均钻进速度（m/min）	围岩级别	变异系数（%）	钻孔数量	桩号
1	0.269	Ⅲ	10.6	24	ZK19+443.5
2	0.257	Ⅲ	12.7	18	ZK19+428.8
3	0.240	Ⅲ	10.1	21	ZK19+412.4
4	0.238	Ⅲ	9.5	19	ZK19+397.6
5	0.239	Ⅲ	8.4	20	ZK19+381.5
6	0.201	Ⅲ	10.5	19	ZK19+366.8
7	0.200	Ⅲ	14.6	21	ZK19+350.9
8	0.188	Ⅲ	11.5	20	ZK19+335.1
9	0.226	Ⅲ	8.7	20	ZK19+317.2
10	0.209	Ⅲ	8.5	22	ZK19+303.5
11	0.275	Ⅲ	7.4	21	K19+365.5
12	0.280	Ⅲ	10.8	20	K19+349.2
13	0.313	Ⅲ	13.3	20	K19+333.5
14	0.301	Ⅲ	14.1	21	K19+316.4
15	0.291	Ⅲ	11.4	23	K19+300.6
16	0.278	Ⅲ	9.8	24	K19+284.7
17	0.251	Ⅲ	9.4	20	K19+268.5
18	0.271	Ⅲ	7.9	20	K19+251.4
19	0.298	Ⅲ	12.0	21	K19+236.5
20	0.306	Ⅲ	11.2	19	K19+223.5

研究人员共统计 20 个循环的钻孔数据,累计统计钻进时间达 5803min,累计统计钻进距离达 1448.3m,累计隧道试验段里程达 282m。围岩岩性为花岗岩地层,中粗粒结构。

(2)Ⅲ级岩石坚固性系数试验测试

岩石坚固性分级方法是将岩石切成 5cm×5cm×5cm 的立方体,用材料试验机测定其抗压强度,利用抗压强度计算岩石的坚固性系数,见式(4-17):

$$f = \frac{R_c}{10} \tag{4-17}$$

式中:R_c——岩石的单轴抗压强度(MPa)。

f 是个无量纲的值,它表明某种岩石的坚固性比致密的黏土坚固多少倍,因为致密黏土的抗压强度为 10MPa。岩石坚固性系数的计算公式简洁明了,f 值可用于预计岩石抵抗破碎的能力及其钻掘以后的稳定性。

研究人员针对该岩性,采用平均值法测试了 20 组岩石坚固性系数,具体参数见表 4-17。

将现场原石切割成 5cm×5cm×5cm 的立方体,每循环对应选取 3 块试样,后对所有试样进行饱水处理,即放置水中浸泡 48h。单轴抗压试验在 YTE 数显压力试验机上进行,加载速率设置为 3kN/s,加载过程如图 4-36～图 4-38 所示,数据统计见表 4-17。

a)原石试样

b)试样加工

图 4-36　试样加工处理

a)加工后的试样

b)饱水处理

图 4-37　试样饱水处理

a)试样加载中

b)加载控制系统

图 4-38　单轴抗压试验

岩石坚固性系数统计　　　　　　　　　　　　　　表 4-17

序号	单轴抗压强度(MPa)			平均单轴抗压强度(MPa)	岩石坚固性系数
	试样1	试样2	试样3		
1	99.3	89.6	105.6	98.17	9.82
2	87.1	102.6	110.9	100.20	10.02
3	107.9	98.2	90.6	98.90	9.89
4	128.6	103.5	108.9	113.67	11.37
5	116.1	82.9	120.9	106.63	10.66
6	116.4	104.8	159.3	126.83	12.68
7	105.7	93.6	127.6	108.97	10.90
8	135.2	115.2	130.9	127.10	12.71
9	112.5	120.5	104.5	112.50	11.25
10	125.6	116.8	113.4	118.60	11.86
11	118.3	100.2	63.7	94.07	9.41
12	87.4	93.4	70.9	83.90	8.39
13	95.1	100.1	65.2	86.80	8.68
14	88.6	68.9	106.5	88.00	8.80
15	91.7	83.4	59.6	78.23	7.82
16	87.6	83.6	100.5	90.57	9.06
17	94.6	92.1	160.8	115.83	11.58
18	64.6	44.9	154.8	88.10	8.81
19	77.5	80.5	73.4	77.13	7.71
20	86.5	54.7	87.9	76.37	7.64

(3) Ⅲ级围岩光面爆破炮孔参数设计

①Ⅲ级围岩岩石坚固性系数与钻进速度相关性分析。

先统计出一循环内钻进速度与所对应的岩石坚固性的一组关联数据。一组关联数据包括20余个钻孔数据与3个岩石单轴抗压强度数据。统计得出的20组数据见表4-18。

岩石坚固性系数与钻进速度对应表　　　表4-18

序号	岩石坚固性系数	钻进速度(m/min)
1	9.82	0.269
2	10.02	0.257
3	9.89	0.240
4	11.37	0.238
5	10.66	0.239
6	12.68	0.201
7	10.90	0.200
8	12.71	0.188
9	11.25	0.226
10	11.86	0.209
11	9.41	0.275
12	8.39	0.280
13	8.68	0.313
14	8.80	0.301
15	7.82	0.291
16	9.06	0.278
17	11.58	0.251
18	8.81	0.271
19	7.71	0.298
20	7.64	0.306

对上述20组数据进行线性回归分析，得出钻进速度与围岩坚固性系数关系，如图4-39所示。

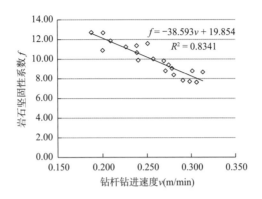

图 4-39 Ⅲ级围岩钻杆钻进速度与岩石坚固性系数散点图

钻进速度与岩石坚固性系数关系见式(4-18)：

$$f = -38.593v + 19.854 \tag{4-18}$$

根据拟合关系曲线可以看出，其拟合方差 $R^2 = 0.8341$，表明岩石坚固性系数与钻进速度之间具有良好的相关性，因此，可以认为通过钻杆钻进速度，能够较好地反映出围岩坚硬程度。

②Ⅲ级围岩炮孔参数设计公式见式(4-19)、式(4-20)：

$$W_{\text{Ⅲ}} = \sqrt{\frac{140\eta \sqrt{S(-38.593v + 19.854)}}{32kN}} \tag{4-19}$$

$$E_{\text{Ⅲ}} = K_1(-38.593v + 19.854)^{\frac{1}{3}} r_{\text{b}} \tag{4-20}$$

(4) Ⅲ级围岩光面爆破参数公式应用

①光爆层厚度求解。

通过大量现场采样，给出钻杆钻进速度与光爆层厚度关系(表4-19)。Ⅲ级围岩上台阶开挖断面面积为 57.2m^2，炮孔数为123个，爆出标准漏斗时的单位体积耗药量 k 根据相关文献计算为 1.76kg/m^3。在钻进速度位于 $0.20 \sim 0.30\text{m/min}$ 时，坚固性系数位于 $12.1 \sim 8.3$。

隧道Ⅲ级围岩钻杆钻进速度与光爆层厚度关系　　　　表4-19

钻进速度(m/min)	0.2	0.22	0.24	0.26	0.28	0.3
光爆层厚度(m)	673	662	650	638	625	611

②周边眼间距求解。

通过大量现场采样，给出钻杆钻进速度与周边眼间距关系(表4-20)。常规隧道采用风动凿岩机钻孔,炮孔半径为0.02m;光面爆破地段为花岗岩岩性,围岩坚硬,取K_1为13。

隧道Ⅲ级围岩钻杆钻进速度与周边眼间距关系　　　　　　　　表4-20

钻进速度(m/min)	0.20	0.22	0.24	0.26	0.28	0.30
周边眼间距(m)	597	585	571	557	542	526

③炮眼密集系数验证。

将表4-19、表4-20中的数据合并,计算出炮眼密集系数,根据炮眼密集系数验证其合理性,光面爆破参数见表4-21。

隧道Ⅲ级围岩光面爆破参数　　　　　　　　表4-21

钻进速度(m/min)	0.2	0.22	0.24	0.26	0.28	0.3
光爆层厚度(m)	673	662	650	638	625	611
周边眼间距(m)	597	585	571	557	542	526
炮眼密集系数	0.89	0.88	0.88	0.87	0.87	0.86

由表4-21可以看出,由上述方法计算得出的光面爆破光爆层厚度、周边眼间距、炮眼密集系数,均在《公路隧道施工技术规范》(JTG/T 3660—2020)给出的光面爆破参数表推荐值内(表4-22),且光爆层厚度、周边眼间距数值及范围均与其他经验值、其他方法计算值相近,证明上述研究具有一定的合理性。另外,在钻杆钻进速度增大时,围岩坚固性系数变小,此时炮眼密集系数逐渐降低,符合光面爆破客观规律。

《公路隧道施工技术规范》(JTG/T 3660—2020)光面爆破参数　　　　表4-22

岩石类别	周边眼间距 E (mm)	周边眼抵抗线 V (mm)	相对距离 E/V	装药集中度 q (kg/m)
硬岩	550~700	700~850	0.8~1.0	0.30~0.35
中硬岩	450~600	600~750	0.8~1.0	0.20~0.30
软岩	300~500	400~600	0.5~0.8	0.07~0.15

(5)Ⅲ级围岩光面爆破试验效果

试验隧道原爆破方案平均超挖距离为320mm,平均超挖面积为7.437m²,炮眼痕迹率严重不足。《公路隧道施工技术规范》(JTG/T 3660—2020)中规定中硬岩、软岩(Ⅱ、Ⅲ、Ⅳ级围岩)平均超挖距离小于150mm,最大超挖距离小于250mm。

应用本方法统计分析试验段10个循环超挖数据。结果表明,隧道平均超挖距离减小至69mm,减小距离占比78.4%;平均超挖面积减小至0.768m²,减小面积占比89.7%。光面爆破炮眼痕迹率可达90%以上,且超挖数值远小于规范要求,如图4-40所示。

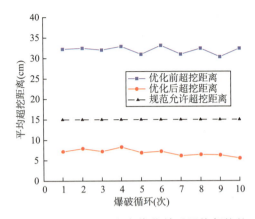

图 4-40　Ⅲ级围岩方案优化前后平均超挖值

2）鹧塘沟隧道低回弹喷射混凝土控制应用

采用相关试验得出湿喷工艺参数的创新组合，并进行优化前、后配方的现场湿喷试验验证，初期支护前后断面如图 4-41 所示，配方优化前后回弹率对比见表 4-23。

图 4-41　初期支护前后断面扫描图

配方优化前后回弹率对比　　　　　　　表 4-23

配方	边墙回弹率(%)	拱顶回弹率(%)
优化前配方	14	23
优化后配方	8	11

采用喷射距离 1m，喷射角度 90°，喷射风压 0.5MPa，相较于未优化配方的现场湿喷效果，边墙回弹率由 14% 降低至 8%，拱顶回弹率由 23% 降低至 11%，回弹率降低效果显著。

2. 应用效果

1）基于钻杆-围岩相互作用特征值的光面爆破炮孔参数设计施工工艺应用效果

隧道断面成形基本上达到了要求，光面爆破炮眼痕迹率可达 90% 以上，采用的爆破方法取得良好的光爆效果，基本上没有发现爆振裂隙和围岩松动掉块现象。拱顶及右边墙区域超欠挖量相对较高，但形成的侧墙壁基本上平整、稳定，整体超欠挖距离控制在15cm，如图4-42、图4-43所示。

图4-42　改进光爆方案前炮眼痕迹

图4-43　改进光爆方案后炮眼痕迹

对超欠挖量的统计分析表明，隧道拱部超欠挖量基本上与拱顶周边眼爆破参数关系不大，周边眼在距设计轮廓线一定距离内变化，即内移周边眼法，爆破后实测到的拱部超挖量变化较小，拱顶岩体基本上仍沿某一层理剥落。相对而言，边墙部位光爆效果则要好得多，边墙轮廓线基本上沿炮眼连线成形，炮眼痕迹率在90%以上。超欠挖量主要由钻杆外插角造成，个别地方由层理剥落所致，且超欠挖量较少，这主要是由于边墙部位岩体受到上下岩体支撑而受爆破振动的影响较少；而拱顶岩体由于下方的支撑力已经消失，使岩体具有下落空间，在爆破振动及其自重的作用下沿层理下落，使拱顶围岩沿某一层理脱落而出现超欠挖。

2）低回弹喷射混凝土控制应用效果

根据上述研究结果，使用常规混凝土配方，采用喷射距离1m、喷射角度90°、喷射风压0.5MPa的喷射工艺，按照螺旋线形喷射轨迹进行喷射混凝土作业，拱顶回弹率下降到10.5%，边墙回弹率下降到7.9%，总体回弹率由26.5%降低到9.7%，见表4-24、图4-44。

优化前后喷射混凝土回弹率变化　　　　　表4-24

部位	优化前（%）			优化后（%）		
	边墙	拱顶	整体	边墙	拱顶	整体
循环1	18.3	33.5	27.3	12.6	16.9	14.8
循环2	17.9	32.6	26.5	10.8	13.6	12.4
循环3	17.8	32.9	26.6	9.0	11.2	10.7
循环4	18.5	33.8	27.5	7.9	10.8	9.8
循环5	17.3	32.5	26.2	7.7	10.5	9.6
循环6	18.2	33.1	26.9	7.8	10.6	9.7
循环7	18.1	33.0	26.8	7.6	10.6	9.6
循环8	17.4	32.9	26.5	7.9	10.5	9.7

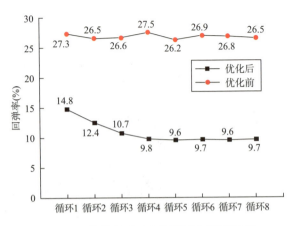

图 4-44 优化前后喷射混凝土回弹率变化

3. 经济效益

1）基于钻杆-围岩相互作用特征值的光面爆破炮孔参数设计施工工艺经济效益

鹈塘沟隧道通过新技术实施，节省成本约 656.5 万元。具体如下：

计算按照设计图纸进行，计算结果见表 4-25，从中可以看出，采用优化爆破方案，Ⅲ级围岩每一循环可节省 12260 元，每延米节省 3503 元；Ⅳ级围岩每一循环可节省 11061 元，每延米节省 3352 元。

鹈塘沟隧道左幅全长 5342m，其中Ⅳ级围岩长度为 1250m，Ⅲ级围岩长度为 3450m，剩余为Ⅴ级围岩。右幅全长 5386m，其中Ⅳ级围岩长度为 1270m，Ⅲ级围岩长度为 3470m，剩余为Ⅴ级围岩。

根据隧道的现场实际情况进行综合统计，填充每循环的超挖体积的喷射混凝土损耗系数为 22% 左右，见表 4-25。

表 4-25 Ⅲ级围岩优化后爆破方案经济效益对比

项目	传统爆破结构	优化爆破结构	单价	节省量
进尺	3.5m	3.5m	—	—
每循环超挖体积	26.0m³	2.7m³	—	23.3m³
每循环填补超挖体积的混凝土	31.72m³	3.294m³	407 元	28.426m³
炸药	350kg	310.8kg	11.5 元	39.2kg
电子雷管	168 发	160 发	30 元	8 发
合计	每循环	28.426×407+39.2×11.5+30×8 = 12260 元		
	每延米	约为 3503 元		

鹁塘沟隧道Ⅲ级围岩共计690+770+3540+3470=8470m,其中共有1860m应用了新技术,因此,Ⅲ级围岩材料共节省成本约1860×3530=656.5万元。

2)低回弹喷射混凝土控制经济效益

按鹁塘沟隧道设计图计算,考虑超挖部分后,设计图中每延米隧道拱顶部分喷射混凝土用量约为4.29m³,边墙部分喷射混凝土用量为3.06m³,共计7.35m³。

经统计,每延米隧道拱顶部分原使用喷射混凝土5.71m³,现使用喷射混凝土4.76m³,回弹率降低22%,使用量减少0.95m³;每延米隧道边墙部分原使用喷射混凝土3.61 m³,现使用喷射混凝土3.30m³,回弹率降低10%,使用量减少0.31m³,见表4-26。

每延米隧道喷射混凝土用量变化　　　　　表4-26

部位	优化前技术方案		优化后技术方案		减少量(m^3)
	使用量(m^3)	回弹率(%)	使用量(m^3)	回弹率(%)	
拱顶部分用量	5.71	33	4.76	11	0.95
边墙部分用量	3.61	18	3.3	8	0.31
共计	9.32	16.90	8.06	9.70	1.26

优化后每延米喷射混凝土方案经济效益对比见表4-27。

优化后每延米喷射混凝土方案经济效益对比　　　　　表4-27

序号	项目类别	变化量	单价	节省金额(元)
1	混凝土	-1.26m³	520元/m³	-655.2
2	水泥	-0.498t	380元/t	-189.24
3	微硅粉	+0.332t	450元/t	+149.4
4	石灰石粉	+0.199t	500元/t	+99.5
5	聚乙醇纤维	+6.71kg	8元/kg	+53.68
6	加快施工进度创造效益			-68.3
延米				约节省610.16元/延米

注:"-"表示节省,"+"表示增加。

新技术在鹁塘沟隧道共计实施4006m(双洞),材料共节省成本4006×610.16≈244.43万元。

4. 社会效益

1)基于钻杆-围岩相互作用特征值的光面爆破炮孔参数设计施工工艺社会效益

通过在鹁塘沟隧道开展新技术的应用,总结提出一种基于钻杆-围岩相互作用特征值的光面爆破参数优化方法,大幅减少了隧道超挖量,实现了超欠挖的精准控制,从而减少了隧道混凝土使用量,具有良好的经济效益。该技术爆破后岩面光滑平整,肉眼几乎看不到爆破裂隙,原有构造裂隙也不因爆破影响而有明显的扩展,可保持围岩的整体性和稳定性,因而可有效保证施工安全,为快速施工创造条件。爆破后岩壁平整,岩面上应力集中现象减少,在深埋岩壁表面可以减少岩爆的危险,保障作业人员的安全。加快了隧道施工速度,同时保证了施工质量,为高速公路隧道安全快速钻爆施工提供了工程类比案例和工程示范,可助推我国大断面公路隧道钻爆施工超欠挖精准控制技术水平提升,在类似工程建设中具有重要的推广应用价值和广阔的推广应用前景。

2) 低回弹喷射混凝土控制社会效益

通过在鹁塘沟隧道开展低回弹喷射混凝土控制应用,采用一系列混凝土喷射参数的验证与组合,为喷射混凝土配方及工作性能评价提供依据,找到低回弹喷射混凝土的最优解,从而减少了隧道混凝土使用量,具有良好的社会效益。

(1) 该技术减少了喷射混凝土使用量,从而减少了碳排放与环境污染,有效地保护了自然环境。

(2) 该技术减少了喷射混凝土工作量,使初期支护喷锚便于成型,加快了施工进度,降低了喷射混凝土对施工人员的伤害,同时,良好的工作性能保证了初期支护喷射混凝土的施工质量。

4.4　本章小结

随着我国公路建设规模的逐步增大,高速公路隧道的断面宽也逐步向三车道、四车道发展,不良地质、特殊结构给大断面隧道施工增加了不少难度,也是必须攻克的关键技术。

(1) 在隧道施工中,斜井转主洞施工工艺的安全性、便捷性、稳定性是控制重点。结构的复杂性与地质的差异性,斜井与主洞交叉口断面尺寸的变截面衔接、体系转换给施工安全带来很大的难度;采用扩挖法顺利完成斜井进主洞体系转换施工作业,通过加强支护,注浆加固破碎围岩,微台阶快速闭合成环,分时双层支护,仰拱桁架提高交叉口抗变形能力等措施完成交叉口多方向的变形控制,保证了交叉口体系转换的安全实施,解决了传统工艺在施工中常遇见的难题。

(2) 针对特长隧道深大竖井设计尤为常见,在隧道施工期运用正井法快速打通竖井,通过联络风道与主洞贯通后,充分发挥烟囱效应,提升竖井施工通风效率,降低洞内施工安全隐患,创造有利的洞内施工环境,特别是在高海拔低氧环境下具有很大的价值。

(3)大断面钻爆法超欠挖及初期支护喷射混凝土低损耗控制技术:①基于钻杆-围岩相互作用特征值的相关性,提出光面爆破炮孔参数设计优化方案,解决因围岩分布不均匀,导致方案不能精准动态调控,光面爆破效果差,超欠挖难以控制的难题;②在常规的喷射混凝土配合比基础上增加新的掺合物,设计出一种新型喷射混凝土配合比,同时改善喷射混凝土施工工艺,有效降低喷射混凝土回弹率,实现喷射混凝土低损耗。

CHAPTER FIVE 5

机械化配套施工技术

5.1 机械化配套行业技术现状及发展趋势

5.1.1 技术现状

随着交通行业的不断发展,隧道的建设工艺、方式、方法也在不断变化,隧道建设对质量的要求也越来越高。目前,我国在隧道机械化施工方面有了很大的进步,盾构法、钻爆法等施工方法及配套技术已得到广泛应用。隧道设计净宽较大,地质状况较差,构造不稳定,隧道内施工必须把施工人员的安全放在首位,尤其是在高海拔、空气稀薄地区的高原隧道,施工过程中不仅要面临隧道本身的地质风险,同时还要经受高原缺氧、通风压力大的考验。因此,在隧道工程中,推广大型机械化施工,使用便于施工且先进的凿岩台车、拱架安装机及锚杆钻注一体机等机械化设备的优势更加明显,不仅能够保证施工的安全性、可靠性,而且能够提高施工效率;采用一些新型电动设备,不仅能够改善施工环境,最大限度地保证施工人员的人身健康,同时也能降低成本,降低隧道通风压力。因此,综合考虑施工安全、施工效率、施工可靠性等各方面因素,必须坚持推进隧道施工机械化进程,着力提高机械化施工中的设备管理水平,优化管理措施,提高隧道施工质量。

1. 机械技术的进步

我国的隧道施工技术已经明显提高,隧道施工机械也在不断完善,功率更大,智能化、自动化程度更高,工作效率也更高。

2. 市场规模不断扩大

随着隧道施工机械的不断发展,其市场规模不断扩大、布局不断优化,市场竞争也不断增强。未来,在隧道施工机械众多企业中,技术创新能力强、市场占有率大的企业将成为行业的中坚力量。

3. 技术和服务水平的提高

隧道施工机械技术及服务水平的提高促进着行业的发展,新产品、新技术及新服务让施工效率更高。同时,隧道施工机械操作的安全性及可靠性也得到提升,能更好地满足用户的需求。

5.1.2 发展趋势

隧道建造作业机械化升级是实现数字化、信息化的前提。在实现机械化、数字化、信息化后,需具备具有运算、决策能力的智能算法,并辅以自动感知、自动测量等人工智能技术,即具备智能化的条件。

(1)隧道智能建造大致可以分为初级和高级两个阶段。初级阶段就是隧道建造中机械化、数字化、信息化并存,个别固定场景、简单作业实现智能装备作业。高级阶段是指实现了隧道建造全过程、多场景、多工序智能感知、决策与互联协同。具体来说就是,隧道建造所涉及的装备已实现数字化、信息化、智能化互联,基于统一数字接口、数据标准的数字底座成熟应用,在高精感知和强大算力支持下实现了隧道建造多工序环节机器自学习与自决策建造作业,更大限度地将人从低端重复隧道建造作业与管理中解放出来。根据相关技术发展的趋势来看,隧道智能建造的初级阶段还将持续较长时间。随着材料、电子、信息与控制技术的发展,有望在不远的将来步入隧道智能建造的高级阶段。

(2)智能预制生产线+智能化装配+数字化管控将成为隧道建造趋势。盾构/TBM隧道具备较好的智能建造先天条件,地质及环境条件相对简单的钻爆隧道也是隧道智能建造较理想的场所。基于数字化管控的材料/构件工厂化预制加工、现场快速智能拼装,实现流水线作业将成为隧道建造的趋势。

(3)智能建造将为隧道行业注入新活力,催生行业升级。在可预期的将来,隧道建造将实现高级智能化。隧道建造将逐步实现由粗放到精细、精准,由多人到少人、无人,从低效高耗到高效低耗。基于工程大数据的机器自学习迭代升级,将为隧道行业注入极大活力。先行者生产力水平的迅速提升,将吹响行业洗牌的号角。隧道建造由机械化升级到智能化是社会发展的必然趋势。智能建造可提高生产力水平,实现建造工程的高效优质、节能减排,是隧道行业高质量发展的方向。

5.2 智能超长距离取芯钻机

5.2.1 设备简要介绍

针对所建隧道线路长、工期短、工作面多、断层破碎带多、施工工艺复杂多变等特点,在掌子面围岩岩体较破碎处或设计图纸提供断层破碎带处可采用多功能钻机进行超前钻探或围岩取芯(根据掌子面岩体破碎情况选择),根据取芯芯样完整情况、钻探过程中渣体及反水情况、钻机获取钻进参数(钻进速度、扭矩、推进压力、转速),结合设计图纸提供围岩情况、第三方超前地质预报、试验室单轴饱和抗压强度,综合判定掌子面前方围岩情况,并及时调整开挖支护施工参数及工艺,为隧道安全施工提供技术保障,如图 5-1 所示。

图 5-1 智能超长距离取芯钻机

5.2.2 功能描述

1. 主要功能

(1)具有灌注一体化、跟管钻进、抢险救援、地质取芯、岩爆段地应力释放、高压旋喷等功能,适用于各种不同地质条件下隧道工程超前地质预报钻探、帷幕注浆加固、管棚施作等的快速作业,并能满足隧道工程的应急抢险工作需要。

(2)多功能钻机具有整机电力线载波(PLC)控制功能,并兼具故障监控报警功能。配置钻进数据采集分析处理系统,具备超前地质预报功能。配备施工数据自动采集装置及分析软件(中文菜单显示系统),以便操作人员实时了解掌子面前方地质变化情况,并可根据钻孔数据调整钻进参数。

(3)多功能钻机配备旋转和冲击动力头,具备旋转和冲击钻进、潜孔锤钻进两种作业方式。能满足抢险要求,为安全起见,钻机需配置除操作平台以外的紧急备用操作系统。主操作平台发生故障时,备用操作系统可单独完成钻机动作。C6XP-2 多功能钻机如图 5-2 所示。

(4)钻机有效钻孔深度达到 150m 以上,并且在不同地质条件下,钻机钻进速度可达到 10~40m/h,在硬岩(70MPa 以上)地质条件下,钻进速度可达到 15m/h 以上。钻孔芯样及数据处理如图 5-3 所示。

图 5-2　C6XP-2 多功能钻机

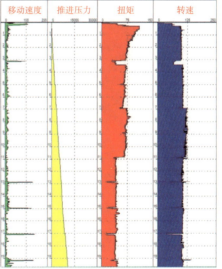

图 5-3　钻孔芯样及数据处理

（5）双动力电脑版全遥控机型为无线或有线远距离遥控操作，操作视线好，操作更灵活。行走、作业都是遥控操作，保证操作人员在隧道内的最佳视野，特别是在隧道仰拱开挖栈桥段、掌子面靠边墙施工地段，操作人员可以单独安全通过和就位，不需要专门的指挥人员。

2. 适应工作环境

（1）环境温度：-20 ~ +40℃。

（2）现场海拔：≥2500m。

（3）适合在多尘及潮湿的隧道中工作。

5.2.3 技术参数选取

钻具配置:除原厂所配外,附带以下国产钻具:超前探孔及注浆钻具100m(ϕ60mm)、地质取芯钻具50m(ϕ54mm)、管棚施工钻具50m(ϕ108mm)、抢险救援钻具50m(ϕ150mm),以发挥为受困人员传送空气和食物的用途,主要性能参数见表5-1。

主要性能参数　　　　　　表5-1

参数	数值
DEUTZ TD2.9L4 + ABB – m^{2}BA 280SA4 双动力	55.4 +75kW
钻架最大仰角	钻架仰角和俯角范围: –105°~180°
钻架旋转角度	左右各185°
最大钻孔速度	≥40m/h
水平最大钻孔深度	≥150m
最大钻孔直径	254mm,更换夹具后最大可达406mm
操作方式	无线遥控操作

5.2.4 施工中注意要点

(1)钻机的操作人员需要经过相应的专业培训,对钻机的构造、性能及用法等有一定的了解,熟悉钻机的操作,避免出现违规操作。在钻机进行作业前,需要对钻机进行相应的安全检查,查看是否有导致机械性能下降的结构磨损,一旦发现问题需要及时进行处理,避免出现钻机带"病"工作,从而造成更大的问题。

(2)良好的维护对于确保钻机的正常运转是十分必要的,不同的钻机部位需要根据时间周期采取不同的措施进行维护保养。

(3)良好的设备管理制度是确保钻机能够正常、合理使用的关键。做好设备管理工作可以从以下几个方面展开:完善管理体制,健全规章制度,确保管理工作有据可循;重视设备维护保养制度的建立,同时坚持设备的抽查工作;对于设备的操作与维护,需要做好培训工作,同时选拔优秀的设备管理人员进行管理。

(4)钻机的推进力必须与动力头的扭矩成正比关系。钻机的钻进效率主要取决于动力头的扭矩、使用和搭配合理钻具、顶驱的冲力和冲击频率或潜孔锤的冲击能。

(5)推进过大而扭矩过小,易发生卡钻、卡管等事故,也易导致钻具难以拆卸等情况,从而降低工作效率。此外,推进过大也不利于钻具的使用寿命。

5.3 三臂凿岩台车

5.3.1 设备简要介绍

三臂凿岩台车具有安全、高效、符合人机工程学的设计特点,同时符合"机械化换人、自动化减人、智能化无人"的发展趋势。采用先导控制液压系统,减少了控制平台附近的高压胶管数量,使操作者更安全,并且噪声更小。采用新型人机工程学控制面板,控制系统的液压部件集中在一起,容易检修、维护。防护顶棚可以升高1.1m以提供更好的视野。配置符合相关排放标准的柴油发动机,减少洞内尾气污染。

为增加效率和准确度,选配推进梁角度测量系统,有助于操作者精确钻孔,减少超挖或欠挖,增加一次进尺量;选配不同型号液压凿岩机,以适应不同的岩石条件。

5.3.2 功能描述

三臂凿岩台车广泛应用于隧道掘进、地下结构开挖等地下工程施工,可进行爆破钻孔、锚杆钻孔、超前钻探、管棚等作业。

5.3.3 技术参数选型

三臂凿岩台车主要部件包括凿岩机、推进梁、钻臂、控制系统,具体参数见表5-2、图5-4。

基本配置　　表5-2

台车类型	三臂凿岩台车
凿岩机	COP 系列
钻进系统	直接控制系统
液压钻臂	BUT 35
液压推进梁	BMH 6000 系列
发动机	六缸发动机
覆盖面积	$0 \sim 250 m^2$

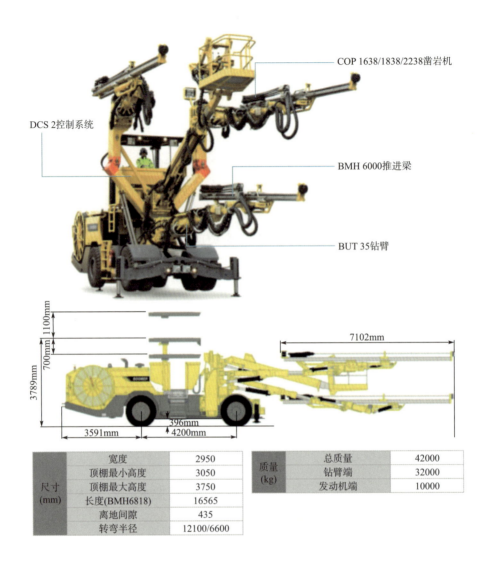

图 5-4　三臂凿岩台车性能参数图

5.3.4　施工注意要点

1. 优缺点

（1）优点：安全性高，减少了在危险作业面的施工人数；施工内容多样，可以打设炮孔、短距离地勘探孔、施作超前支护和系统锚杆等。

（2）缺点：设备一次性投入大，摊销成本高；对围岩适应性有要求，遇到地质变化，需要人工开挖交叉作业；为维持机械正常运转，需定期对三臂凿岩台车进行维修保养，主要为轮胎修补、电气元件更换、机油、黄油、COP油更换、钻头、钻杆、钎尾、行走用柴油、施工用电等，配件储备多，投入大。

2. 建立健全管理体系

机械在使用中，由于受到各种因素的影响，其零件必然会产生不同程度的磨损，如不及时进行保修，小问题会发展成大隐患，影响施工进度，降低其动力性和经济性。因钻机维修时配件较贵，市场较小、修理费用较高，因此，要有计划地做好设备的维护和保养工作，保证设备良好的技术状态，有效延长设备使用寿命，确保设备的安全性。

1）日常保养制度

（1）凿岩台车日常保养实行专人负责制，具体部位要实行定人、定部位，避免产生维护保养盲区。

（2）凿岩台车日常保养操作人员必须按照凿岩台车说明书及作业文件要求进行作业。

（3）日常保养技术人员有权处理工作中发现的违章作业行为。

（4）如实、认真填写凿岩台车日常保养记录（保养部位、故障发生时间、部位、是否更换配件、处理结果、跟踪情况等）。

（5）定期总结凿岩台车故障情况，并认真填写凿岩台车履历表。

2）强制（或停机）保养制度

（1）凿岩台车的保养除了在凿岩台车工作间隙进行"日检"和"周检"外，每月应进行强制性集中维修保养。

（2）凿岩台车强制保养期间，应认真进行凿岩台车的全面清洁、检查和维修。

（3）在强制保养时，维修保养班组长组织维修保养人员，有针对性地对设备进行全面的保养和维修。

（4）停机保养维修应制定详细的工作计划并备案。

3）日常巡视检查制度

（1）三级巡视制度：保养人员巡视制、保养维修班组长巡视制、凿岩台车部门负责人巡视制。

（2）维修保养人员每天应对所负责主要部位和系统进行不定时的巡视，并及时处理故障，直接对维修保养班组长负责。

（3）维修保养班组长必须每天对所管辖的设备进行巡视，及时发现故障隐患，以便在设备未发生故障时及时安排修理，以保持机械设备技术状态良好。

（4）机械使用前后，办理交接班时，操作人员应按规定路线对该台设备的各个部分进行一次详细、全面的巡回检查；正在使用的机械，也应利用其他停机间隙进行巡回检查。

（5）项目凿岩台车部门负责人应实时对维修保养人员进行作业指导，并及时纠正凿岩台车作业中的不正确行为。

（6）检查中发现的问题，应立即采取有效措施，予以纠正，并记入运转记录中，重大问题要向项目凿岩台车分管领导及时报告。

（7）维修保养班组长日常巡视主要按照凿岩台车日常保养作业文件规定的内容执行。

（8）项目凿岩台车部门负责人应不定期到现场对所管辖的设备进行巡视检查，对操作人员填写的运转记录和交接班记录进行复核确认。

（9）项目凿岩台车部门负责人对凿岩台车主要部位和系统进行巡视，对维修保养班组长巡视状况进行复核，对日常的维修保养作业提出要求等。

（10）项目凿岩台车部门负责人应及时通报巡视、检查情况，并组织相关人员进行技术分析和总结。

4）维修保养分级管理制度

为了消除凿岩台车设备的潜在故障，在功能故障未发生前，有计划地对凿岩台车进行维修，以便确定凿岩台车设备的性能指标。

（1）大修

大修的范畴：特指各系统、部件的机械性能恢复和整体维修。

一般是在凿岩台车设备使用达到其设计寿命的一半时，根据实际检测情况决定是否实行大修；凿岩台车设备大修应制定切实可行的维修方案，并有专人负责；凿岩台车设备大修应上报公司设备科及公司凿岩台车设备领导小组审批后方可进行。

（2）项目修理

主要是指造成凿岩台车设备性能指标恶化，达不到施工要求的项目，按实际需要进行修理，其针对性较强。项目修理一般是在凿岩台车设备施工完成一个标段后，对其有关部位进行的有针对性的修理。

（3）二级保养

二级保养的目的主要是让操作及维修人员熟悉设备基本结构和性能，延长设备大修期限和使用寿命，提高设备完好率；对各传达系统、液压系统、冷却系统进行清洗及油水检查，并规定更换期限；检修关键部位，调整设备各部件的计量精度，进行校正等；修复及更换易损件，检查电器线路，并按需修整。

(4) 小修

按照凿岩台车设备规定的日常维修保养内容，或者根据维修技术人员日检、总工程师巡检、定期检查发现的问题，拆卸有关零部件，进行检查、调整、更换和修复失效零件，以恢复凿岩台车设备正常功能。

5) 保养计划

为减少凿岩台车因保养不到位造成的设备故障，制订适用于项目管理需求、设备保养实用的三臂凿岩台车日保养、周保养及月保养计划，加强对凿岩台车的维修保养管理，有计划地做好设备的维护和保养工作，保证设备始终保持良好技术状态，有效延长设备使用寿命，确保设备安全。项目设备管理人员严格按照设备保养制度，按保养计划完成，日保养、周保养和月保养的维修保养要求见表5-3。

维修保养要求　　　　　　　　　　　　表5-3

序号	主要部件	保养期限	保养要求	检查期限	检查要求
1	外观、标识及照明	每班	清洗、擦拭标识和照明灯	每半月检查一次	标识牌清晰可辨识、灯光正常、表面干净、照明良好
		每周	重复以上内容		标识牌清晰可辨识、灯光正常、表面干净、照明良好
		每月	重复以上内容		标识牌清晰可辨识、灯光正常、表面干净、照明良好
2	行走底盘	每班	启动发动机观察仪表盘，检查轮胎气压，连接处是否有漏气	每半月检查一次	检查仪表盘上的机油油压、发电机充电、气压、水温，以及燃油箱的燃油等是否正常；启动发动机；检查轮胎气压是否充足；检查气罐的连接件有无漏气现象，制动是否安全可靠
		每周	清洗空气滤芯，重复以上内容		检查空气滤清器的滤芯清洁度是否在规定范围内，若超出范围，需要及时更换
3	液压系统	每班	检查液压系统管路连接处是否有渗油、漏油的现象，地面是否有漏下的油渍，若有此现象，必须找到漏油点及时维修	每半月检查一次	液压系统管路连接处无渗油、漏油的现象，若有此现象，检查液压系统各连接处
		每周	查看轮胎气压是否正常，若胎压低，要立即充气		轮胎胎压低则立即充气，轮胎外观有明显损伤则立即修补或更换

续上表

序号	主要部件	保养期限	保养要求	检查期限	检查要求
4	泵送系统	每班	检查显示屏上油温、高压滤芯、吸油滤芯三个报警信号灯是否为绿色	每半月检查一次	报警指示灯良好为绿色
		每班	检查与混凝土接触的零件,更换已磨损的零件		零件无明显磨损
		每周	检查切割环与眼镜板之间的间隙,最大间隙不得大于2mm;检查混凝土缸活塞磨损情况		最大间隙小于2mm
		每周	检查混凝土管路磨损程度,检查各管路接头是否密封良好;检查各处螺栓是否有松动		接头密封良好,螺栓紧固达到力矩要求
		每月	清理机械臂管上凝固混凝土;清理布管架上掉落的混凝土		表面干净整洁
5	润滑系统	每班	检查润滑系统是否工作正常	每半月检查一次	
		每周	给所有润滑点加注润滑油,直至润滑点出油为止		无漏油或渗油现象,润滑系统润滑油出油正常
		每周	润滑系统出现漏油,及时更换密封		
6	电气系统	每班	检查各电气元件是否松动,是否能正常工作	每半月检查一次	电气元件连接良好,无故障
		每周	重复以上内容		
7	机械臂系统	每班	检查液压系统管路连接处是否有渗油、漏油的现象,地面是否有漏下的油渍,若有此现象,必须找到漏油点及时维修	每半月检查一次	连接处无漏油现象
		每周	重复以上内容		连接处无漏油现象
		每月	重复以上内容		连接处无漏油现象

续上表

序号	主要部件	保养期限	保养要求	检查期限	检查要求
8	双眼板与切割环	每班	必须找到漏油点及时维修	每半月检查一次	磨损符合要求
		每周	间隔和磨损程度,及时调整S管异型螺母来调整空隙		
9	搅拌系统	每班	检查是否正常	每半月检查一次	搅拌系统正常
		每周	行程开关		
		每周	变速箱齿轮油		
		每周	管道		
10	散热器	每班	检查是否清洁	每半月检查一次	外部清洁
		每周	外边是否有污物,应及时清理,以免引起油温过高现象		
11	水箱	每班	检查水位是否正常	每半月检查一次	水量充足
		每周	需要及时关注、换水		
12	液压油	每班	检查油是否符合要求	每半月检查一次	油位正常
		每周	油位正常,无乳化或浑浊现象		

5.3.5 三臂凿岩台车在不同围岩条件下的适用分析

对于较坚硬、完整性较好的围岩,三臂凿岩台车钻孔速度快、成本低、人工作业少、安全保障度高,是今后隧道施工技术发展的主要趋势。

1. Ⅲ级围岩

总体评价:Ⅲ级围岩全断面开挖适用性较好。

在围岩条件较好的Ⅲ级围岩中,三臂凿岩台车的优势能够完全发挥出来。一般隧道Ⅲ级围岩均不设置拱架支护,只施作钢筋网片及喷射混凝土,单循环的耗时较短。相比传统人工钻孔,三臂凿岩台车大大降低了人工劳动强度,同时单循环进尺相比人工钻孔有所增加,钻孔时间缩短。

2. Ⅳ级围岩

总体评价:Ⅳ级围岩台阶法开挖有条件地使用。

地质情况复杂时,根据围岩变化情况进行动态调整,Ⅳ级围岩设计开挖方式为两台阶施工,为给三臂凿岩台车留出足够的作业空间,将上台阶高度调整为6.5m,以满足三臂凿岩台车施工需求。

3. Ⅴ级围岩

总体评价:Ⅴ级围岩不推荐使用。

三臂凿岩台车在实际应用中,光面爆破效果显著,总体来说更倾向于Ⅱ、Ⅲ级围岩的无拱架全断面或台阶法开挖,在大断面特长隧道Ⅱ、Ⅲ级围岩施工中,较手持风钻具有钻孔速度快、机械化程度高、能耗低、施工安全、成孔质量好、噪声空气污染小和综合成本低等优点,提高操作人员的专业水平和素质、减少超欠挖、加强设备保养是实现凿岩台车优势的关键;手持凿岩风枪钻孔在小断面、短隧道、围岩地质条件差、地质变化频繁及不良地段的施工条件下有一定的优势,使用三臂凿岩台车施工受到Ⅳ、Ⅴ级围岩进尺和变形限制,很难体现出光面爆破的应用效果。

5.3.6 三臂凿岩台车的衍生应用

长大隧道建设过程中,中心排水管道受隧道内水质的含沙量、管道直径、长度等诸多因素的影响,极易堵塞(图5-5),疏通困难。将三臂凿岩台车应用于特长隧道中心排水管道疏通作业,改变了现有人工清理和高压射水流清理技术带来的效率低下、成本高、受被清洗物软硬程度影响的缺点,更加快捷方便(图5-6)。在一定程度上实现了清洗的自动化,避免了人员进入管道内清理作业,极大地降低了作业人员的劳动强度,提高了工作效率,为企业实现本质安全提供了可靠的保障。

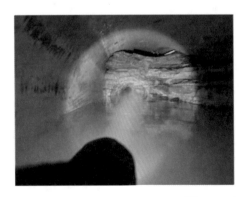
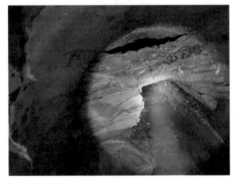

图5-5 中心水沟堵塞

采用三臂凿岩台车疏通中心水沟,不受管道的埋深、长短所限,同时对于管道内具有一定硬度的杂物,也能进行有效地破碎和清理。

图 5-6　中心水沟疏通后效果

利用三臂凿岩机钻杆携带小钻头,从下游检查井内钻入,对管道内较硬的结合体、碎石块等进行初步破碎;当钻杆抵达上游检查井后,更换特制的钻头(钻头直径比管径略小),钻头安装完毕后往回收拉钻杆,进一步将管道内的杂物破碎,然后依靠钻杆内的水流将碎渣带出至检查井,人工配合清理。

采用三臂凿岩台车清理管道更加方便快捷,管道内洁净程度更高,同时无须租用外来清洗设备和人员,可节约较大的施工成本。三臂凿岩台车疏通水沟的功能可作为衍生应用,充分发挥三臂凿岩台车的使用功能。

5.4　多功能拱架安装台车

5.4.1　设备简要介绍

隧道全机械化施工虽然已经在我国有了很长一段时间的发展,但整体的发展进程并不理想,大型整体化机械 TBM 因自身造价昂贵、前期准备投入资源大等缺点,在常规的隧道施工过程中并不常见。

其他化整为零的如三臂凿岩台车及隧道九台套等施工机械,大部分以工序为单位,相互配合、衔接不到位,降低施工功效。尤其在关键的施工工序——拱架安装这个环节上,国产大部分机械普适性差,不能与传统的隧道九台套联动作业,更不能根据隧道内开挖工法的改变而变化,模式单一,存在这样或那样的问题。

多功能拱架安装台车引入了先进的技术和创新的设计,通过精密的液压系统实现了自动断面转换,展现出了高度的灵活性和智能化水平。协同抓取机械臂和顶部吊装平移台车的引入,为施工提供了前所未有的高效率和高精确度,极大地提升了施工效率,同时也显著减少了施工过程中的安全隐患,如图 5-7 所示。

图 5-7　多功能拱架安装台车 BIM 图

多功能拱架安装台车高效的施工、灵活的空间设计,以及先进的技术使其成为隧道工程领域的一项重要创新。多功能拱架安装台车的机械化程度更高,可以在短时间内完成复杂的施工任务,其液压可伸缩系统使其能够快速适应不同的工作环境,为隧道工程的高效推进提供了强大支持。与传统施工方式相比,多功能拱架安装台车的使用显著降低了施工人员的直接参与,提高了施工现场的安全性。此外,多功能拱架安装台车的应用还带来了显著的经济效益,高效施工和精准操作意味着更少的人力投入和更短的施工周期,从而降低了人力成本和施工周期带来的费用压力,同时,其灵活性和智能化操作也简化了设备的维护和管理,进一步降低了经营成本。总之,多功能拱架安装台车不仅在技术上取得了显著突破,还在实际施工中展现出了显著的优势。

5.4.2　多功能拱架安装台车的功能描述

多功能拱架安装台车的独特之处在于,通过采用先进的技术,实现了快速、高效的开挖台架更换,无论是面对围岩等级变化还是开挖工法的变化,都能迅速适应,无须大幅调整,从而大幅度减少了工程转换的时间成本。同时,与隧道九台套机械化体系的完美配合,使得整体施工流程更为顺畅和高效。多功能拱架安装台车不仅提升了施工的灵活性,也极大地提高了施工的效率,为工程的顺利进行提供了坚实保障。

1. 多功能拱架安装台车创新移动系统

隧道内路面环境差异性较大,可能出现湿润、泥泞和积水等不利情况,给施工机械的行走带来了一系列挑战。湿润条件会降低摩擦力,使得主体设备受损;泥泞路面会降低施工中的行走效率;积水则直接影响施工的正常进行,增加常规轮胎凹陷的安全隐患。因此,在隧道施工中,针对这些不利路面环境,需要采取相应的创新措施以确保施工的顺利进行。多轴承套换式齿轮履带式移动系统,可以有效应对隧道内的复杂环境。

首先,优化了履带链条设计,选用高强度合金钢材料制作链条,提升其抗拉强度和硬度,并在每侧增加了 5cm 链节宽度以增强其承载能力。同时,在链节表面采用特殊的渗碳处理,提高抗磨损性,延长使用寿命,如图 5-8 所示。

图 5-8 多轴承套换式齿轮履带式移动系统

其次,进一步优化齿轮传动结构,来提升履带的整体运动效率。通过合理选择齿轮的模数和齿数,实现更紧密的啮合,将齿轮的模数从常规的 M1.5 调整至 M2.0,同时增加齿数,使得齿轮的传动比提升了 10%。采用渐开线齿廓设计,使齿轮齿廓更加平滑,减小了齿面压力,降低了传动过程中的摩擦损失。通过精密的齿轮修形工艺,将齿轮表面的粗糙度控制在 Ra0.2 以下,确保齿轮的几何形状精准,减小了啮合间隙,进一步提高了传动效率。这些创新的优化措施显著提升了履带系统的移动速度和整体稳定性。

再次,提出履行移动系统的双重导向装置,采用两种互补的导向元件——滚轮和滑板。滚轮设置在外侧履带装置中,直径为 25.5cm,这样的设计有助于提供额外的支撑,分散重量,并将摩擦降至最低,使履带的移动更为顺畅。滑板则为平板状部件,以厚度为 2cm 的钢板为主,其平整表面与履带接触,通过提供稳定的导向力,确保履带不会偏离预定的轨迹。

多轴承套换式齿轮履带式移动系统具备以下显著优点:

(1)其地形适应性极强,能够轻松适应隧道工程复杂多变的地形,无论是坚硬的岩石、湿滑的地面,还是各种坡度和曲线,都能游刃有余。这得益于其特殊设计和均匀分布的重量,使其在崎岖不平、湿滑或坡度较大的地面上行驶稳定。

(2)履带式移动系统具有卓越的稳定性,这归功于其低重心设计和均匀分布的重量,使其在不均匀地面和困难工况下也能保持稳定,极大地提高了施工效率,减少了机械故障和事故的发生概率。

(3)履带式移动系统承载能力强,能够轻松承担起各类重型荷载。这意味着施工人员可以更高效地运输和操作必需的拱架材料,节省了时间和人力成本。

(4)在机动性方面,履带式移动系统表现出色。其设计使其能够在狭窄、弯曲或限制空间内自由移动,实现360°旋转和小半径转弯,应对隧道工程中狭窄的通道和受限制的转弯区域。

2. 多功能拱架安装台车整体变形式设计

在传统的隧道施工工艺中,掌子面开挖台架的构建往往依赖于工字钢和钢筋的焊接组装。这一过程非常烦琐,因为缺乏统一的标准,使得工字钢的焊接位置存在上下不一致的情况,让大部分连接处成为薄弱环节。

台架的推动通常依赖于装载机的顶推行走,这在复杂地质条件下常常会带来极大的施工压力。装载机的使用受到空间限制,操作难度较大,需要熟练的操作技能,同时也容易出现操作失误或台架不稳定的情况。这一切都使得传统台架施工方式的效果不尽如人意,尤其是在围岩等级频繁变化的情况下,其稳定性和灵活性受到的挑战更加明显。

在围岩条件多变的情况下,通常需要调整施工工法,例如,采用台阶法或全断面法等。这种情况下,必须调整台架的位置,有时甚至需要将台架频繁推出隧道外,以适应不同的施工需求。这样的频繁调整不仅对施工组织产生了严峻挑战,也浪费了很多的施工时间。

多功能拱架安装台车整体变形式设计,可以解决传统隧道施工中台车结构复杂、调整困难等问题,实现拱架安装台车全断面可变形。

机械总体支撑结构共有8根钢架柱,支撑钢架柱分为外部滑动柱结构和内立柱固定结构,内立柱通过法兰和螺栓与底梁固定。内立柱表面设计有暗格式滑道,在隐藏式油缸作用下,内外立柱可快速地相互运动,当达到指定位置时,用固定销轴固定内外立柱的位置,完成快速伸缩变形。通过定制高速液压油缸,可以确保拱架安装台车在15min内完成从6.25m至9.25m的高度变形。

拱架安装台车采用多结构的延展空间设计模式。在机械的两侧,均设置有上、中、下可折叠的平台。折叠平台通过高强度轴承与固定平台连接。在行走情况下,为控制空间,折叠平台为折叠收缩状态;在工艺需求情况下,折叠平台可迅速打开,投入作业。

设计完成后的拱架安装台车通过液压可伸缩系统实现拱架安装台车断面的自动伸缩转换,平台与高度均可自动伸缩调节,使其适用于不同围岩等级的施工模式,无须进行安拆,断面适用性强。

3. 多功能拱架安装台车数控化精算拱架抓取

目前,我国隧道施工主要以人工作业为主,机械设备起辅助作用。特别是在初期支护拱架的安装阶段,需要动用大量施工人员共同作业。然而,这种传统的施工方式存在一系列问题。掌子面施工所需的人力资源庞大,超出了安全施工的合理范畴,极易导致施工人员疲劳和操作不准确的情况。并且这种模式下施工效率相对较低,不仅拖延了工程进度,也影响了隧道工程的整体效能。在安装过程中可能产生的偏差,也会影响施工的整体质量。

这些问题的严肃性不容忽视,需要寻找更为科学、高效的施工模式,以确保隧道工程的顺利进行。机械化作业,通过合理配置人力与机械设备,可以显著减少人工参与,降低施工风险,提升工程质量。同时,借助现代科技手段,如智能化控制系统和精确定位技术,在初期支护拱架安装阶段实现更为准确的操作,最大限度地避免施工偏差。

多功能拱架安装台车数控化精算拱架抓取,集成了协同抓取机械臂与顶部吊装平移台车,并采用了数控定制原理系统,通过预设的程序来精确控制协同抓取机械臂与顶部吊装平移台车的运动,确保其在拱架安装过程中高效运作。通过此系统,拱架安装过程中的每个动作、位置和步骤都可以通过数字化方式事先规划,提高了操作的准确性和效率。该技术可以使整个安装过程更加自动化、更加高效,并且能够在保证安全的前提下,最大限度地减少人工参与。

协同抓取机械臂是其中的核心组成部分,其独特的半折叠式异形"H"机械托架(图5-9),以及精心设计的辅助拖钩,保证了机械臂在作业时的稳定性与高度灵活性。在台车行走过程中,机械臂一般处于折叠状态,确保行走时指挥人员的视野开阔,保证行走过程中的安全。在使用过程中,机械臂完全打开,配合机械拖钩,可把拼装好的钢拱架抓紧并快速托举,完成作业。

精确的顶部平移系统(图5-10):拱架提升到台车顶部后,顶部吊装平移台车上的磁吸式电机驱动系统会启动,提供精确、平稳的水平横移。这个电机驱动系统具有毫米级精度,确保拱架的移动过程不仅平稳,还能精准地停在所需的位置上。

检查和微调:拱架移动到目标位置,工作人员进行检查和微调,确保拱架的安装角度与平面位置准确无误,没有偏差后,进行下一步操作。

图 5-9　"H" 机械托架　　　　　图 5-10　顶部平移系统

顶升和定位：启动液压顶升系统，将拱架逐渐顶升至岩面所需高度，完成最后拼装。

上述过程均通过遥感装置远程遥控作业，方便快捷且安全。完成一榀钢架安装，仅需要 20min，3 人即可完成，节省了大量的人工成本。

4. 多功能拱架安装台车与三臂凿岩台车堆叠式作业

为了进一步提高隧道施工的整体效率，实现隧道整体的机械化协作施工，必须建立一个高效的隧道机械化体系系统，特别需要解决前道工序与后道工序的顺畅衔接问题，这是施工效率的关键痛点。

在传统的开挖方式中，三臂凿岩台车完成钻孔后，首先需要停止作业并完全退出掌子面施工区域，工作人员将其暂时停放在指定区域。随后，操作人员启动装载机等设备，将台架进行牵引移动，直至掌子面位置，以便进行装药等施工工序。

这一过程中，不仅步骤烦琐，而且安全风险较大：操作人员需准确掌握台车的位置和状态，确保其安全退出施工区域；装载机等牵引设备的操作也需要高度配合和精准控制，以避免不必要的碰撞或阻塞。

在将台架牵引至指定位置后，还需要进行一系列的固定和校准工作，以确保台车的稳定性和准确定位。包括使用支撑架或其他固定装置，以防止台车在后续作业中出现晃动或偏移。然后才能进行后续的施工工序。这种工序之间的转换不仅耗时，也容易出现操作上的偏差，影响整体施工效率。

多功能拱架安装台车与三臂凿岩台车堆叠式作业，在中部加强区域采用了大跨径碳纤维钢，嵌锁式加固结构设计使得拱架安装台车的中部预留出足够的空间，方便大型机械的穿行。当三臂凿岩台车完成钻孔作业后，无须完全退出掌子面施工区域，而是通过合理的动作调整，使得台车处于一个便于转移的位置，此时，可以同时进行拱架安装台车的移动。这样一来，整个施工过程得以高效连贯地进行。在完成拱架的安装后，再通过相似的操作步骤,将凿岩台车移离施工区域,以便进行后续作业。

5. 小结

多功能拱架安装台车具备多种先进的功能,其与三臂凿岩台车、自行式液压栈桥等隧道九台套设备共同形成了隧道全机械化施工体系,智能式机械系统的运作,极大地提高了隧道施工的效率,降低了施工风险。多功能拱架安装台车整体实物效果如图5-11所示。

图5-11 多功能拱架安装台车整体实物效果

5.4.3 多功能拱架安装台车参数选取

多功能拱架安装台车具备多种实用功能,能够解决常规施工中由于施工工艺转换、多种机械设备无法协同作业而造成的时间浪费等问题,其具体参数如下:

1. 移动系统参数

移动系统整体牵引力大,负重作业优势明显,通用性和爬坡能力强,15°内的斜坡可轻松跨越。移动系统可载重20t,底盘自重约7.1t,总排量9112.5mL/r,履带移动系统的额定压力为17MPa,动力总输出扭矩为26000N·m,常规状态下平均移动速度为1.2km/h,转向灵活,方便快捷。

2. 整体门架系统

门架主要由高强度钢材组成,主体由底梁、横梁、内立柱与外立柱组成。台车普通形态下高度为6.25m,全部顶升抬高后,最高处可达9.25m。固定宽度为7.15m。

内立柱连接法兰通过螺栓与底梁固定。内立柱表面设计有滑条,减小与外立柱的接触面积,在油缸作用下,内外立柱有相互运动,当达到指定位置时,用固定销轴固定内外立柱的位置。立柱的连接盒与横梁法兰通过螺栓固定。升降油缸共计 4 个,直径 100cm,单个上限推力为 98kN;最大行程为 2500mm。

连接螺栓使用高强度螺栓。与普通螺栓相比,高强度螺栓具有更好的受力性能,耐疲劳,在动力荷载作用下不松动。

3. 工作平台

工作平台由平台和平台支撑梁组成,平台支撑梁与立柱上的支撑梁连接盒连接,平台铺设在支撑梁上,支撑梁上有限位装置。

考虑到施工人员需要站在平台上施工,平台表面铺设一层加强钢格栅,平台支撑梁采用加强材料,以增加平台的整体承载力。

单个平台高度为 2100mm,未展开状态下,平台最大长度为 3100mm,完全展开后,平台最大长度为 4660mm。双侧平台完全展开,整体台车可达到 15634mm,可满足各种断面尺寸的拱架安装施工。

4. 拱架提升装置

拱架提升装置主要由两部分构成,第一部分由抓钩将拱架提升至中部的移动插钩位置,然后由移动叉钩将拱架提升至顶升装置位置。移动叉钩由支撑杆焊接在小车上,通过小车的轮子移动,小车轨道固定在立柱上,对提升小车进行限位。

抓钩配置两台卷扬机提升拱架,卷扬机型号:CD1T,电机 1.5kW。

移动叉钩动力装置为两台卷扬机,卷扬机型号:CD2T,电机 3kW。

水平拱架推车通过 4kW 电机与减速机驱动。

5.4.4 施工中注意要点

隧道施工中,多功能拱架安装台车的使用可以显著提升效率与安全性。然而,在实际施工过程中,也需要特别注意一些重要细节,以确保设备的稳定性、拱架安装的精度和施工安全。

1. 台车平稳设置

(1)使用水准仪检测台车四个角的水平度,依次调整螺栓或调节装置,直至水平度符合标准要求。

(2)检查台车的履带脚垫是否均匀接触地面,如有不平衡现象,需重新调整履带的触地位置。

(3)每过一个周期使用振动仪测试台车稳定性,同时观察是否有异常震动或晃动,如有,需进一步排查原因并处理。

(4)针对特殊地形,若斜坡或不平整地面角度过大,使得台车有倾覆风险时,根据需要使用垫板或支架进行调整,确保台车稳固。

2. 液压系统稽查

(1)定期检查液压管道连接处,使用扳手紧固接头,确保无松动。

(2)检查液压管道表面是否有明显的油渍,如有,使用纸巾擦拭并进行紧急处理。

(3)检查油箱油位,保持在标准范围内;根据工作强度和时间,合理安排添加液压油。

(4)对液压泵、阀门等关键部件进行定期润滑,使用润滑油或脂以减少磨损和摩擦。

(5)定期检查液压系统的压力表,确保工作压力稳定在正常范围内,如有异常,及时调整。

3. 多功能工作平台调整

(1)根据拱架的尺寸和形状,调整多功能工作平台的高度,使其与拱架底部紧密接触。

(2)使用水平仪检测工作平台的水平度,调整调节装置,直至达到完全水平的状态。

(3)调整工作平台的角度,使其与拱架表面完全吻合,防止出现偏差。

(4)使用测量工具检查工作平台的高度,确保在拱架安装过程中不会发生高低差。

(5)定期检查工作平台的固定装置,如螺栓、销轴等,确保其稳固可靠。

4. 拱架安装过程监控

(1)使用激光测距仪或测量工具,记录拱架的初始位置和尺寸,以便后续调整。

(2)在拱架安装过程中,使用倾斜仪监测拱架的倾斜度,及时调整工作平台的角度。

(3)观察拱架与台车接触面的情况,确保其完全贴合,防止出现偏差或松动。

(4)在拱架安装过程中,随时记录关键参数,如拱架的安装时间、位置等信息,以便后续分析和调整。

5. 安全管理

(1)作业人员必须配备必要的安全装备,包括安全帽、防护眼镜、手套等,以确保人身安全。

（2）在机械周围作业区域设置明确的警示标识，清晰标明危险区域和安全通道，以确保作业人员可以清晰了解工作范围。

（3）指定专人负责安全监督，定期检查作业现场，及时处理发现的安全隐患。

（4）制定应急预案，明确各种突发情况下的处理流程，以保证能够及时、有效地应对。配备必要的应急设备，如灭火器、急救箱等，以备不时之需。

5.5 自行式液压仰拱栈桥

5.5.1 设备简要介绍

隧道施工受空间限制，各道工序间相互影响，其中仰拱施工与掌子面开挖出渣间的干扰使得隧道施工效率和安全受到很大影响，特别是在隧道施工工期紧张的情况下，干扰问题更加突出。

自行式液压仰拱栈桥的应用有效解决了仰拱与掌子面施工干扰的问题。自行式液压仰拱栈桥全长38.4m(含前后引桥)，有效长度24m，边墙模板长度24.1m。主要包括主桥承重梁、支架、行走机构、横移机构、液压系统、电控系统。桥自重60t，最大载重60t。各组件分别运至隧道内，在洞内进行组装、调试。

把平衡振捣梁和液压仰拱栈桥相结合，得到仰拱填充平衡振捣梁，该技术的应用，提高了仰拱混凝土平整度、密实度，加快了施工进度，提高了仰拱施工质量，达到了降低工程投资的目的，取得了良好的社会、经济效益，具有重要的工程应用价值及推广意义。

5.5.2 功能描述

仰拱栈桥是铁路、公路隧道实现仰拱全幅施作及仰拱填充的专业设备。通过在隧道施工中采用仰拱栈桥跨越仰拱作业区段，各种车辆、设备和人员可以在栈桥上正常通行，栈桥下同时进行隧道仰拱钢筋绑扎、仰拱及填充浇筑混凝土等作业，可以减少掌子面开挖出渣运输和仰拱施工之间的干扰，为仰拱施工提供小型流水作业工作面，满足隧道仰拱混凝土整幅浇筑一次成型和快速施工的需求。

目前，国内的栈桥有施工方自行加工焊接的简易栈桥和自行式液压仰拱栈桥两种。简易栈桥成本低但移动不方便；自行式液压仰拱栈桥带有行走装置，不需要装载机等外部动力，安全性好，实用性强，自动化程度高，具体对比见表5-4。

自行式液压仰拱栈桥与简易栈桥对比　　　　　　　　　　　　　　表 5-4

项目	自行式液压仰拱栈桥	简易栈桥
安全性	框架整体结构,不会侧翻	单片散开结构,容易侧翻倾覆
一次施工长度	24m	12m
行走操作方式	液压控制,整体自动行走	需来回吊装移动、摆位
施工特点	小型流水作业面,掌子面可以同时出渣	仰拱开挖施工时,隧道通道需中断,影响掌子面出渣
优势	可配整体式仰拱模板快速移动和定位,减少劳动力,降低劳动强度	体积小,拆装灵活快捷
效益	同岩层施工12m仰拱,速度提高20%~25%,节省劳动力30%;拆装方便,强度大,可以重复使用于多个工地	单套一次性投入资金少,强度小,使用时间短,重复使用率低

5.5.3 技术参数选取

主桥承重梁由 28.5m×5.1m×1.4m(长×高×宽)矩形钢板模块组成,钢板厚 16mm,结构坚固,兼作护栏使用,可确保栈桥使用安全性能,预防人员及车辆掉落;行走道板由左右各一块宽 1m、厚 8mm 的钢板组成,下部为工字钢组成的支撑横纵梁。

前后引桥与主桥之间采用铰接,用主桥前端两侧液压油缸提升;升降支腿采用 4 个液压油缸,分别安装于主桥前后两端,自动行走设备安装于支腿下方,由支腿分别控制升降。栈桥兼顾有电控系统和液压平衡系统,可实现栈桥的整体自动纵移前进,液压横移移动就位,具体参数见表 5-5。

自行式液压仰拱栈桥性能参数　　　　　　　　　　　　　　表 5-5

序号	内容	参数
1	长×宽×高	28.5m×5.1m×1.4m
2	设计通过荷载	60t
3	通过车辆形式	胶轮或履带式车辆
4	通过车辆最大外宽	3.4m
5	控制方式	电动、液压(可选配遥控)
6	行走方式	步进、自行
7	步履长度	8.5m
8	走行速度	5m/min
9	升降速度	0.5m/min

续上表

序号	内容	参数
10	整机功率	13kW
11	后轮轮距	4m
12	跨度净空	24m

5.5.4 施工注意要点

1. 优缺点

(1)栈桥的跨度大,满足一次性进行12m和24m两种工况仰拱混凝土连续浇筑,大大提高了仰拱施工的速度。

(2)栈桥的强度大,可安全地通过重量不超过60t的各类施工车辆。

(3)可以满足台阶法和全断面施工法,适应各种岩层结构的施工。

(4)栈桥上方空间开阔,方便各种施工车辆的通行,混凝土搅拌运输车可方便地在栈桥两侧倾倒混凝土,挖掘机也可以无障碍地在栈桥上进行回转,便于清理仰拱余渣。

(5)栈桥自带动力,可方便地前进、后退、左、右横移,无须挖掘机、装载机等任何外界动力。

(6)栈桥的各部件全部采用液压传动,工作平稳,可靠性高。

(7)栈桥的后端走行采用实心橡胶轮胎,通过液压电动机驱动,行走平稳,无须铺设钢轨或其他辅助工作。

(8)栈桥前端设有多功能自动走行装置,具有自平衡液压系统,可自动适应局部高差0.5m内凹凸不平仰拱开挖面,保证栈桥始终处于平衡状态。

2. 操作要点

为保证整体工期要求,提高仰拱、填充混凝土施工质量,避免施工运输对混凝土造成破坏,减少仰拱对施工进度的影响,降低施工干扰,仰拱填充采用栈桥平台以解决洞内运输问题。平衡振捣梁配合全液压自行式仰拱栈桥,可以实现仰拱一次性浇筑12m,同时提高整平质量,减少施工人员的工作强度、数量,降低工程施工成本,同时提高施工工效,保证施工安全。

3. 平衡振捣梁改造

(1)在仰拱栈桥底部焊接两根20b工字钢,作为自动整平振捣梁的行走轨道。

(2)将自动整平振捣梁两侧行走轮上下固定在工字钢翼板上,配备1kW的电动机带动行走轮,行走系统带动振捣梁;提升油缸和行走框架同步安装在行走轮两侧;仰拱填充混凝土下部振捣完成后,通过远程遥控振捣梁前移推平填充表面混凝土,附着振动器带动振捣梁振动,对混凝土表面进行全覆盖振捣。全自动整平机如图5-12所示。

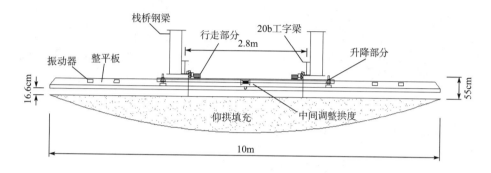

图5-12 全自动整平机示意图

(3)自动整平振捣梁核心部件为高强度刚性振捣梁和远程操控系统,振捣梁采用高强钢板定制,采用分段铰接连接。施工前按照设计高程及横、纵坡通过液压油缸调整振捣梁角度、高度;施工时可把多余的表层混凝土推到前面,以便更好地清理。振捣梁的振动将混凝土表面振捣密实,达到整平并振捣密实的目的。

4. 技术效益

创新应用的平衡振捣梁配合仰拱栈桥施工工法,有效减少了掌子面开挖出渣运输和仰拱施工之间的干扰,实现仰拱填充混凝土施工快速化收面工作,解决了隧道仰拱填充混凝土表面振捣、整平、高程控制等问题,降低了工程施工成本的同时,提高了施工工效,具有良好的技术效益。

5.5.5 应用实例

东天山特长隧道仰拱施工采用平衡振捣梁配合仰拱栈桥施工,实践表明,该工法在仰拱施工时是安全、可靠、可行的。

1. 浇筑、振捣仰拱填充混凝土

利用混凝土搅拌运输车进行仰拱填充混凝土浇筑,混凝土入模后,用插入式振捣棒将混凝土摊铺并振捣到位,使内部混凝土振捣密实,如图5-13～图5-17所示。

图 5-13　仰拱栈桥

图 5-14　环向止水带安装　　　　图 5-15　仰拱钢筋绑扎

图 5-16　仰拱衬砌浇筑　　　　图 5-17　仰拱振捣

2. 平衡振捣梁改造

改进后在仰拱栈桥底部焊接两根 20b 工字钢,作为全自动整平机的行走轨道,将全自动整平机放置在工字钢轨道上,并配备 0.4kW 振动电机 3 台、1.0kW 行走电机 2 台,总功率为 3.2kW;远程遥控整平板上下、前后移动,其上下移动高度为 12cm,前后移动距离为12m,如图5-18~图5-21所示。

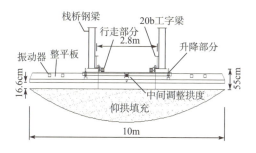

图5-18 平衡振捣梁改造示意图

图5-19 仰拱平衡振捣梁改进

图5-20 平衡振捣梁

图5-21 远程遥控器

3. 平衡振捣梁整平

在仰拱栈桥填充混凝土并进行下部振捣后,通过远程遥控整平机、熨平板上下、前后移动,进行混凝土表面的振捣、整平;整平机上面安装一套熨平板,在施工前按照设计高程及横、纵坡使熨平板高度沿拉好的钢丝往前行走,可把多余的混凝土推到前面,以便更好地清理,混凝土表面整平达到规范化施工要求,如图5-22所示。

图5-22 平衡振捣梁整平

4. 测量仰拱填充平整度

待仰拱填充混凝土终凝后,利用塞尺测量仰拱填充平整度,符合标准化要求,如图 5-23 所示。

 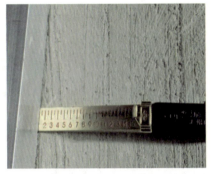

图 5-23　施工完成后现场平整度检测

5.5.6　结果评价

通过改进桥面水泥混凝土施工振捣设备,进行技术改装,结合液压仰拱栈桥应用于仰拱填充整平振捣施工,解决了常规仰拱填充施工中高程难以控制、平整度差、表面混凝土振捣不密实等问题,并提高了施工工效、降低了工程施工成本。

5.6　湿喷机械手

5.6.1　设备简要介绍

混凝土喷射技术是在喷射水泥砂浆的基础上发展起来的。美国于 1909 年研制出水泥砂浆喷射机,主要负责房屋的基面、储水池、规模较小的水利工程等修补工作。与此同时,联邦德国也研制出水泥喷浆机,该水泥喷浆机的生产力极低,所喷射砂浆的最大集料粒径不能超过 6mm,并且所喷射的混合料必须完全干燥,一次性喷射的厚度大约 20mm,鉴于上述不足,该水泥喷浆机并没有得到推广与应用。

进入 20 世纪 40 年代后,西方各国相继成功研制出不同性能的混凝土喷射机,但喷射方式都是以干喷为主。如瑞士阿利瓦(ALIVA)公司制造的干式转子式喷射机,德国 BMS 公司制造的双罐式干式混凝土喷射机。尽管这些喷射机在当时得到了广泛推广与应用,但仍然存在混凝土回弹高、磨损严重、环境污染等问题。随着科学技术的发展,西方各国在混凝土湿喷机的研发方面取得了较大进步,研发的混凝土湿喷机各项性能也都有了较明显的提高,混凝土的喷射质量也有了较高的保证。如美国的查林杰湿喷机,日本的 PC 型湿喷机,联邦德国的先锋 USII9 型湿喷机,这些湿喷机以喷射质量高、生产力强、环境污染小等优点得到了较为广泛的应用。

国内混凝土湿喷机设备的研发开始于 20 世纪 60 年代。当时,我国已研制出双罐式、螺旋式等形式的喷射机,到 20 世纪 70 年代,由于喷射性能较低,这些喷射机被转子式湿喷机取代。转子式湿喷机以其体积小、结构紧凑、上料低、喷射质量高、操作灵活、简易等特点,在混凝土喷射支护中得到广泛应用,显然,这种喷射机的喷射性能有了较大的提高,喷射工艺如图 5-24 所示。

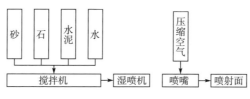

图 5-24 湿喷机喷射工艺

进入 20 世纪 80 年代,我国开始以降低回弹率为导向,研发新型的混凝土喷射机。国内各地方机械厂、研究院先后研制出 PH30 型喷射机,转 I 型喷射机,转 II、转 IV 型转子式混凝土喷射机,SP-4 型混凝土喷射机,WSP-2 型螺杆泵式湿喷机等不同型号的混凝土喷射机。这些喷射机的性能有了明显提高,混凝土的喷射质量也较高,改善了喷射作业条件,对环境的污染较小,混凝土的输送距离远,所喷射混凝土的回弹率降低了约 10%。这些喷射机在当时得到了广泛的推广与应用,推动了我国混凝土喷射技术的发展。

最近十几年,国内混凝土喷射的方式由干喷向湿喷方向发展。随着喷射工艺与喷射技术的不断完善与成熟,以液压泵为主要输送动力的混凝土湿喷机及相关的半智能湿喷机械手等设备相继研制成功,并且在国内混凝土喷射支护中占据主导地位。此类湿喷机混凝土喷射强度高、回弹低、工作过程稳定可靠,但在实际喷射作业中还存在脉冲现象、磨损严重等问题。此外,我国也成功研制出不同类型的气送式混凝土湿喷机,且此类湿喷机也得到了较为广泛的应用,特别是在隧道、矿井等工程中。

5.6.2 湿喷机械手功能描述

湿喷机械手(图 5-25)作为湿喷混凝土施工的核心装备,经历了多个阶段的演变与发展。早期的湿喷机械手设计相对简单,主要应用于一些基础工程或者简单的混凝土喷射作业。随着施工技术的不断发展和湿喷需求的增加,湿喷机械手的设计理念也发生了翻天覆地的变化。

图 5-25　湿喷机械手

近年来,随着建筑工程的复杂化和工期的逐步压缩,湿喷机械手在施工中的地位愈发凸显。其独特的设计和功能特性成为工程施工中不可或缺的一环。湿喷机械手不仅具备传统喷射技术的优点,如喷射均匀、强度高等,还在机械结构、控制系统等方面有了极大的创新。这使得湿喷机械手可以在更为复杂、严苛的施工环境中发挥出色的表现。

1. 湿喷机械手操作手臂

湿喷机械手的操作手臂(图 5-26)是其设计中的核心部分,手臂采用了多轴可伸缩的设计原理,具有极高的灵活性。这种设计使得操作手臂的各个关节可以进行独立、精确的控制,实现多维度的灵活变化;使得湿喷机械手能够在狭窄、弯曲、高度受限等复杂环境中自如地操作,为施工提供了极大的便利。采用的多轴段电动传动技术,通过电机驱动各个关节的运动,每个关节都能够实现精确的角度调节,保证了操作手臂的高度灵活性。同时,操作手臂的关节采用高强度合金材料制造,保证了其在灵活变化的同时也具备了足够的承载能力。

图 5-26　湿喷机械手操作手臂

此外，湿喷机械手的操作手臂还配备了先进的感应器和控制系统，实时监测机械手各部位的运动状态，并进行精确的反馈控制。通过这样的设计，操作手臂可以在施工过程中实现高度精准的动作，保证了混凝土喷射的准确性和均匀性。

湿喷机械手可通过一系列的数学方程和几何关系来描述操作手臂各关节之间的运动规律，从而实现对操作手臂运动的精确控制。当控制系统在半自动模式下工作时，中控系统会基于操作手臂的运动学模型来计算每个关节的运动轨迹，从而实现对操作手臂位置和方向的预估判断。这确保了操作手臂能够准确地执行预先规划的任务，提高了混凝土喷射的效率。

同时，路径规划也是控制系统的关键功能之一。通过读取施工图纸和设定的施工参数，控制系统会自动规划操作手臂的运动路径，以确保喷浆覆盖到指定的施工区域。这个过程需要综合考虑施工区域的尺寸、形状，以及障碍物的位置等因素，以保证喷浆的均匀覆盖。

操作手臂的工作原理包括以下几个方面：

（1）运动学模型计算：控制系统根据操作手臂的运动学模型来计算各关节的运动轨迹。这个模型描述了操作手臂各个关节之间的几何关系和运动规律，通过求解逆运动学问题，可以得到每个关节的角度，从而实现末端执行器的定位。

（2）轨迹插补：在路径规划的过程中，控制系统会进行轨迹插补，即根据预先设定的运动速度和加速度，在离散的时间点上生成平滑的运动轨迹。这保证了操作手臂的运动过程是稳定、连续的。

（3）动力学控制：控制系统会考虑操作手臂的动力学特性，如惯性、摩擦等因素，以保证操作手臂在运动过程中能够保持稳定性和精确性。

（4）传感器反馈：控制系统通常会配备各种传感器，如编码器、惯性测量单元等，用于实时监测操作手臂的运动状态和位置，从而进行实时调整和反馈控制。

（5）实时监控和调整：控制系统会不断地与操作手臂的实际运动状态进行比对，如果发现偏差，会及时进行调整，以保证操作手臂的运动轨迹符合预期。

总的来说，控制系统通过运动学模型计算、路径规划、轨迹插补等一系列的算法和技术手段，实现了对操作手臂的精确控制，从而保证了施工的准确性和效率。这一套系统为湿喷机械手在复杂施工环境下作业发挥了重要作用。

综上所述，湿喷机械手的操作手臂设计采用了先进的多轴可伸缩技术，使得操作手臂具备了极高的灵活性。其精密的电动传动系统和先进的感应控制技术保证了操作手臂在施工过程中能够实现高度精准的动作，为施工提供了可靠的保障，为工程施工提供了可靠的技术支持。

2. 湿喷机械手喷浆系统

湿喷机械手的喷浆系统是保证施工工作稳定高效进行的重要组成部分。喷浆系统采用了先进的喷浆泵和喷嘴技术,通过精密的控制,能够确保喷浆的稳定流量和压力,从而在施工过程中实现持续、均匀的喷浆效果。

具体来说,喷浆系统中的喷嘴采用了特殊设计,能够将喷浆均匀地分散在空气中,形成细小的喷雾状颗粒。这使得喷浆在喷射出后可以迅速附着在作业表面上,保证了施工的均匀性和致密性。

此外,喷浆泵的设计也是喷浆系统的关键之一。采用高效的喷浆泵,能够保证喷浆的稳定流量,并通过先进的控制系统实现精确的流量调节。这样一来,无论在施工的起始阶段,还是持续施工过程中,喷浆都能保持稳定的状态,保证了施工的高效进行。喷浆泵通过高效的工作,将混凝土喷浆从储料罐中吸取并送至喷嘴,喷嘴再将其雾化喷出。

综上所述,湿喷机械手的喷浆系统通过先进的喷浆泵和喷嘴技术,以及精密的控制系统,保证了喷浆的稳定流量和压力,从而实现了施工过程的高效进行。喷嘴的特殊设计使得喷浆均匀细腻,保证了施工质量的高标准。整个系统的构成紧密配合,为湿喷机械手的施工提供了可靠的技术保障。

3. 湿喷机械手控制系统

湿喷机械手的半自动化辅助控制系统在实现有效施工方面发挥了关键作用。下面将详细介绍该系统的各个部分及其工作原理,以及它们之间的协调性。

可编程逻辑控制器(PLC)编程控制:PLC 是湿喷机械手控制系统的核心之一。通过先进的 PLC 编程技术,可以事先设定一系列喷浆参数,如喷浆量、喷浆速度、喷嘴角度等,这些参数会在施工过程中被系统自动执行,从而实现智能化监控。

传感器系统:控制系统配备了多种传感器,用于实时监测施工过程中的关键参数。这些传感器包括喷浆流量传感器、压力传感器等。喷浆流量传感器用于测量每分钟喷出的混凝土量,压力传感器用于监测喷浆的压力。通过不断采集数据,系统可以实时了解施工状态。

自动调整机制:基于传感器反馈的数据,控制系统具有自动调整机制。例如,如果喷浆流量低于预设值,系统可以自动增加喷浆速度,以确保施工过程中的喷浆量达到要求。

这种自动调整保证了施工的稳定性和一致性。

协调性：控制系统的各个部分密切协调工作，以实现智能化控制。例如，PLC 编程控制会根据设定参数来控制喷浆速度，而传感器系统则会实时监测喷浆流量和压力。如果传感器检测到异常，自动调整机制会立即生效，使系统可以自动对施工参数进行调整，以保持喷浆的稳定性。

综上所述，湿喷机械手的自动化控制系统通过 PLC 编程控制、传感器系统、自动调整机制等各个部分的紧密协作，实现了施工过程的智能化监控和调整。这保证了喷浆的稳定性、一致性和高效性，使湿喷机械手能够在复杂的施工环境中高效工作。

4. 湿喷机械手安全保护系统

湿喷机械手的安全保护系统是保障施工过程中人员和设备安全的重要组成部分，系统包括多个部件，各部件之间相互配合，共同确保施工作业的安全进行。

安全传感器和监测装置：安全传感器通常包括位置传感器、压力传感器、液位传感器等，用于实时监测湿喷机械手的工作状态和环境条件。例如，位置传感器可以监测机械手各关节的角度和位置，从而确保机械手在预定轨迹上运动。

紧急停止装置：这是安全保护系统中至关重要的一部分。紧急停止装置通常是一个按钮或开关，当发生紧急情况时，操作人员可以立即按下按钮，使机械手停止运动，以避免危险的发生。

安全围栏和防护罩：在施工现场周围设置安全围栏或者安装防护罩，限制非授权人员接近工作区域，避免发生意外事故。

防碰撞系统：这是一个智能系统，通过使用激光扫描器、雷达等传感器来检测周围障碍物的位置和距离，从而避免机械手与障碍物碰撞。

电气隔离装置：用于在设备故障或紧急情况下切断电源，以避免电气故障引起的安全风险。

安全报警系统：当系统监测到异常情况时，会通过声音、灯光等方式向操作人员发出警示，提醒其及时处理问题。

紧急制动系统：用于在紧急情况下迅速制动机械手，以确保机械手停止运动。

湿喷施工过程中，当传感器检测到机械手的某个关节角度超出了安全范围，或超过了设定的阈值时，安全保护系统会立即触发紧急停止装置，使机械手停止运动，同时向操作人员发出警报，提醒其检查并解决问题。

综上所述，湿喷机械手的安全保护系统是一个多层次、多部件组成的系统，通过各种安全装置和传感器相互配合,保障了设备在施工过程中的安全性。这些保护措施共同作用,有效降低了施工过程中的安全风险,保护了施工人员和设备。

湿喷机械手以其灵活多维的操作手臂设计、稳定高效的喷浆系统、智能化的自动化控制系统,以及与外部设备的紧密配合,成为湿喷混凝土施工中的得力助手,为工程的顺利进行提供了可靠保障。

5.6.3 湿喷机械手技术参数选型

根据湿喷机械手输送混凝土的动力不同,可分为泵送型和气送型两大类。

泵送型混凝土湿喷机械手工作时,主要是以液压泵为动力执行机构,将混凝土拌合料输送至喷嘴处,再借助于风压的动力作用将混凝土高速喷射至受喷面。气送型混凝土湿喷机械手是以压缩空气作为动力,将混凝土拌合料在输料管中以"稀薄流"的形式经喷嘴输送至受喷面。

泵送型湿喷机械手按其结构的不同,可分为以下三种:

(1)活塞泵式湿喷机械手

工作原理:利用液压缸的回程将已搅拌好的混凝土拌合料吸入缸体,利用另一液压缸的冲程将已吸入缸体内的混凝土拌合料推送至喷嘴处,然后在喷嘴处通过高压风将混凝土喷射至受喷面,完成整个喷射过程。液压缸的回程缸、冲程缸交替工作以保证混凝土的连续输送。其工作原理如图 5-27 所示。

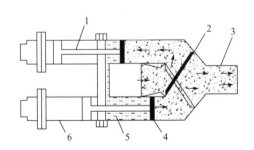

图 5-27 活塞泵式湿喷机械手工作原理

1-活塞杆;2-混凝土拉制阀;3-出料口;4-活塞;5-水润滑;6-液压缸

特点:混凝土搅拌装置与液压泵分开,便于搬运;动力机构采用全液压传动,结构较紧凑;生产能力强;混凝土控制阀的切换时间间隔过长,液压缸回程吸料不充分时会产生输料脉冲现象;长时间工作时液压缸的清洗难度较大。

(2)螺杆泵式湿喷机械手

工作原理:液压泵通过变速箱带动转动轴转动,固定在转动轴上的螺旋片将混凝土料斗的拌合料输送到螺杆泵中,靠螺杆相对于定子套的啮合空间容积的变化将混凝土输送至喷嘴,在喷嘴处添加液体速凝剂,并借助此处风压的作用将物料喷射至受喷面,完成喷射作业。其工作原理如图5-28所示。

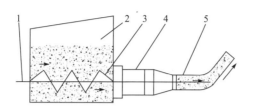

图5-28 螺杆泵式湿喷机械手工作原理
1-转动主轴;2-料斗;3-螺旋片;4-螺杆泵;5-出料管

特点:结构简单,上料高度低;输送压力大、距离长、工作可靠;螺杆形状复杂,需专门制造;定子套磨损严重,对材料使用性能要求较高。

(3)软管挤压泵式湿喷机械手

工作原理:泵通过传动机构带动泵体内行星传动机构中的滚轮转动,连续挤压软管,使之产生真空环境,不断地从料斗中吸取已拌好的物料,在滚轮的连续挤压下,将软管中的混凝土拌合料压送至喷嘴,在喷嘴处借助风压将混凝土喷射至受喷面,完成喷射作业。其工作原理如图5-29所示。

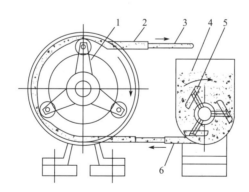

图5-29 软管挤压泵式湿喷机械手工作原理
1-行星轮机构;2-挤压软管;3-出料管;4-料斗;5-拌料机构;6-入料管

特点:生产力大,体积大,功率大;由于要靠滚轮连续挤压混凝土将其输送出去,因此对混凝土的水灰比要求较大,混凝土的强度受到一定限制;挤压软管的寿命较低。

气送型湿喷机械手按其结构的不同,主要分为以下三种:

(1)气动罐式湿喷机械手

工作原理:罐内已拌好的混凝土拌合料通过喂料机构送至入料口,在入料口处通过压缩空气的作用,将混凝土经输料管压送至受喷面,完成喷射过程。其工作原理如图 5-30 所示。

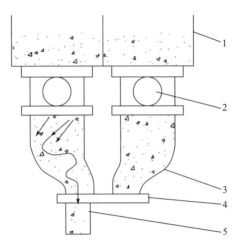

图 5-30 气动罐式湿喷机械手工作原理
1-料斗;2-送风嘴;3-弯管;4-三通阀;5-出料管

特点:双罐喂料,可交替工作,喂料均匀且连续;风压由分配阀定量自动分配,操作方便;输送时,只能把一团一团的混凝土料吹进送料管,形成料柱,料柱在压缩空气作用下,被分散成小点的料团,但大部分料团因重力大,无悬浮能力,因此整个输送过程为停滞、聚积、吹散、带走;易出现输送脉动现象。

(2)气送转子式湿喷机械手

工作原理:工作时,动力执行机构通过变速箱带动主轴转动,料斗中的混凝土在固定于主轴上的拌料装置的作用下搅拌、旋转并漏向旋转体的集料腔中,待集料腔中的混凝土集满时,旋转体在主轴的转动作用下旋转到进风嘴的同侧,经进风嘴处的风压作用将混凝土拌合料经输料管压送至受喷面,完成喷射工作。其工作原理如图 5-31 所示。

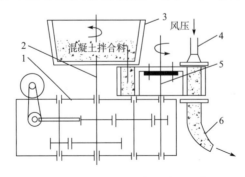

图 5-31 气送转子式湿喷机械手工作原理
1-动力执行机构;2-主轴Ⅰ;3-料斗;4-进风嘴;5-主轴Ⅱ;6-出料管

特点:体积小,重量轻;结构简单,维修方便;工作时有一定的周期性脉冲,但脉冲幅度较小;耗风量较大,输送距离有限;旋转体下所用密封胶板磨损较快。

(3)螺旋式湿喷机械手

工作原理:工作时,料斗中的混凝土拌合料在送料螺旋的动力作用下,被连续输送至料柱密封腔,在送料螺旋的推力与料柱密封腔前端风压的共同作用下,混凝土在料柱密封腔中被压实,以防止反向漏风。从料柱密封腔中出来的混凝土在机械装置切料刀、拨料叉的作用下,在料气混合室中被打散、切碎,并在旋流风环处的风压作用下充分、均匀混合。悬浮状态的混凝土料粒在中心喷嘴处的风压及旋流加速器的作用下,在输料管中以高速、旋转、空间螺旋线的形式被输送至喷嘴,完成整个喷射过程。其工作原理如图 5-32 所示。

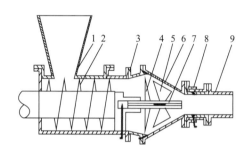

图 5-32 螺旋式湿喷机械手工作原理
1-料斗;2-螺旋体;3-料柱密封腔;4-切料刀;5-拨料叉;6-料气混合室;7-中心体;8-旋流加速器;9-输料管

特点:可获得"稀薄流浮游式"输送,喂料定量、均匀、连续;解决了给料不均匀、料柱大小不一、气料不能充分混合、混凝土料群与输料管间的摩擦严重及离析等问题;混凝土料群与压缩空气进行充分均匀的混合后再经旋流加速器的旋流加速作用,增大了混凝土的悬浮能力,改善了混凝土的输送性能,提高了混凝土的喷射质量;结构简单,上料高度低,输送距离远;喂料螺旋绞刀所受的挤压应力大、磨损严重。

5.6.4 湿喷机械手施工中注意要点

1. 喷嘴角度与距离控制

控制湿喷机械手的喷嘴角度与距离是确保喷浆均匀覆盖目标表面的关键操作。

调整喷嘴角度:操作人员需要根据施工要求和目标表面的形状来调整喷嘴的喷射角度。通常情况下,喷嘴的喷射角度需要使喷浆以均匀的方式覆盖目标表面;如果目标表面是水平的,通常喷嘴角度应保持垂直于目标表面;如果目标表面是倾斜的或有不规则的形状,操作人员需要相应地调整喷嘴的角度,确保喷浆能够均匀覆盖到每个区域。

控制喷嘴距离:喷嘴距离是指喷嘴到目标表面的距离。这个距离通常需要根据施工要求和喷浆的性质进行调整。如果需要更大的喷射范围,可以将喷嘴离目标表面稍远一些;如果需要更加精确的喷射,可以将喷嘴离目标表面靠近一些。关键是要确保在不同距离下喷浆均匀、流畅地覆盖到表面。

喷浆均匀性检查:在调整喷嘴角度和距离后,操作人员需要进行均匀性检查。这可以通过在一个小区域内进行测试喷浆来实现。观察喷浆是否均匀地覆盖到表面,如果出现不均匀的情况,需要进一步微调喷嘴的角度和距离。

施工速度控制:喷嘴的喷射速度也会影响均匀性。通常情况下,较慢的施工速度有助于更均匀地覆盖表面,但也会增加施工时间。操作人员需要根据具体情况来控制喷浆速度,以平衡均匀性和施工效率。

喷浆压力控制:喷嘴的喷浆压力也是影响均匀性的因素之一。通常情况下,较高的喷浆压力会导致喷浆覆盖范围更广,但需要谨慎控制,以免出现过多的喷浆浪费或不均匀。

总之,调整喷嘴角度与距离需要根据具体的施工条件和要求进行仔细的操作和调试。通过不断的实际测试和调整,操作人员可以确保喷浆均匀、精确地覆盖到目标表面,从而保证施工质量和效率。

2. 喷浆量控制

喷浆量的控制是湿喷机械手施工中至关重要的一环,它直接影响喷浆的覆盖均匀性和施工效果。详细的操作步骤如下:

施工前准备:在开始施工之前,首先需要明确施工要求和目标,根据实际需要(包括喷浆的厚度、覆盖面积以及材料的性质等)设定合适的喷浆量。

调整喷浆泵设置:湿喷机械手通常配备了喷浆泵,它是控制喷浆量的关键设备。根据施工要求,可以通过调整喷浆泵的输出速度来控制喷浆量。一般情况下,喷浆泵会配备调节阀或调速器,可以精确地控制输出流量。

实时监测喷浆流量:在施工过程中,需要通过喷浆泵上的流量计或其他监测装置来实时监测喷浆的流量。这可以帮助操作人员随时了解喷浆的输出情况,及时调整以保证施工的稳定性和一致性。

根据施工要求调整:根据实际施工情况,随时调整喷浆量,特别是在遇到复杂的施工场景或不规则的表面时,可能需要根据实际情况适当地增减喷浆量,以保证施工的准确性和覆盖均匀性。

定期检查和调整:在施工过程中,需要定期检查喷浆泵和相关设备的状态,确保其正常运行。如果发现异常,需要及时调整或修理,以免影响喷浆量的控制。

记录和反馈:在施工过程中,可以记录喷浆量的调整情况,包括调整的时间、流量等信息。这可以作为施工后期的参考,也有助于优化施工流程。

总体来说,喷浆量的控制需要根据具体的施工要求和实际情况进行精确的调整和监测。通过合理设置喷浆泵、实时监测流量、随时调整喷浆量等操作,可以保证施工过程中喷浆量的准确控制,从而保证施工的质量和稳定性。

3. 喷浆作业时的安全管理

当进行湿喷混凝土施工时,施工现场通风与防护至关重要,以确保施工人员的安全和健康。

通风保障:首先要保证施工现场有良好的通风系统。通风管道等应合理配置,保证施工区域内的空气流通。如果施工环境封闭,应考虑增设临时通风设备,确保空气新鲜。

防护设备佩戴:所有参与施工的人员都应佩戴必要的防护设备,如安全帽、防护眼镜、口罩等。安全帽能够保护头部免受坠落物的伤害,防护眼镜可防止颗粒物、溅射物等伤害眼睛,口罩能有效过滤空气中的颗粒物,防止吸入对呼吸道有害的物质。

急救设备准备:在施工现场应配备急救设备和应急管理人员,以备不时之需。急救箱、急救药品等应摆放在易于取得的位置,以便在发生意外情况时及时施救。

定期健康检查:对于长期从事湿喷混凝土施工的人员,应定期进行健康检查,特别是呼吸系统、视力等,及时发现和处理健康问题。

综上所述,施工现场通风与防护是保证施工安全的重要环节。通过合理设置通风设备、佩戴防护装备、采取防尘措施等,可以有效保障施工人员的安全和健康。同时,配备急救设备和定期健康检查也是重要的安全保障措施。

4. 设备检查与维护

设备检查与维护是保证湿喷机械手长时间稳定工作的必要手段。具体的细节如下:

1)施工前检查

电气系统检查:检查电缆、插头、开关等电气元件,确保没有破损、松动或者异常。

液压系统检查：检查液压油的油位、质量和密封情况，确保液压系统正常运转。

喷嘴和泵组检查：检查喷嘴和泵组是否有堵塞、损坏等情况，确保喷浆顺畅。

操作手臂检查：检查机械臂的连接处、关节、传动系统等部位，确保无松动、磨损等情况。

2）定期维护保养

润滑保养：对于液压系统的各个部件，定期进行润滑保养，保证润滑油的正常使用和油路的畅通。

过滤器更换：定期更换液压系统中的过滤器，以保证液压油的清洁度。

喷嘴清洗：定期清洗喷嘴，防止因堵塞影响喷浆效果。

电气系统检查：检查电气系统的连接情况，确保没有松动、氧化等问题。

泵组检查：定期检查泵组的密封情况，如有磨损或老化，及时更换。

3）特殊环境下的检查

潮湿环境：如果施工环境潮湿，需要特别注意防水措施，避免水分对电气元件的侵蚀。

高温环境：在高温环境下，注意润滑油的选择和液压系统的工作温度。

记录维护日志：每一次的检查和维护都应当记录在维护日志中，包括检查的内容、发现的问题、解决方法等，以备日后参考。

通过定期的检查和维护，可以保证湿喷机械手各部件的正常运转，延长设备的使用寿命，同时也提高施工效率和安全性。

5.7 移动式除尘设备

5.7.1 设备简要介绍

在隧道的挖掘爆破和喷射衬砌施工过程中会产生大量的粉尘，当车辆经过隧道内时激起的扬尘会对车辆的运行造成影响，大量的粉尘飘浮于隧道中，不仅对施工设备的运行有害、影响施工的进度和质量，更为严重的是，大量的粉尘容易被施工人员吸入体内，从而危害施工人员的身体健康。隧道除尘设备的应用，一方面，能够改善隧道的施工环境，减少机械设备的故障率，另一方面，能够改善隧道的施工环境，节约通风除尘及洒水降尘的费用，如图 5-33 所示。

图 5-33　移动式除尘设备

除尘设备由除尘箱体、集气管道、风机、控制柜、移动小车等组成。除尘箱体通过花板分隔成净气室和过滤室两大部分,过滤室与进气口连通,净气室与出气口连通。含尘气体由进气管道进入除尘箱体内的过滤室,粉尘经滤芯过滤后,干净的气体进入净气室后经风机出口排出。沉积在滤筒表面的粉尘在脉冲喷吹的作用下被抖落在除尘箱体底部,当除尘设备停止工作后从除尘箱体侧面的排灰口处用刮板将粉尘刮出来。

5.7.2　功能描述

1. 处理量大

大风量离心风机,隧道作业吸力强劲。

2. 除尘效率高

高精度覆膜滤料,除尘效率高达 99.9% 以上,无二次污染。

3. 整体尺寸小

端面进气显著缩小除尘箱宽度,离心式风机显著缩短轴向尺寸,刮板清灰有效降低除尘箱高度,提高隧道适用性,适用于单线、双线隧道。

4. 无须用水

干式过滤原理,压缩空气脉冲清灰,全过程无须用水。

5. 自动化程度高

风机变频控制,风量可调更节能,预留远程接口实现远程控制,可与通风联动控制,增强除尘效果。

6. 能耗低

配备一级能效大风量风机,节能高效;集尘效果强;隔板式集尘口、轴向排风匹配通风,有效集尘除尘;滤料寿命长;脉冲式反吹清灰技术,显著提高滤料使用寿命。

7. 使用环境

(1)环境温度为 -15 ~ +45℃。

(2)环境相对湿度不超过90%。

(3)海拔不超过3000m(如超过3000m时,电机和引风机需进行修正)。

(4)无强烈振动和腐蚀性气体的环境中。

(5)不可安装在有瓦斯气体爆炸危险的隧道中。

(6)供电额定频率:50Hz。

(7)供电额定电压:380V。

5.7.3 技术参数选取

隧道干式除尘设备是一种高效隧道用除尘装置,除尘效率高达99.9%以上,同时具有低能耗、零耗水、无二次污染、体积小、自动化程度高等特点,主要应用于隧道施工产生扬尘的场合,也适用于地面有除尘需求的工况场合。除尘设备主要技术参数见表5-6。

除尘设备主要技术参数　　　　表5-6

型号	额定处理风量 (m³/min)	除尘效率 (%)	气源压力 (MPa)	总功率 (kW)	总体尺寸 (m×m×m)
SCG15	1500	>99.9	0.4 ~ 0.7	160	11.92 × 2.7 × 4.15
SCG6	600			95	6.95 × 2.02 × 2.92

5.7.4 施工中注意要点

(1)清除除尘设备内外的杂物,检查吸尘口内有无吸入杂物。

(2)检查电路控制系统接线是否正确、规范、可靠,控制柜接地端子必须可靠连接现场地线,控制柜内部存在高压电,严禁非操作人员擅自启动设备或打开控制柜。

(3)检查气源供气情况,不得有漏气现象。

(4)检查连接螺栓有无松动,有无异物掉落风险。

(5)检查活动零部件是否转动灵活,并注入相应的润滑油。

(6)移动小车每个轮胎配有塞块,当移动小车挪动到工作位置后,将塞块放在前轮的前侧、后轮的后侧,防止移动小车前后滑动。施工影响的主要因素及相应措施见表5-7。

施工影响的主要因素及相应措施　　　　表5-7

序号	常见故障	原因分析	解决措施
1	处理风量变小	(1)电机转向反了; (2)调速旋钮未调至最大; (3)滤筒表面积灰严重; (4)有异物堵塞进气口	(1)调整接线顺序; (2)将调速旋钮顺时针调至最大(旋转到转不动为止); (3)增加清灰气压、延长喷吹时间、缩短喷吹时间间隔或更换滤筒; (4)清理内部杂物
2	脉冲喷吹不工作	(1)供气球阀未全部打开; (2)脉冲阀线路松动; (3)脉冲阀损坏	(1)打开供气管路上的所有球阀; (2)检查线路并紧固; (3)更换脉冲阀或脉冲阀膜片
3	风机振动变大	(1)风机底部减振器损坏; (2)风机叶轮积灰; (3)风机叶轮磨损严重; (4)联轴器损坏	(1)更换减振器; (2)清理叶轮表面积灰; (3)修补叶轮后重新做动平衡或更换叶轮; (4)更换联轴器
4	风机自动停止工作	(1)存在漏电自动跳闸; (2)控制柜内温度过高,变频器停机保护	(1)排查漏电位置并及时处理; (2)更换控制柜内排气扇或进、排气孔滤网
5	电机和轴承箱温度超过50℃	(1)环境温度较高; (2)风机振动变大; (3)联轴器损坏	(1)采取辅助降温措施; (2)按第(3)条处理; (3)更换联轴器
6	移动小车不行走	(1)电动操作前进/后退、上/下按钮; (2)调速旋钮设置参数太低	(1)持续按住前进/后退或上/下按钮不动; (2)向右增大移动小车控制箱外部的调速旋钮

(7)建议除尘设备入口距掌子面80~100m,隧道上方不要有滴水,防止设备吸入水滴后与粉尘黏结在滤筒表面导致滤筒堵塞,同时防止控制柜内进水潮湿导致控制系统出现故障。隧道上方如有滴水现象,务必在入口和控制柜上方采取挡水措施。

5.8 可拆卸式防水板挂布台车

5.8.1 设备简要介绍

隧道机械化按照高度机械化和基本机械化进行配置,从开挖掌子面至二次衬砌,选择最优设备,形成高寒高海拔环境下钻爆法隧道机械化最佳配套施工组合,构建施工设备智能集成应用体系,其中挂布台车采用多功能自动挂布台车,可实现二次衬砌两层主筋自动分布均衡及防水板自动挂设。

挂布台车采用可拆卸式自动挂布台车,为液压伸缩平台和固定平台组合,采用减速机牵引,橡胶轮行走、横向平移,行走轨距为7m,方便拆卸重复利用。台车每个循环可以布一卷宽3m的防水布,台车完成防水布施工后还可兼作隧道钢筋网施工平台进行钢筋施工,按照设计间距将二次衬砌上下两层主筋自动分布均衡,并控制二次衬砌钢筋高程和轮廓尺寸,然后人站在平台上人工穿束环向箍筋和拉钩筋,可实现二次衬砌两层主筋自动分布均衡及防水板自动挂设。可拆卸式自动挂布台车如图5-34所示。

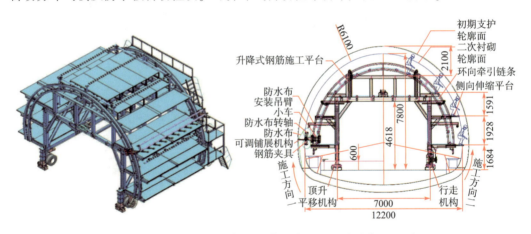

图5-34 可拆卸式自动挂布台车示意图(尺寸单位:mm)

传统的防水挂布台车和钢筋绑扎台车采用型钢焊接成简易的钢结构工作平台,防水板挂设和钢筋绑扎全部依靠人工进行安装,在施工过程中防水板挂设平整度和松弛度、二次衬砌钢筋间距和层间距很难得到有效控制,导致整体施工质量较差。台车行走依靠装载机拖拽前移,易产生安全隐患。采用多功能自动挂布台车,可实现自动挂布,还可兼作隧道钢筋网施工平台进行钢筋施工,台车预留通风管通过位置,有效解决与通风管道冲突的问题。

通过应用可拆卸式自动挂布台车,可以显著提高施工工效,缩短施工时间,降低劳动强度,节省人力,保证施工质量,提高施工环境安全性,适用于绝大部分隧道防排水施工。

5.8.2 功能描述

(1)台车预留通风管通过位置,有效解决与通风管道冲突的问题。

(2)解决人工敷设防水板时间长、质量差的问题。

(3)台车通过环向搬运小车展开防水布,配合人工铺设防水布(图5-35)。

(4)台车设计钢筋夹具,具备上钢筋功能。

(5)台车设计有钢筋工作平台(图5-36),平台上安装有钢筋样架制造钢筋。

图5-35 防水布铺设

图5-36 钢筋工作平台

(6)钢筋工作平台设计有升降臂,顶部钢筋网制作完毕后通过升降臂将钢筋网托举至隧道顶拱位置。

(7)隧道内引入可拆卸式自动挂布台车,减少防排水施工班组人员3人,主洞左右工区6个掌子面共减少18名防排水人员,同时每12m段落的土工布防水板施工所需时间由原来的6h缩短至3h。减少了劳力投入,缩短了工序衔接时间,为隧道施工进度奠定基础。

(8)防水板挂布台车由原先的轨道式改为轮胎式,台车移动时更加快速简易;由原来的需要装载机拖动变为现在可由人力推动。移动过程中安全可以得到保证,同时可以针对隧道断面进行设计,还可以通过液压装备对断面进行调节,适应不同加宽断面的隧道。防水板挂设过程中可以通过调节液压装置,从而对防水板进行提升。在连接梁上还均匀设置有多个夹具,防水布压紧机构通过夹具设置在连接梁上,采用此种结构设计,防水布铺设完成后,可以方便地拆卸防水布压紧机构,如图5-37～图5-39所示。

图 5-37　可拆卸式自动挂布台车

图 5-38　挂布台车应用

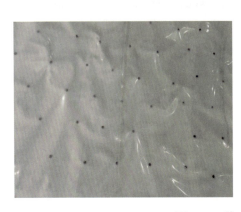 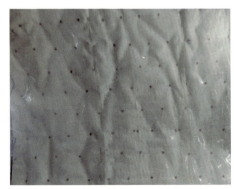

图 5-39　防水布铺设效果

5.8.3　技术参数选取

（1）设置成双层复式轨道，小车滚轮由复式轨道外侧限位，轨道中间布置链条导轮，链条位于导轮上，轨道保护链轮不受上方坠物损坏、污染，可靠性高；链条采用两组，每组两根链条牵引小车，如有一根断掉另一根也能提供足够牵引力牵引小车，断掉的链条易于被操作人员及时发现更换,安全性高;采用双电机双自锁减速器通过传动轴串联驱动,保证两个小车同步运转,转动平稳,且任一台电机或减速器损坏均会停止运转,提醒操作人员更换,安全系数高。

(2)防水布铺展机构包括防水布小车、防水布卷筒和防水布压紧机构。防水布小车设置在上层轨道和下层轨道上,防水布小车上设置有连接梁,防水布卷筒和防水布压紧机构设置在连接梁上,采用此种结构,不仅方便铺设防水布,还可将铺设后的防水布压紧,便于人工进行防水布焊接,大大降低了劳动强度,提高了工作效率,改善了防水布铺设效果,保证了防水效果和隧道的总体施工质量,大大提高了隧道防排水工作的可靠性,易于使用推广。挂布台车的主要性能参数见表5-8。

主要性能参数　　　　　　　　　　　　　　　表5-8

序号	名称	规格型号	备注
1	小车驱动箱轴承	6208,6212	
2	小车滚轮轴承	30208	
3	小车限位轴承	NUP306E	
4	滚筒轴承	NUP206E,NJ2304E	
5	行车轴承	33220,32217	
6	小车链条轴承	NUP304E	
7	调压阀芯	L15	
8	轨道链条	20A,1.5m	
9	行走链条	双排20A,1.5m	
10	油泵	CBY2016	

5.8.4　施工中注意要点

(1)防水布提升过程中,注意支架、钢筋等端头,防止划破防水布,影响防排水质量。

(2)固定防水布时,视初期支护面的平整度将防水布预留一定的富余量,以防过紧而被混凝土挤破或造成防水布与初期支护面之间形成空洞。

(3)台车组装完应逐个检查并紧固所有螺栓,经验收合格后,方可投入使用。

(4)台车上必须采用低压照明,台车作业地段,必须保证有足够的照明设施。

(5)防水布铺设时,注意铺展机构距岩面需预留5cm左右,以避免因初期支护面不平整导致铺展机构损坏,建议后期铺展机构加工成可伸缩式。

5.9 本章小结

随着山岭地区长大隧道越来越多,工程规模也越来越大,技术难度也越来越高。面对如何提升作业工效、提高安全系数、改善作业环境、降低作业强度、保证工程质量、有效节约资源这些施工中的重点和难点,传统、粗放的"人海战术"已然无法应对,而隧道机械化施工能有效解决这些问题,并已经成为新形势下隧道施工的主流。

隧道施工按照大型机械化配套的理念,在超前钻探、钻孔爆破、出渣运输、初期支护、防水板铺设、仰拱浇筑、二次衬砌和通风防尘等方面进行机械化配套施工。重点配置智能超长距离取芯钻机、三臂凿岩台车、多功能拱架安装台车、自行式液压仰拱栈桥、湿喷机械手、移动式除尘设备、可拆卸式防水板挂布台车等先进的隧道施工专业设备,按照"机械化、信息化、工厂化、专业化"的要求,实现隧道机械化快速施工。

围绕隧道施工机械化配套设备进行创新,隧道洞内钢拱架定位卡具、开挖台车微改造、多功能拱架安装台车优化设计、仰拱液压栈桥组合式配套设备、移动电车、可拆卸式防水板挂布台车和二次衬砌台车智能化改造等,提高隧道施工安全性和施工工效。

隧道矿山法施工机械化设备配套及设备改造创新施工的核心理念:一是对隧道施工现状进行调研,选择最优的隧道施工设备,从原材料加工到现场安装,从隧道开挖到二次衬砌作业均选择当前最优性能的设备,在隧道施工中大面积应用,提高机械化和自动化作业程度,有效降低作业人员数量和劳动强度;二是对隧道机械化配套设备在现场应用中不断创新改造,增加配套辅助设施或设备,进一步提高隧道施工安全、工程质量和工作效率。

隧道施工机械化设备配套的使用,推行以机械化生产替换人工作业、以自动化控制减少人为操作,实现高危作业场所作业人员减少,大幅提高安全生产水平,提高生产效率。尤其是在高寒高海拔地区,氧气含量低、环境温度低、地质条件复杂,推行隧道施工机械化势在必行。

CHAPTER SIX   6

TBM+主洞钻爆综合施工技术

6.1 TBM+钻爆组合快速施工技术

6.1.1 技术现状

长大公路隧道常常需要修建斜井、竖井等完善其通风系统,另外,为加快隧道的施工进度,需以横洞、斜井、竖井、平行导坑增加工作面。吴建和(2006)等通过乌鞘岭隧道8号斜井同时施工多个正洞工作面时的施工组织,对设备配套、技术方案、通风保障、排水措施、行车调度、施工用水及高压供风的保障等做了简要阐述。王中勤(2007)对太行山隧道4号、5号、6号斜井调整施工组织方案进行研究,介绍了在长大隧道施工中增加工作面、加快施工进度的解决方案及保证措施,对多工作面施工的长大隧道提前及保证工期有一定的借鉴作用。但是,对于在长大隧道中利用 TBM 快速掘进,在 TBM 后方利用车通开设横通道、增加主洞工作面的案例却较为罕见。

下面以天山胜利隧道为例,简要介绍 TBM+钻爆组合快速施工技术的应用情况,该隧道面临着多工作面施工通风、物料运输、横通道安全快速开挖等难题,将这些难题攻克将极大地加快隧道主洞、中导洞施工进度,尽早实现长大隧道的贯通。

6.1.2 技术难点

(1)天山胜利隧道的 TBM+钻爆多工作面快速施工组织模式,是"长隧短打"施工模式首次在公路隧道中应用;该模式在理论上能有效发挥施工组织优势,但还需通过实践证明。

(2)项目需要通过实际应用确定工作面数量及位置,优化施工机械与劳动力配置,合理安排通风、排水、出渣、物料运输等施工工序,充分利用 TBM 掘进速度快的特点,通过横通道为正洞开辟新的工作面,完成超长隧道 TBM+钻爆多工作面快速施工组织。

(3)目前公路隧道 TBM 设备应用较少,与传统水利和铁路施工组织模式存在一定的差异;公路隧道 TBM 仰拱块采用预制安装,初期支护采用型钢+湿喷混凝土工艺,二次衬砌采用后浇筑工艺(隧道开挖完成后再统一进行二次衬砌浇筑),实现公路隧道 TBM 高效掘进是制约项目成败的关键。

(4)全隧道16条断裂带,断裂带影响长度为2000m,核心段长度为768m,岩爆段长度为3940m,如何实现 TBM 快速安全穿越断层破碎带和岩爆段是难点。项目要有针对性地研究公路隧道 TBM 穿越富水断层破碎带、高地应力软岩大变形、岩爆等不良地质段的快速安全施工技术,为解决 TBM 顺利通过不良地质段难题提供系统的解决方案。

(5)高寒高海拔环境,气温低、含氧量低,环境艰苦;施工人员流动性大。从事隧道工程施工人员平均年龄偏大、隧道施工危险点多等多种因素导致施工工效低,安全风险高,推行以机械化生产替代人工作业、以自动化控制减少人为操作,对隧道施工设备进行改造升级,实现高危作业场所作业人员减少,大幅提高项目安全生产水平,提高生产效率,是项目安全高效施工的基础。

6.1.3 改善措施

(1)长大隧道施工中提出"三洞"方案,即"2 正洞钻爆 + 1 中导洞 TBM",充分利用 TBM 掘进速度快的特点,实现"长隧短打";确定中导洞开挖断面、通风模式、物料运输模式、仰拱块预制模式、风水电配套设施组织。

(2)针对"三洞""长隧短打"施工组织模式,理论计算和实践确认最优主洞新增工作面数量,最优横通道开设数量、开设位置。

(3)提出横通道安全快速开挖施工技术,横通道进主洞挑顶、体系转换技术,保证横通道开挖工效,降低安全风险。

6.1.4 工艺工法

1. 施工准备

(1)TBM 设备通过车通、人通的位置,TBM 工区要提前将风水电等管路进行高挂低埋,避让车通、人通空间。所有风水电的管路都要加密吊点、加强质量控制。

(2)TBM 盾尾遇车通、人通位置提前采用锚杆钻机进行钻孔(TBM 自带锚杆钻机打孔,无须后期人工 + 台车方式打孔),然后由主洞施工队来进行锁脚锚杆的安装(用药卷锚杆不要用中空注浆锚杆)。

(3)TBM 工区提前对车通、人通处的皮带机吊点进行加固。吊点采用系统锚杆,一定要保证注浆密实、锚固剂塞满。皮带机吊点加密段(系统锚杆)一定要延伸出车通 10m 以上,防止横通道开挖影响吊点的稳固性,如图 6-1 所示。

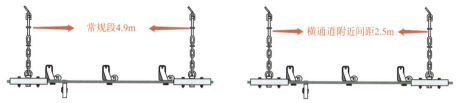

图 6-1 隧道内皮带机悬挂横通道段加密示意图

(4) 高压电线提前上挂,在车通和人通前后 10m 就要开始上挂。

(5) 供水管道要提前低埋,在车通前后 10m 就要开始进行,防止车通拐角处车辆频繁挤压,如图 6-2 所示。

图 6-2 供水管道下弯避开横通道开设位置

(6) 车通、人通处的湿喷混凝土不喷射,减少后期凿除工作强度。

(7) 横通道位置要安装负压风带或硬质通风管道,防止正常风带在不通风时下垂,容易被划伤;安装风阀门,调节横通道至主洞的通风量。

(8) 横通道对应位置处导水沟暂不预留,仰拱块连续铺设,防止横通道开挖过程中泥水、泥渣进入导水沟,堵塞服务隧道仰拱块内纵向排水沟。

(9) 防护棚施工:

①第一代门型架防护棚设计:第一个横通道开挖前,在横通道对应位置设置防护棚,防止开挖爆破飞石和冲击波对风水电和皮带机产生破坏,防护棚的结构形式为工字钢门型架 + 竹胶板防护,如图 6-3、图 6-4 所示。

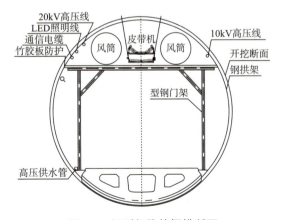

图 6-3 门型架防护棚横断面

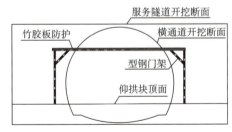

图 6-4 门型架防护棚纵断面

②门型架防护棚优化改造:采用落地钢拱架+竹板搭设防护棚,由于纵向横梁较长,扰度大,支撑点少,在施工过程中频繁受爆破冲击波和飞石损坏严重;经常维修,且不能重复利用。对防护棚结构进行优化,采用在服务隧道钢拱架上焊接 I16a 工字钢横梁+10mm 钢板形式防护,能够承受爆破冲击和飞石,全程无损坏,可重复利用,如图6-5、图6-6所示。

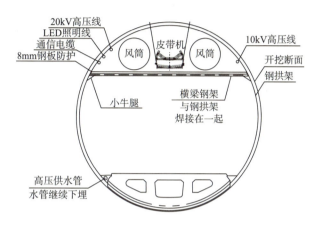

图 6-5　改进后防护棚纵断面

图 6-6　改进后防护棚使用效果

2. 限制爆破施工技术

(1)横通道开挖采用人工钻爆开挖,开挖工法分两个阶段:

①第一阶段,横通道开挖前期(10~15m)采用导洞+扩挖形式施工。因为服务隧道内 TBM 后配套设备、门架防护棚,导致开挖断面尺寸受限,不能采用全断面的方式开挖,加上服务隧道空间受限,还要进行 TBM 物料运输,所以常规的开挖台车无法使用,项目特制开挖平台,采用装载机悬挑供钻工钻孔、装药作业,如图6-7 所示。

图 6-7　钻孔作业悬挑钢平台

②第二阶段,进入横通道 10m 以后更换为两台阶方式开挖,便于进主洞挑顶施工。若要采用全断面开挖方式,还必须组装一台开挖台车。在服务隧道内,由于 TBM 连续施工要保证仰拱块、湿喷混凝土等物料运输,所以若在洞内组装开挖台车会造成服务隧道交通堵塞,造成以下几点影响:第一是影响 TBM 掘进;第二是造成横通道开挖工期延长;第三是横通道开挖爆破期间,开挖台车没有退出的场地空间;第四是由于空间受限,也无法采用三臂凿岩台车进行钻孔开挖。因此,采用特制的开挖平台进行作业。

横通道爆破出渣采用改造的出渣车,将常规的出渣车车厢侧面开孔,降低车厢高度,方便侧翻装载机将洞渣装运至出渣车内。由于服务隧道的特殊断面设计(拱底仰拱块、拱顶皮带机和通风管道的存在,导致服务隧道净空高度只有 4.2m),常规出渣车车厢高度较高,无法进行装渣作业。

(2)初期支护采用湿喷台车作业,二次衬砌采用车通台车进行浇筑施工。其中横通道整个施工过程中开挖工艺是最主要的,湿喷和二次衬砌作业与常规的相同。

3. 导洞 + 扩挖施工工艺

(1)导洞掌子面开挖采用人工钻爆法。由于导洞断面较小,工作空间受限,采用 2 ~ 3m 短钻杆钻孔,保证炮眼深度≥2m,每循环爆破进尺控制在 2m。开挖钻孔平台采用装载机悬挑钢架平台[4m × 3m × (0 ~ 0.5m,楔形)](宽 × 长 × 高),保证钻孔角度和高度。开挖完成后装载机退出,将钢架平台竖立在服务隧道内,不影响服务隧道物料运输。

(2)扩挖掌子面开挖也采用人工钻爆法。爆破进尺控制在 2m,钻孔平台采用与导洞相同的方式,即装载机悬挑钢架平台。扩挖爆破由于有充足的临空面,炸药量可比导洞药量少 0.1~0.2kg/m，炮眼布置如图 6-8、图 6-9 所示。

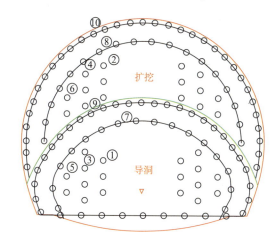

图 6-8　导洞+扩挖形式炮眼布置图

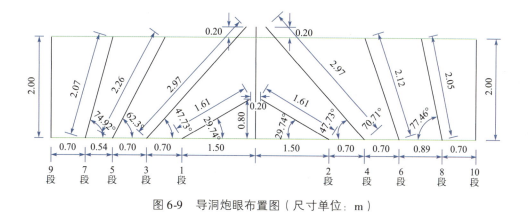

图 6-9　导洞炮眼布置图（尺寸单位：m）

4. 微台阶施工工艺

(1) 微台阶施工工艺流程如图 6-10 所示。

(2) 微台阶施工，上台阶长度控制在 2m，先进行上台阶钻孔作业；待上台阶钻孔完成后再进行下台阶钻孔作业。

(3) 上台阶钻孔作业前，利用上一循环剩余的洞渣修筑上下坡道，便于装载机悬挑钢平台抵住掌子面，作为钻孔作业平台。

(4) 上中下台阶同时爆破作业，挖掘机将上台阶石渣扒到下台阶位置，然后同步进行出渣作业。出渣作业完成后进行上一循环钢拱架的安装、湿喷作业。微台阶炮眼布置如图 6-11 所示。

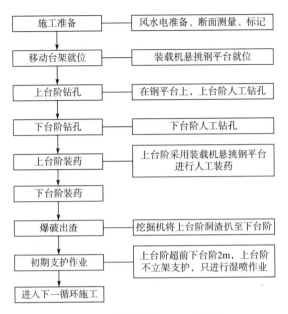

图 6-10　微台阶施工工艺流程

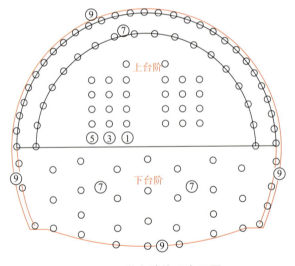

图 6-11　微台阶炮眼布置图

5. 横通道与服务隧道、主洞交叉段处理

(1)因服务隧道行车断面宽度约 5.5m,从服务隧道往横通道拐弯时大型车辆较困难,特在服务隧道与横通道位置处设置半径不小于 1m 的弧形过渡,并定做交界处的工字钢(扩挖),后期施工服务隧道二次衬砌时再将其补齐。

主洞开挖断面较宽,不需要在拐角处做单独处理,如图 6-12 所示。

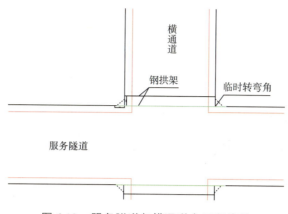

图 6-12 服务隧道与横通道交叉段处理

(2) 横通道与服务隧道、主洞交叉段 5m 范围内初期支护加强,因为主洞和服务隧道该区域的钢拱架全部为悬挑,加上交叉段为围岩应力集中区域,易发生坍塌和块石掉落风险,需加强支护,并加强锁脚锚杆施工质量,如图 6-13 所示。

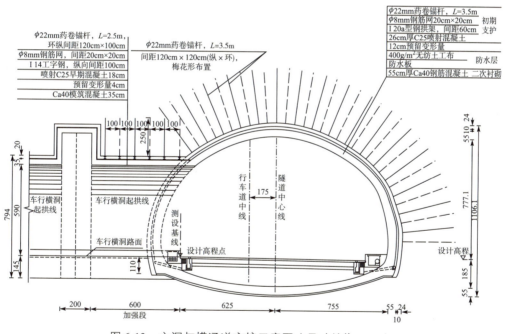

图 6-13 主洞与横通道交接示意图(尺寸单位:cm)

6.1.5 应用效果总结

天山胜利隧道设计采用"三洞"方案,即"2 正洞钻爆 + 1 服务隧道 TBM(DTSES 工法)",充分利用 TBM 掘进速度快的特点,通过横通道为正洞开辟新的工作面,达到"长隧短打"的目的(图 6-14),将工期缩短至 6 年。横通道开挖的快慢影响着主洞的整体施工进度,进而影响整体工期,为了保证如期完工,总结了一套快速、安全地完成横通道及横通道与主洞交叉段的施工工法。

图 6-14　天山胜利隧道"长隧短打"示意图

通过本方案,形成了 20km 级高速公路隧道 TBM + 钻爆组合工法快速安全施工关键技术研究成果,并配套研发、改造创新了许多隧道施工相关的机械设备,确保了隧道施工质量,提高了施工安全保障,降低了隧道施工成本,实现了预计工期进度。方案研究成果成功应用于天山胜利隧道工程,将理论推导与工程实践相结合,通过对 20km 级超长公路隧道 TBM + 钻爆多工作面快速施工组织研究、公路隧道 TBM 快速安全施工关键技术研究、钻爆法快速安全施工关键技术研究,取得了一系列成果:中导洞断面设计、布置和施工组织,横通道开挖数量、位置及工艺工法,公路隧道 TBM 穿越不良地质带技术及高效施工组织,以及钻爆法隧道施工设备机械化、自动化应用提升,信息化智能设备应用等,为隧道安全快速施工奠定基础,提供保障,创造了良好的社会和经济效益。

研究成果可以推广应用于其他对工期有严格要求,由于现场地形、环境因素无法修建斜井进行多工作面施工的长大隧道中。同时,本研究中隧道设备的组合配套及创新改造可以在同类型隧道中进行推广应用,可加快工程的施工进度。在交通基础设施大发展的时期,隧道建设规模越来越大,该项目研究成果对公路隧道 TBM 施工、公路隧道 TBM + 钻爆组合多工作面施工、隧道钻爆法施工有着非常重要的指导作用。

6.2　狭小空间服务隧道交通运输关键技术

6.2.1　行业现状

随着我国隧道工程的建设日益增多,三洞隧道也逐步走向市场,且对工程施工要求也越来越严格。应隧道机械化发展需求,TBM 也应运而生,出现在高速公路隧道工程建设领域。在隧道出渣运输方面,国内外广泛运用的运输方式主要包括无轨运输、有轨运输,无轨运输又包括车辆运输和皮带机运输。中铁隧道股份有限公司承建的乌兹别克斯坦卡姆奇克隧道("总统一号工程",获得了2016年度海外工程鲁班奖),由于断面无法满足装载机上渣及自卸汽车会车的需求,采用了有轨运输,国内斜井、矿产行业有轨运输也有广泛运用,皮带机、车辆运输在国内使用更为广泛。

下面通过有轨运输、车辆运输和皮带机运输在公路隧道施工中的运用与研究,综合施工现场实际,探讨狭小空间服务隧道交通运输关键技术。

6.2.2 不同运输方式在隧道中的运用

1. 有轨运输

有轨运输要求线路纵坡不能大于3%,且轨道对基础的平整度有较高的要求,采用装载机、挖掘机装渣,自卸汽车运输至仰拱后,通过有轨运输至隧道洞口,利用翻渣系统卸渣,再通过装载机装渣,自卸汽车运输至弃渣场。混凝土通过辅料编组运至仰拱后,掌子面混凝土通过输送泵泵送至掌子面,辅料通过辅料编组运至现场。

有轨运输适用于洞径较小的隧道,施工成本低,但正洞仰拱至掌子面段落,编组列车无法到达掌子面,需二次倒运洞渣至车行横洞加宽段落,混凝土需用地泵泵送至掌子面,工效低;在轨道边掉渣容易造成列车脱轨;湿喷机械手及凿岩台车等大型设备需要数个工作面共用,从轨道上行走容易发生倾覆危险;对线路纵坡要求高,不能超过3%,且编组多,易发生溜车危险。

2. 无轨运输

1) 车辆运输

车辆运输采用装载机、挖掘机装渣,自卸汽车运输至弃渣场,混凝土通过搅拌运输车运至现场,辅料通过自卸汽车或者板车运至现场,适用于洞径较大的隧道,装渣、运输等,具备良好的施工条件,但车辆运输成本高。

车辆运输机动性强,施工工效快,但产生的汽车尾气、扬尘等易引起洞内空气差,驾驶员视线受影响,容易造成安全事故;车辆在洞内发生故障时会造成交通堵塞,影响车辆通行。

2) 皮带机运输

皮带机运输是通过皮带机或转渣皮带机,将弃渣直接输送至渣场的一种运输方式。在TBM施工中,依次通过TBM皮带机、桥架皮带机、连续皮带机、转渣皮带机(若有)将石渣转运至洞外临时弃渣场;隧道较长时,在中部安装驱动辅助皮带机运输,出料口处设置分渣器。考虑高寒、高海拔地区低温时间长,应对皮带机采取封闭保温措施。

皮带机适用于长距离导洞运输,在洞内采用吊链悬挂或增设斜撑,洞外段设立柱支撑,洞口附近设置储带仓,高寒地区可设置于洞内。

皮带机适用于辅助洞、平行导洞等出渣运输,施工成本较低,皮带机的悬挂对二次衬砌施工的干扰大;同时在皮带机运行过程中,存在掉渣风险,对洞内设施、人员有较大安全隐患。

6.2.3　多作业面施工的交通运输组织

现阶段国内外特长隧道往往采用三洞形式进行施工设计,主要包括中导洞、侧导洞,利用导洞超前优势,通过车行横洞或施工横洞开辟主洞作业面,实现"长隧短打",缩短施工工期;同时利用导洞超前优势提前探明隧道地质条件,并通过导洞提前进行处治,这对主洞大断面施工起着极为重要的作用。但是,多作业面同时施工,对洞内交通物流组织有较大影响。这里以天山胜利隧道为例,讲述在"三洞方案、长隧短打"施工组织模式下的交通物流组织。

对于隧道主洞采用车辆进行出渣和物料运输,对于导洞采用皮带机进行出渣运输,特种车辆、转运工装进行物料运输,以实现多作业面狭小空间出渣与物料高效运输。

1. 车辆运输

车辆运输最大的问题体现在导洞内运输、主洞与横洞交叉部位施工安全、施工通风,在施工中,应结合现场实际并综合以上三方面问题进行策划、分析、总结。

1) 导洞内运输

(1) 主洞:车辆运输速度在作业地段和错车时不应大于10km/h,成洞地段不应大于25km/h。

(2) 导洞:每200m设置1处错车台,不得进行超车。

(3) 充分利用成洞段主洞进行物料运输,以减小导洞内会车频次,提升运输效率。

(4) 加强洞内通信管理,对洞内发生的车辆故障或交通拥堵等情况及时进行反馈,组织人员及时进行道路疏通。

2) 主洞与横洞交叉部位施工安全

(1) 交叉口:车辆行驶速度不大于5km/h,且按照项目规划路线动态调整,并做好及时宣贯工作。

（2）充分利用信息化系统进行施工现场交通导流，在车通作业面交叉口处安装红绿灯并安排专人进行指挥，严格执行"右进左出"的原则，当出现路面等施工需临时改道时，提前告知驾驶员，并有明显的改道标识。

3）施工通风

（1）充分利用竖井、斜井进行洞内施工通风，以缩短通风距离，同时在整体策划中应合理进行现场施工组织。

（2）采取增加除尘机、射流风机、水车等措施，加速洞内排风，改善洞内施工环境，降低粉尘、雾气、有害气体等对隧道内通行条件的影响。

4）施工组织

为进一步提高施工效率与施工组织管理，同一车通处的2个主洞作业面由同一队伍施工，以优化施工资源配置和施工组织管理，减小服务隧道内新开作业面中的空压机、变压器等设备占用空间，同时左右洞队伍单独配置辅助作业面施工班组，主要施工内容包括作业面转换后能够正常施工的前期所有准备工作和部分隧道开挖工作，以确保作业面转换后队伍能够正常投入生产，该班组在施工同一车通处双主洞作业面间可通过其间的相互组织调整，压缩左右幅施工准备时间，提高工作效率。

2. 皮带机运输

皮带出渣系统具有运距长、运量大、速度快、无污染、TBM利用率高等特点。

（1）考虑皮带机检修，应综合风带规划，选取合适的悬吊高度。

（2）皮带机储带仓应安装于空间较大区域，如洞外、预备洞室等，考虑高寒地区施工，应做好相应的保温措施。

（3）皮带机储带仓储带长度宜不小于650m。

（4）皮带机安装时，应充分考虑爆破冲击波等扰动影响，做好锚固措施，同时每间隔50m设置一道加强锚杆，避免出现皮带机大面积倒塌现象。

（5）皮带机安装应做好跑偏、落渣等预防措施。隧道过长无法满足皮带机正常运行需求时，应制定方案增加辅助驱动。

6.2.4 双头车在隧道中的运用

经调研，国外多功能胶轮车（MSV）应用实例相对较多，德国Mühlh-user、法国Techni-MetalSystems（TMS）和Metalliance等品牌的产品均有工程应用实例。目前国内仅有极少项目配备了 MSV 进行 TBM 施工运输。内蒙古神东补连塔煤矿 2 号辅运平洞,采用单护盾 TBM 施工,开挖直径为 7.6m,该工程采用连续皮带机出渣,MSV 运送施工材料;山西中部引黄工程采用双护盾 TBM 施工,开挖直径为 5.06m,MSV 用于支洞施工期间运输施工材料,采用的 MSV 为国产品牌,属于自主首创的轨道引导式多功能车。

根据 TBM 物料运输和导洞内车辆无法掉头等特点,选用 MSV 作为材料运输工具。MSV 可实现双头驾驶且宽度小,可穿梭在 TBM 设备内通道正常行驶,以实现物料高效运输,由于仰拱预制块安装和喷射混凝土存储区位于不同位置,宜选用单独运输模式,确保工序衔接正常。

MSV 通常由动力单元、载重单元、制动单元、操作与控制单元四部分组成。

1. MSV 结构组成特点

(1)以低污染柴油发动机作为动力源,采用液压驱动。

(2)中间为用于装载物料或人员的多功能平台,高度较低,可以装载仰拱预制块、混凝土搅拌运输车、砂浆车、钢筋网、钢拱架、锚杆等隧道施工用物资,以及人员乘坐车厢,必要时还可以增设随车吊等配套设备与工具,平台长度可以根据施工需求进行针对性设计与配置。

(3)前后分别设置 1 个操作室,洞内运行时无须掉头即可轻松实现前后运行,对于洞内狭小空间运输调度极为有利。

(4)配备 3 套制动系统,分别是通过静压传动实现的无磨损制动、作用于每个车轮的液压盘式制动器和用于紧急情况及驻车制动的弹簧制动器,制动性能非常可靠。

(5)重载最高运行速度不低于 20km/h,满足洞内运输速度要求。

(6)最小转弯半径为 25m,洞内运行更灵活。

(7)配置完善的监控系统,时刻监测设备运行状态与参数,确保行车安全。

2. 技术可行性

结合 TBM 施工的工程条件和 MSV 运行条件,从以下几方面分析其技术可行性:

1)道路适应性与运行速度

通过分析各品牌产品的性能可知,MSV 可以在路面平整、倾斜甚至弧面上正常行驶,可适应的坡度通常为 12% ~25%,不同坡度下的运行速度可达 5 ~25km/h(理论值)。

2)运输能力与适用范围

根据现有车型,MSV 大多为单机运行,载重范围较广,最小载重为 10t,最大载重可达200t,能够满足混凝土搅拌运输车/砂浆罐、仰拱预制块/管片、钢轨、人员乘坐车厢等载重需求,还可配置升降平台、随车吊等装备,因此,运输能力和适用场合比较灵活。

3) 空间适应性

通常情况下MSV设备宽度为1.0~2.1m、车板长度达6m以上,高度为2.0~2.8m,应根据洞径、TBM后配套净空尺寸、需要的运载能力等边界条件选用,也可以根据工程需要进行针对性设计。

4) 操控性能

采用MSV运输,无须全程设置双车道,间隔适当距离设置错车平台即可,因此,大多数情况下MSV在洞底居中行驶。为保证行驶安全,MSV配置有姿态控制传感器,实时监测设备姿态并及时提示驾驶员,以便调整MSV在正常区域运行,此外,有的设备还会配置自动调整功能。

5) 尾气排放

MSV根据承载能力不同,发动机功率配置差异较大,通常仅运送施工材料时MSV功率为100~400kW,对应的具有类似功能的有轨运输内燃机车功率配置为80~155kW;同时,MSV的配置数量比内燃机车多,因而其对洞内通风要求更高。通过优化通风系统设计与配置、加强通风管理、增加尾气净化处理装置,MSV在尾气排放方面技术可行。

综上所述,从技术角度分析,MSV能够适应TBM施工物料运输需求,相关技术问题均有相应的解决方案和应对措施,具有较好的技术适应性。

6.2.5 转运工装在服务隧道中的运用

现场仰拱预制块通过运输车从仰拱预制场运输至隧道洞口,通过双头车将仰拱预制块运输至安装区域,钢拱架采用双头车从钢结构加工中心直接运输至掌子面。随着服务隧道正常推进,通过双头车运输将制约服务隧道施工进度。

为达到仰拱预制块等物料运输与TBM掘进相匹配,在TBM后配套设置一处自行式物料转运工装(图6-15),以减少双头车的运输距离,从而达到仰拱块及时运输的目的。

图6-15 转运工装

仰拱块转运工装应配套平板车,平板车主要包括底盘配置、上装配置。

6.2.6 应用效果总结

通过天山胜利隧道出渣与物料运输中"车辆运输与皮带机运输相结合"的运用,同时辅以相应技术措施、信息化运用、施工组织等,顺利完成单洞掘进累计20km以上,有效验证了不同方案出渣、物料运输的实用性,为后续长大隧道施工提供了借鉴经验。

6.3 高寒高海拔特长隧道施工通风技术

6.3.1 行业现状

国外对隧道通风问题的研究起步较早,最早出现于铁路隧道,随着公路隧道的出现,公路隧道通风的技术研究也得以开展。1919年,美国在修建纽约市荷兰隧道时,以美国矿务局为主,在一些大学和研究所的协助下,对汽车CO排放量和人体对CO浓度的容许值进行了研究,并以此作为隧道通风计算的依据,这是历史上首次对公路隧道通风的研究,研究结果决定将400×10^{-6}作为CO的设计浓度,并以此算出所需要的通风量。1973年成立的空气动力学和隧道通风国际研讨会,每3年召开一次,大大推进了隧道通风技术的发展。1985年,日本的关越隧道一线首次将纵向式通风应用于10km以上公路隧道,并通过编制的一套程序对关越隧道通风系统进行了模拟,验证其通风系统的可靠性和实用性。

我国的公路隧道建设起步较晚,对公路隧道通风的研究也落后于欧美国家和日本。1994年兰州铁道学院完成了依托中梁山隧道和缙云山隧道的公路长隧道纵向通风模型模拟试验研究。1999年重庆交通科研设计院在隧道通风方面曾做过一些相应的研究,在我国现有经验基础上,借鉴国外公路隧道的成功经验和先进技术,主持编写了《公路隧道通风照明设计规范》(JTJ 026.1—1999),后续相继编写了《公路隧道通风设计细则》(JTG/T D70/2-02—2014)等,使隧道通风设计有了更新的参考依据。国内一些大学对隧道通风技术也进行了大量研究,如湖南大学孙一坚等对铁路隧道通风模型进行了试验研究;长安大学赵峰系统地推导了纵向通风、半横向通风和全横向通风三种通风方式的计算公式;西南交通大学曾艳华等研究了全射流通风技术在特长公路隧道中的应用;重庆交通大学杨秀军等对公路隧道通风中射流风机纵向最小间距进行了研究。

6.3.2 高寒高海拔长大隧道通风存在的问题

(1)长大隧道在施工过程中受施工组织模式和整体进度制约,在某时间段(斜井和竖井与主洞未贯通前)无法借助斜井或竖井进行通风,独头送风距离长。

(2)以天山胜利隧道为例,独头送风距离长,且要满足至少6个工作面施工通风需求,风量需求量大,较常规的单一掌子面长距离送风有很大的不同。同时,每个掌子面施工工序不同,需要合理控制每个掌子面的通风需求,保障正常施工。

(3)高寒高海拔环境下,自然风中含氧量低,造成洞内供氧不足,易导致施工人员缺氧昏厥等安全问题。同时,高寒高海拔环境对设备、通风管道的要求较高,除了要保证设备能够提供大功率供风外,还要保证低故障率。

(4)施工作业环境空气问题是隧道施工中的重点管控项目,空气问题不仅会导致施工人员患上各种职业病,甚至还会引发隧道安全事故;高寒高海拔地区隧道施工通风和平原地区相比,具有通风难度大、技术要求高、工程案例少的特点。

6.3.3 改善措施

(1)隧道施工中独头掘进长达11km,施工高峰期作业面达7个,施工通风难度较大,需要研究多作业面同时施工通风技术。

(2)充分调研国内外先进的通风设备性能,进行适应性分析、经济性比选,最终确定设备型号,在应用过程中进行数据采集、分析,以便于后续开展相关研究。

(3)研究高寒高海拔地区低温、低氧环境对通风设备及通风机理的影响因素,总结出一套研究成果及基础理论,以便于推广应用。

6.3.4 工艺工法

1. 施工工艺流程

通风设计→通风计算→通风设备配置→通风系统安装、布置→水幕雾炮降尘→污染防治措施。

2. 特长隧道施工通风

1)"长隧短打"理念

天山胜利隧道施工采用"三洞+四竖井"施工方案,其中服务隧道采用TBM工法,在国内高速公路特长隧道为首创。隧道双主洞采用钻爆法施工,通过服务隧道TBM超前优势,在车行横道处开辟主洞辅助工作面,实现"长隧短打"。

2)隧道通风方式组合

为了实现"长隧短打",需通过服务隧道在左右洞内增开工作面,增开的工作面通风将由服务隧道通风管道完成,如图 6-16～图 6-18 所示。

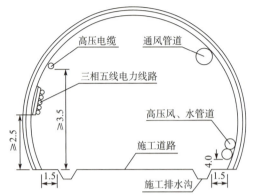

图 6-16　左右洞内通风管道布置图
（尺寸单位：m）

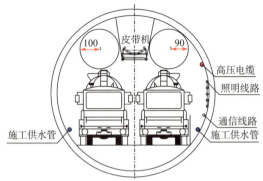

图 6-17　服务隧道内通风管道布置图
（尺寸单位：cm）

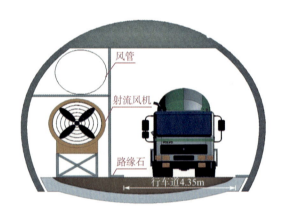

图 6-18　风管及射流风机布置图

（1）天山胜利隧道在 1 号竖井与主洞未贯通前,主洞、服务隧道及左右洞内增开工作面的通风方式均为压入式通风。

（2）天山胜利隧道 1 号竖井与主洞贯通后,将主洞第一工作面轴流风机移至洞内（1 号竖井与主洞交叉口进口侧）,将服务隧道及新增掌子面风机移至 1 号竖井口,缩短送风距离,洞内通风方式为压入式＋巷道式,同时,辅以射流风机改善洞内通风环境。

（3）天山胜利隧道 2 号竖井与主洞贯通后,将主洞第一工作面轴流风机移至洞内（2 号竖井与主洞交叉口进口侧）,将服务隧道及新增掌子面风机移至 2 号竖井口,缩短送风距离,洞内通风方式为压入式＋巷道式,同时,辅以射流风机改善洞内通风环境。

（4）上述这两种通风方式又细分为 16 个阶段,具体布置如图 6-19～图 6-34 所示。

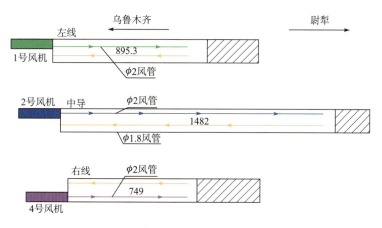

图 6-19　第 1 阶段通风示意图（尺寸单位：m）

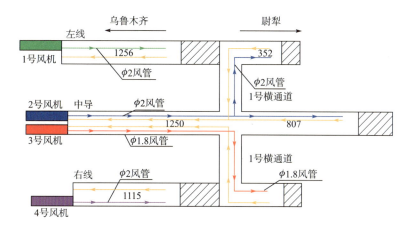

图 6-20　第 2 阶段通风示意图（尺寸单位：m）

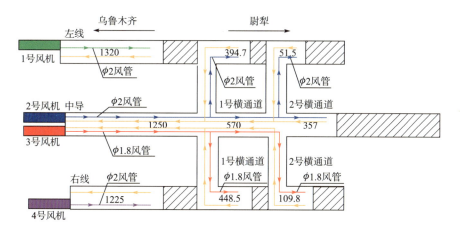

图 6-21　第 3 阶段通风示意图（尺寸单位：m）

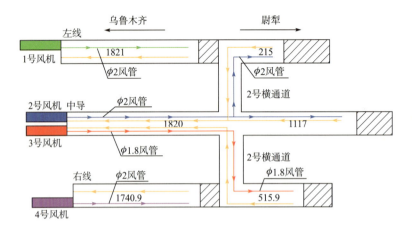

图 6-22　第 4 阶段通风示意图（尺寸单位：m）

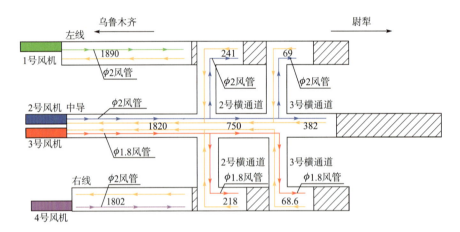

图 6-23　第 5 阶段通风示意（尺寸单位：m）

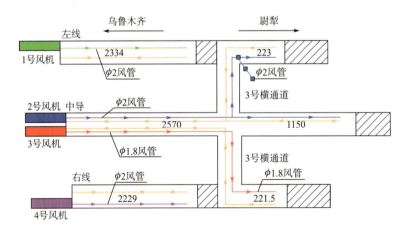

图 6-24　第 6 阶段通风示意图（尺寸单位：m）

6 TBM+主洞钻爆综合施工技术

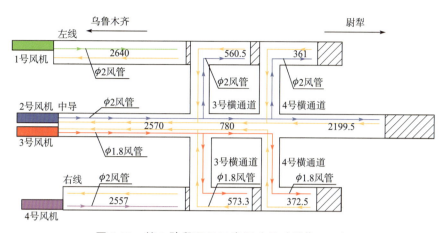

图 6-25　第 7 阶段通风示意图（尺寸单位：m）

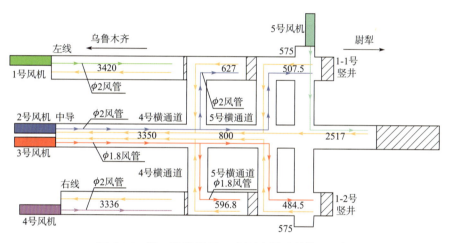

图 6-26　第 8 阶段通风示意图（尺寸单位：m）

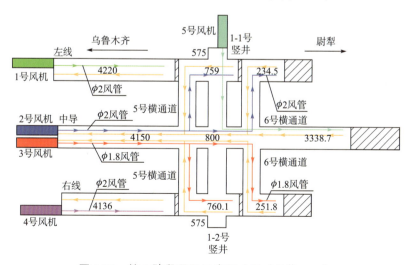

图 6-27　第 9 阶段通风示意图（尺寸单位：m）

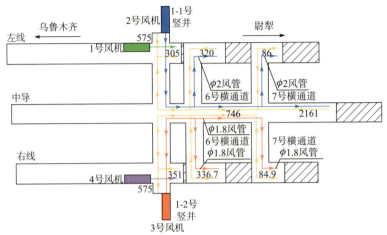

图 6-28 第 10 阶段通风示意图（尺寸单位：m）

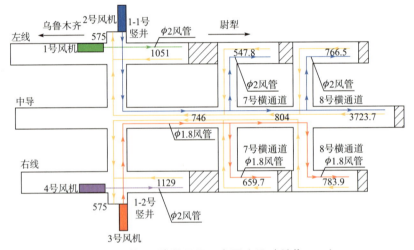

图 6-29 第 11 阶段通风示意图（尺寸单位：m）

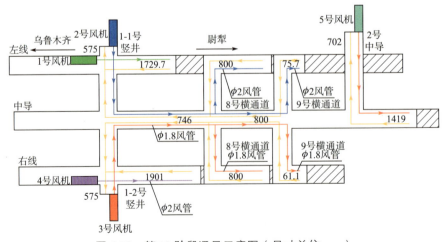

图 6-30 第 12 阶段通风示意图（尺寸单位：m）

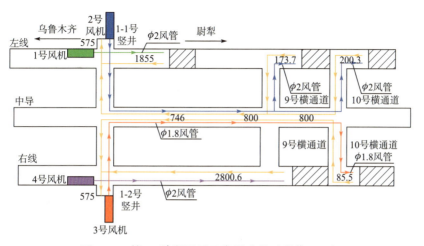

图 6-31 第 13 阶段通风示意图（尺寸单位：m）

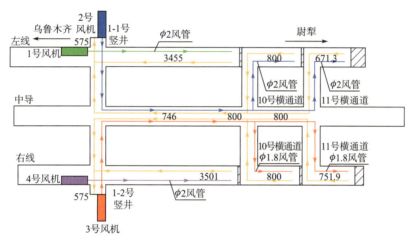

图 6-32 第 14 阶段通风示意图（尺寸单位：m）

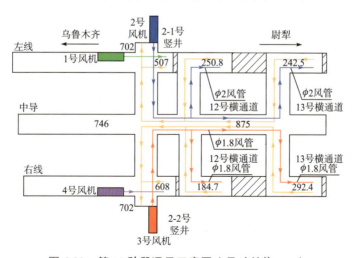

图 6-33 第 15 阶段通风示意图（尺寸单位：m）

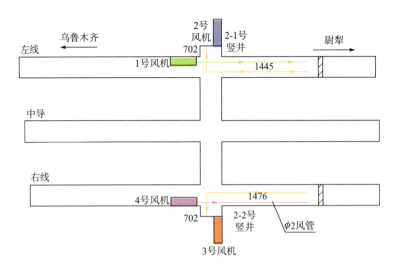

图 6-34　第 16 阶段通风示意图（尺寸单位：m）

（5）利用射流风机的增压作用，在洞口到 1 号和 4 号风机间形成主风流，将新鲜空气从隧道洞口送至轴流风机处，同时隧道各工作面处需要射流风机辅助排出污浊空气，保证隧道内空气质量。为保证服务隧道交通畅通，射流风机布置在人行、车行及主洞内，如图 6-35 ~ 图 6-38 所示。

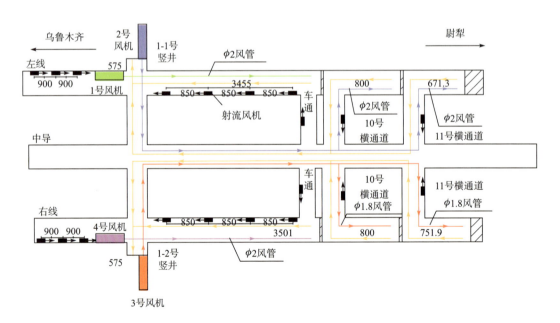

图 6-35　第 2 ~ 9 阶段射流风机布置图（尺寸单位：m）

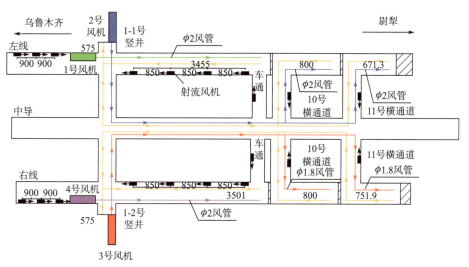

图 6-36　第 10～13 阶段射流风机布置图（尺寸单位：m）

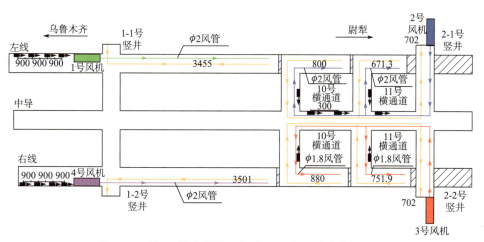

图 6-37　第 14 阶段射流风机布置图（尺寸单位：m）

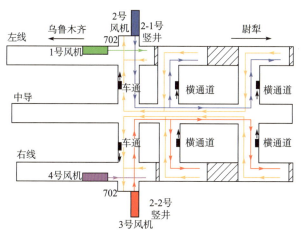

图 6-38　第 15～16 阶段射流风机布置图（尺寸单位：m）

3. 隧道施工通风标准

隧道工程所有的施工工序、施工标准等都应严格按照国家及行业标准进行,其具体标准如下:

(1)隧道施工通风需达到洞内各项作业需要的最小风量,每人供应新鲜空气不小于 $4m^3/min$,内燃机械作业时,供风量不小于 $4.5m^3/(min·kW)$。

(2)掌子面全断面开挖时风速不小于 $0.15m/s$,横洞内不小于 $0.25m/s$,但均不大于 $6m/s$。

(3)空气中氧气含量在作业过程中始终保持上 19.5% 以上,严禁使用纯氧进行通风换气。

(4)掌子面爆破 30min 后,隧道内二氧化氮浓度不超过 $5mg/m^3$,二氧化碳浓度不超过 $9000mg/m^3$,一氧化碳浓度不超过 $15mg/m^3$(海拔 2000~3000m 时为 $20mg/m^3$,海拔大于 3000m 时为 $15mg/m^3$),瓦斯浓度不得超过 0.5%~1.0%。

(5)隧道内气温不得高于 28℃,噪声不得大于 90dB。

(6)粉尘容许浓度,每立方米空气中含有 10% 以上的游离二氧化硅的粉尘不大于 2mg,含有 10% 以下的游离二氧化硅的矿物性粉尘不大于 4mg。

(7)送风式通风管的送风口距掌子面不大于 15m,排风式风管吸风口距掌子面不大于 5m。

(8)通风管每 100m 平均漏风率不大于 2%,弯管半径不小于风管直径 3 倍。

4. 通风系统安装、布置

1)洞外风机安装

为了保障隧道内作业环境,通风管道压入新鲜空气,在竖井贯通前将通风机放置在隧道口距洞口大于 30m 处;竖井贯通后将主洞第一工作面风机移至洞内(竖井与主洞交叉口进口侧),将服务隧道及新增掌子面风机移至竖井口。为了使通风机运转平稳,钢拱架焊接风机架子,将通风机固定在上面,并采用高强螺栓连接牢固。为了确保风机维修人员作业安全,设置安全防护栏及防护楼梯,如图 6-39 所示。

2)通风管悬挂安装

通风管与风机连接处采用金属卡固定,隧道内通风管悬挂在拱腰位置,并尽量保证安装线性,减少转弯处,以减少通风管的局部阻力,二次衬砌台车提前预留风管穿过位置。通风管布置如图 6-40 所示。

图 6-39 洞口风机布置

图 6-40 通风管布置图

3）通风管预防漏风

通风管漏风主要由风管材质和接头方式导致,天山胜利隧道采用高强丝柔性隧道专用通风管 PVC 塑纤布和密封性较好的接头,有效减少通风漏风现象。施工过程中安排专人定期检查通风管破损及接头松动现象,并及时修复。

4）降阻问题

通风管阻力除了受风管材质表面粗糙度、通风管接头方式及线性影响外,还跟通风管直径大小及转弯角密切相关。采用直径相对较大的通风管,可有效降低通风阻力损失,考虑以上因素,天山胜利隧道主洞采用 $\phi 2.0 \mathrm{m}$ 通风管,服务隧道采用 $\phi 1.8 \mathrm{m}$ 通风管,竖井采用 $\phi 1.0 \mathrm{m}$ 通风管。

5）智能化中央控制系统

在通风设备上安装智能管控系统,通过检测各掌子面工作状态和风管内通风压力,在洞口操作台就可以控制通往各工作面的风量大小。通过对各掌子面的通风需求量进行调配,从而满足服务隧道内各掌子面工作通风需要,如图 6-41 所示。

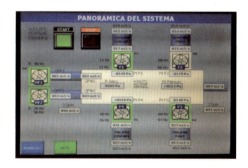
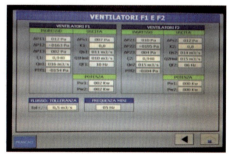

图 6-41 人机交互界面（HMI）显示屏示例

6.3.5 应用效果总结

结合天山胜利隧道多个工作面同时施工、高海拔地区的风量修正及各阶段施工通风设计等方面(图6-42),对高寒高海拔地区隧道施工通风进行了介绍,并对高寒高海拔地区特长隧道施工通风及作业环境控制的具体措施进行了探讨。

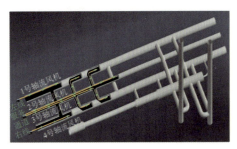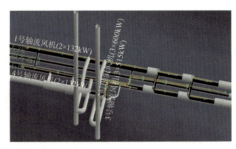

图6-42 天山胜利隧道进口端通风布置图

施工过程中,隧道内可始终保持空气清新,可视条件好,有效提高测量放样效率;选取风量较大的通风机,一组风机可满足几个掌子面同时通风要求,节约风管铺设长度,降低成本投入,提高施工效益;在隧道内安装若干台向洞外抽风的小型射流风机,使洞内形成负压,洞内污浊空气自然流出洞外,使用抽风的射流风机仅开低挡即可达到预期的通风排烟效果。

6.4 本章小结

随着长大隧道"双主洞 + 导洞"三洞方案的推广,以及 TBM 在公路隧道的广泛运用,以现有长大隧道施工为载体,通过"TBM + 钻爆法"组合工艺的现场实践,以"交通物流组织、施工通风、组合工法情况下的高效施工"等为出发点,分析国内外先进施工工艺和设备的适用性,创新创效,同时引入信息化手段、先进设备,全力推动长大隧道施工建设,有效解决了长大隧道多作业同时施工的难点,从而实现"长隧短打"的高效运转,主要结论如下:

(1)长大隧道以"通过横通道为正洞开辟新的工作面"实现"长隧短打",加速横通道施工是实现主洞作业面快速展开的重要条件,分阶段采用"导洞 + 扩挖"、微台阶施工工艺,一方面提升了横通道施工进度,另一方面降低了横通道开挖与导洞内设备的相互干扰。

(2)通过施工组织、信息化运用、加宽段设置等,有效解决了狭小空间服务隧道交通物流运输问题,确保洞内交通运输畅通性,从而实现各作业面稳步推进。

(3)结合不同施工阶段,采取不同施工通风方式,在竖井贯通前采用压入式通风,以主洞为供排风通道,在竖井贯通后采用"压入式 + 巷道式"通风,以竖井为供排风通道,大大缩短了隧道通风距离,同时利用烟囱效应进行施工排风,加速了施工供排风能力,通过除尘机、射流风机等设备运用,有效解决长大隧道施工通风难的世界性难题。

CHAPTER SEVEN 7

总结与展望

7.1 技术进步

近年来,我国在公路山岭长大隧道建设技术、软岩大变形控制技术、岩爆段隧道建设技术、机械化配套技术等方面取得了进一步的突破,公路隧道修建技术整体处于国际先进水平。

7.1.1 特长山岭隧道建设技术

基于天山胜利隧道的建设,成功解决了高海拔低气压地区特长隧道独头掘进、"TBM+钻爆法"特长隧道施工组织、深大竖井施工、特长隧道通风等一系列关键技术难题。

天山胜利隧道的建设标志着我国实现了公路长大隧道施工技术由10km级向20km级的突破,给"截弯取直"选线带来了更大的空间。

7.1.2 软岩大变形控制技术

针对渭武高速公路岷县隧道软岩大变形问题,采用NPR恒阻预应力锚索支护技术推进隧道建设,有效地控制了碳质板岩隧道大变形问题。在初期最大拱顶沉降总量达1330mm,水平收敛变形总量达1930mm,日最大变形量达500mm(拱腰收敛)的情况下,顺利完成了隧道施工。

岷县隧道的贯通标志着我国在软岩大变形公路隧道施工方面取得了新的重大突破。

7.1.3 岩爆隧道建设技术

天山胜利隧道全长22.1km,是世界最长的高速公路隧道,隧道最大埋深达1112.6m。大埋深地段围岩为花岗岩、花岗闪长岩,发生岩爆的可能性极高。

在施工中研究并成功应用了岩爆微震预测技术、岩爆段应力释放及防护技术、机械化配套安全快速施工技术,克服了200余次中等、强烈岩爆。

7.1.4 机械化配套技术

在松山隧道、东天山特长隧道、天山胜利隧道、鹞塘沟隧道等施工中,逐步探索、研究、应用、推广由液压凿岩台车、喷射机械手、全液压自行式仰拱栈桥和无骨架衬砌台车等组成的机械化配套作业生产线,实现了隧道全工序机械化作业。

7.2 未来发展方向

7.2.1 钻爆法施工技术

钻爆法今后的发展趋势可概括为"三化",即机械化、信息化和智能化。

1. 机械化

目前,钻爆法的发展主要是受制于施工难度增大等因素,从钻爆法施工的基本流程出发,应尽可能在全过程中实现机械化及配套作业模式,如超前地质预报、超前支护、钻孔、装药、排险、通风、出渣、初期支护与衬砌、防排水、仰拱施作与混凝土养护等各环节,应研发和应用各种适宜的机械化设备。其中,全电脑凿岩台车的引进和使用显著提升了施工效率和精度,同时作业环境好、劳动强度低,其质量、效率、安全、成本、环境等综合效益显著。

2. 信息化

钻爆法信息化技术既包括前期勘察设计和超前地质预报数据资料的应用与管理,也包括施工过程中各工序环节量化数据的适时采集、传输、分析和反馈等。就钻爆法而言,主要应包括钻进过程中的转速和压力等数据、通风排烟设备工作状态数据及环境质量监测数据、变形监控数据、机器设备运行与能耗数据、现场设备与人员调配管理等数据,也包括地质、结构、机械、人员、材料等多元信息的全面感知、互联、融合处理。

3. 智能化

钻爆法智能化主要是以机械化和信息化为基础,借助于当前迅速发展并更加高效和功能强大的新技术,如大数据、云计算、BIM等发展起来的,智能化将逐渐成为工程建设领域的发展方向。隧道建设的智能化体系架构由智能化装备、智能感知、数据资源、智能决策、智能管控等5个方面组成。依托天山胜利隧道建设,提出的公路山岭隧道智能化建造技术的总体架构包括围岩智能分级系统、设计参数智能化选择系统、开挖及支护智能化施工系统、质量智能化管控及检测系统、智能化建造协同管理平台等。

然而,应该清醒地认识到,由于在隧道及地下工程钻爆法施工中,一些基础性理论和技术问题的研究尚处于工程类比或半理论半经验状态,与信息化、智能化技术研发与应用密切相关的数据、参数、信息的采集、识别与挖掘，还存在较大的稀缺性、随机性、离散性及不确定性，集中反映在围岩分级的参数化表达、岩体爆破效果（超欠挖与岩体爆破块度）的统计分析、支护和衬砌体系工作性状的定量化分析，以及数据采集方法和传输反馈技术等方面。因此，需从基础数据的采集、准备与反馈分析等着手，建立相应的技术规范与管理体系，从而实现真正意义上能够考虑全寿命周期管理的隧道及地下工程信息化管理与智能化建造。

伴随着机械化和信息化，从业人员素质也是需要考虑的问题，即"能力不足"问题，如作业人员的技术水平和职业道德能否随着机械设备和管理体系的进步、升级而同步发展，是否具备符合作业要求和行业规范的技术水平与操作经验。

因此，机械化和信息化还有很长一段路要走，而智能化的发展，则完全超出传统土木工程或隧道工程的专业内容，需要与计算机网络、机械自动化、人工智能等其他学科密切合作、扬长避短，实现钻爆法施工中人-岩-机适时互馈、动态调整、创新优化的智能化技术体系与相应的标准规范体系。

7.2.2 TBM 法

1. 多模式发展

随着我国交通、水利等多个领域基础建设的蓬勃发展，TBM 需经常在以往不适宜作业的地层中进行施工，如软弱破碎地层、高地应力岩爆地层等。地层适应性方面的挑战使得 TBM 逐步由单一模式向多模式发展，目前已研制了土压/TBM 双模、泥水/TBM 双模、土压/泥水/TBM 三模等三种类型的复合掘进机。复合掘进机的出现和发展是掘进机设备与施工技术逐步走向成熟的标志之一，也是今后大型施工装备的发展趋势。

2. 应用范围拓展

根据工程需要，先后出现了斜井掘进机、竖井掘进机、反井掘进机等专业掘进设备，突破了 TBM 只用于正洞施工的固有认知。结合隧道掘进技术、物料垂直提升技术研发的全断面竖井掘进机，集成了开挖掘进系统、清渣、出渣系统，井壁支护系统和通风系统，盲井施工，开挖、出渣、砌壁同步施工，效率高，施工人员少。

3. 学科交叉融合

TBM 施工与设备的革新融合了其他学科的先进技术。如 TBM 施工中的换刀作业，在刀具磨损检测阶段需引入非接触式测量技术、环境感知技术、复杂电磁环境无线传输技术等。在掘进控制中，需引入多源异构数据的处理技术、人工智能技术、物联网技术等。可以预见，TBM作为隧道施工的核心装备，会集成更多前沿技术，这些技术将推动TBM法向经济环保型、安全高效型和智慧多能型方向发展。

7.3 需要重点解决的问题

基于隧道及地下工程发展方向，超长山岭隧道建设技术、高水压大断面水下隧道建设技术、高地温隧道建设技术、复杂环境下隧道建设技术、构造活跃带隧道建设技术等关键课题需要进行深入研究。

7.3.1 超长大埋深隧道建设技术研究

超长大埋深隧道宜采用不设或少设斜竖井、以TBM法为主的"TBM+钻爆法"修建模式。天山胜利隧道、哀牢山隧道、新疆引水工程(独头掘进距离超过20km)等，都面临着长距离独头掘进的难题。

7.3.2 高地应力软岩隧道大变形控制技术研究

我国在建和规划的高地应力软岩大变形隧道非常多，尽管在大变形控制技术方面已经取得了很大进步，如岷县隧道、东天山特长隧道等大变形隧道，但是在大变形预测及极严重大变形控制方面还需要进行系统深入地研究。

7.3.3 高地震烈度与构造活跃带的隧道建设技术研究

随着国家基础设施建设力度的进一步加大，高地震烈度或构造活跃带地区隧道安全问题更加突出。如天山胜利隧道、哀牢山隧道、川藏铁路隧道等都位于强地震带。

7.3.4 隧道运营维护管理技术研究

利用信息化技术及人工智能对隧道的智能安全监控、隧道灾害预警以及救援措施实施等相关技术进行研究可作为该领域的一个发展方向。

岩溶发育、高海拔缺氧、低温、低气压恶劣气候环境下的隧道防灾相关技术也有待进一步深入研究。

7.3.5 新材料研发与应用

混凝土材料的耐久性,混凝土材料在强度发展过程中与钢筋协同工作的性能、施工性能等是提高隧道安全服役年限的重要因素,高性能混凝土(含喷射混凝土)、高可靠性防水材料等有待进一步开发。

参考文献

[1] 中华人民共和国交通运输部.2022年交通运输行业发展统计公报[N].中国交通报,2023-06-16(2).

[2] 洪开荣.我国隧道及地下工程近两年的发展与展望[J].隧道建设,2017,37(2):123-134.

[3] 《中国公路学报》编辑部.中国交通隧道工程学术研究综述·2022[J].中国公路学报,2022,35(4):1-40.

[4] 洪开荣,冯欢欢.中国公路隧道近10年的发展趋势与思考[J].中国公路学报,2020,33(12):62-76.

[5] 王梦恕.21世纪山岭隧道修建的趋势[C]//中国土木工程学会.中国土木工程学会第八届年会论文集.北京:清华大学出版社,1998:5.

[6] 邓勇.我国长大隧道施工发展趋势探讨[J].铁道建筑技术,2009(11):72-75.

[7] 刘劲勇,邓凌燕.公路隧道"零开挖"进洞技术研究[J].嘉应学院学报,2022,40(6):52-58.

[8] 宋元平.钻爆法越岭隧道通用零开挖进洞方法[J].企业科技与发展,2023(5):49-52.

[9] 冯文生,刘若愚,赵启超,等.隧道施工对景区环境的影响及保护措施研究[C]//《环境工程》编委会.环境工程2018年全国学术年会论文集(下册).北京:工业建筑杂志社有限公司,2018:838.

[10] 蒋忙舟.铁路穿越陕西洽川风景名胜区环境影响分析[J].山西建筑,2010,36(20):349.

［11］张帅.复杂地质条件下隧道交叉口体系转换技术研究［J］.中文科技期刊数据库（文摘版）工程技术,2023(5):55-57.

［12］杨尚鑫.双层初期支护技术在隧道大变形段施工中的应用［J］.四川水力发电,2021,40(S1):123-126.

［13］张俊杰.千米钻机小型化长距离密闭取芯技术的研究与应用［J］.机械管理开发,2021,36(5):115-117.

［14］张红要,江川国,李碧清,等.移动式除尘除臭设备在污泥干化系统的应用［J］.设备管理与维修,2023(4):159-160.

［15］唐建宏,康海波.自行式自动卷铺防水板挂布台车在隧道施工中的运用［J］.建筑技术开发,2018,45(2):55-57.